U0615657

深化新时代改革开放

中国经济前瞻报告

ZHONGGUO JINGJI QIANZHAN BAOGAO

（2019）

王忠宏　王辉◎主编

经济管理出版社
ECONOMY & MANAGEMENT PUBLISHING HOUSE

图书在版编目（CIP）数据

中国经济前瞻报告 2019 ／ 王忠宏，王辉主编. —北京：经济管理出版社，2019.4
ISBN 978-7-5096-6573-2

Ⅰ．①中…　Ⅱ．①王…　②王…　Ⅲ．①宏观经济形势—经济展望—研究报告—中国—2019
Ⅳ．①F123.16

中国版本图书馆 CIP 数据核字（2019）第 081530 号

组稿编辑：高　娅
责任编辑：杜羽茜　高　娅
责任印制：黄章平
责任校对：陈　颖

出版发行：经济管理出版社
　　　　　（北京市海淀区北蜂窝 8 号中雅大厦 A 座 11 层　100038）
网　　址：www. E-mp. com. cn
电　　话：（010）51915602
印　　刷：三河市延风印装有限公司
经　　销：新华书店
开　　本：787mm×1092mm /16
印　　张：14.5
字　　数：310 千字
版　　次：2019 年 5 月第 1 版　　2019 年 5 月第 1 次印刷
书　　号：ISBN 978-7-5096-6573-2
定　　价：68.00 元

编委会

| 代　序 |

在大变局中加快培育增长新动能[①]

国务院发展研究中心主任、研究员　李伟

围绕如何在新的国际经济形势下加快培育中国经济增长新动能这一主题，重点讲两个方面内容：一是当前的国际国内经济形势；二是加快培育经济增长新动能，在变局中化危为机。

一、国际国内经济形势正呈现深刻而复杂的变化

习近平总书记多次指出，当今世界正处于百年未有之大变局。从国际看，一方面，与过去相比，增长面临的挑战和不确定性大幅增加。首先，贸易保护主义、民粹主义日渐抬头，特别是美国单方面挑起的贸易摩擦不断升级，对全球资源配置、生产率改善和跨境投资等带来不利影响，拖累了全球经济复苏进程，中期增长前景受到抑制。其次，全球经济发展动能呈现周期性趋缓和结构性失衡。主要发达国家货币政策明显收紧，债务和融资成本快速上升，大宗商品价格及一些经济先行指标持续回落。最后，以新一代数字技术为主导的新技术革命引发国际产业分工的深刻变革。发展中国家主要依靠低成本的劳动力和资源优势实现后发追赶的难度会大大增加。此外，大国间博弈暗潮涌动，全球治理体系陷入碎片化，传统国际规则改革滞后，多边主义下的开放合作机制正遭遇前所未有的严重挑战，守成大国从战略焦虑转向战略遏制。以上多种因素叠加，国际权威机构纷纷调低 2019 年全球经济增速，全球增长的悲观预期和不确定性明显增强。

另一方面，得益于多数国家的共同努力，国际经济也呈现出一些积极信号或变化。2018 年 12 月，在阿根廷召开的 G20 峰会上，各国承诺将采取一切政策工具实现强劲、可持续、平衡和包容经济增长，支持对世贸组织进行必要改革以维护多边贸易体制，推动国际货币基金组织改革，落实 2016 年杭州峰会确定的可持续发展议程行动计划，

[①] 此文为李伟主任于 2019 年 1 月 12 日在中国经济时报社主办的第十届中国经济前瞻论坛上的主旨演讲，有整理。

并加强在教育、卫生、粮食安全等领域合作，完善全球经济治理。由此可见，共同营造自由、开放、包容、有序的国际经济大环境仍是众望所归、大势所趋。新一轮科技革命和产业变革继续快速推进，将从根本上推动全球生产率重振与价值链重构，对多数国家而言都是难得的历史性机遇。数字化、智能化和绿色化转型将加速传统产业升级和新兴产业迭代，那些已经建立起技术、人才和市场相对优势的后发经济体可能迎来换道超车的机会窗口。因此，酝酿中的国际经济格局调整并不是零和博弈，各国实现共赢潜力巨大。

从国内看，总体上保持了经济持续健康发展和社会大局稳定，我国发展仍处于并将长期处于重要战略机遇期。从 2018 年经济增长、就业、物价、国际收支等多项指标来看，我国经济呈现总体平稳、稳中有好的态势，经济增长的内生动力不断增强。产业方面，高技术产业、高端装备制造业和战略性新兴产业增速均显著高于工业平均增速，中高端制造业的全球竞争力稳步提升。新材料、新能源、机器人、生物制药、5G通信等新兴产业快速发展，电子商务、数字经济、人工智能及"互联网+"多个领域的新业态保持高速增长。我国数字经济总体规模仅低于美国，且赶超势头强劲。创新创业活动十分踊跃，2018 年 1~11 月全国平均每天新登记企业数量高达 1.81 万户。国家统计局 2018 年 11 月发布的"经济发展新动能指数"也呈逐年加速之势。

另外，经济运行"稳中有变、变中有忧"，激发和培育新动能的挑战也在增加。2018 年，经济下行压力加大。供给侧的工业与服务业生产指数，需求侧的固定资产投资、社会消费品零售总额和贸易顺差等指标的增幅都不同程度地持续回落。不少地方都正在经历着转型的阵痛。短期内，我国面临外需回落与内需疲软叠加，企业盈利能力下降与抗风险能力下降叠加，人民币汇率承压与大规模减税下财政能力承压叠加的压力。中长期看，国内各项改革已进入"深水区"，金融、财税、土地、国企、科技、教育、政府职能等关键领域改革进入"啃硬骨头"阶段。改革的方式及推进效果将对创新潜力释放和经济发展质量产生重要影响。

变，是当前时期经济发展的突出特征；变，也有其内在历史规律。中国经济能否认识规律，把握规律，适应规律，并努力使其朝着有利的方向发展，以此为契机加快推动经济由高速增长向高质量发展转变，是我们必须高度重视、努力破解的大课题。2018 年底的中央经济工作会议指出，世界面临百年未有之大变局，变局中危和机同生并存，这给中华民族伟大复兴带来重大机遇。新形势下，我们要积极化危为机、转危为安，紧扣重要战略机遇新内涵，加快经济结构优化升级，变压力为加快推动高质量发展的动力。应对的关键是抓住新形势下决定经济增长的根本性问题，及时化解不利因素、扩大有利因素。

二、保持定力，以新一轮改革开放促进新动能加快形成

无论经济形势如何变化，经济增长的本质始终是生产率提升。不论用劳动生产率、资本产出率，还是全要素生产率衡量，近年来，我国生产率增速都在放缓，行业间、

地区间、企业类型间差距进一步拉大，与国际前沿差距缩小的步伐有所放慢。促进生产率快速提升，加快创新驱动发展和高质量发展，是我们化危为机的主攻方向。中央经济工作会议指出，我国经济运行的主要矛盾仍然是供给侧结构性的，必须坚持以供给侧结构性改革为主线不动摇，更多采取改革的办法，更多运用市场化、法治化手段，在"巩固、增强、提升、畅通"八个字上下功夫。以新一轮改革开放加快培育经济增长新动能，就是要在新发展条件下，构建一套新的体制机制来补齐效率短板。我重点谈四个方面认识。

一是要全面提升创新创业的质量和效率，有效发挥创新对经济转型升级的引领作用。加大创新力度是应对中美贸易摩擦的必然选择，更是实现经济长期健康发展和有效应对未来各种外部挑战的根基。当前，我国还有不少关键核心技术与发达国家差距较大，"卡脖子"问题在中美贸易摩擦背景下更加凸显。我们要更大力度地提升原始创新能力，加快突破关键核心技术，在涉及国家经济安全和国防安全等关键领域实现自主可控。关键技术自主可控不是关起门来搞创新，而是要坚持走开放创新的发展道路，以更加主动的姿态融入全球创新网络，让全球创新资源为我所用。要从根本上弥补创新短板、激发创新活力，既要有效发挥政府作用，更要发挥市场在创新资源配置中的决定性作用。其中，优化创新投入机制，提高创新治理能力，完善创新创业生态是重中之重。政府要多在基础研究、应用基础研究、关键共性技术和前沿技术研究等方面加大投入，市场导向的技术研究要多让企业牵头，以企业为主体。同时，要构建鼓励创新、审慎包容的市场监管体制，破除制约新技术、新业态成长的各种制度和政策障碍。企业家队伍是改革开放的先锋队，是创新创业的主力军。我们要深化产权保护制度与司法体制改革，加快建立与高质量发展相适应的知识产权保护制度，切实保护好企业家创新创业的积极性。

二是推动制造业高质量发展，做强做优实体经济。培育新动能，现阶段要把创新重点放在对既有产业和产品的升级上，创新的主战场要放在做强做优做大实体经济上。我们必须抓住新工业革命的机遇，深度参与甚至在某些领域引领新技术革命。在今后较长一段时期，质量提升、效率提高、结构升级、技术创新、产业融合互动和深度参与全球化，都将是形成我国增长新动能的重点。要实现这一系列新动能，离不开相适宜的市场体系和有效的产业政策。我们要加快监管方式转变和质量标准体系建设，以要素市场改革提高资源流动性与要素配置效率，促进产业政策相互协调。确保产业政策能够强化市场竞争，夯实竞争政策的基础性地位。要加快建立公平开放透明的市场规则和法治化营商环境，促进正向激励和优胜劣汰，更有效地支持民营经济和中小企业进一步发展壮大。要进一步深化金融体制改革，减少金融对实体经济利润的挤占，化解债务风险，扭转"脱实向虚"的趋势。

三是坚定不移地推动全方位对外开放，构建开放合作新机制。尽管当前国际经贸及投资环境发生深刻变化，但进一步扩大开放，丰富开放内涵、提升开放层次，始终是推动中国经济提质增效、深度融合世界经济的长期方向。在新一轮开放中，我们要正视逆全球化现象频发、区域经济一体化遇阻、大国间博弈加剧等不利因素。还要认识到我国参与国际竞争的传统比较优势逐步弱化，竞争新优势还在培育之中。要在进一步扩大开放中加快释放增长新动能，必须加快完善开放型经济新体制，建立高水平的开放合作新机制，培育国际竞争新优势。在倡导构建"人类命运共同体"、把共建"一带一路"推向深入的基础上，努力打造国际一流营商环境，主动参与国际经济治理体系重大改革。进一步放宽外资在服务业、制造业准入限制，推动由商品和要素流动型开放向规则等制度型开放转变。

四是着力提升人力资本质量，为培育新动能构筑坚实的人才支撑。习近平总书记反复强调：创新是第一动力，人才是第一资源。随着我国经济转型升级和向技术前沿迈进，对基础研究和前沿技术以及创新创业的需求迅速增长，要求有更多的有较强创新精神和创新能力的各类人才。大数据、人工智能、机器人等新技术应用和创新加速，使知识结构更新节奏加快，未来就业的不确定性明显提高，要求劳动者有更强的学习能力和适应能力。经过 40 多年的改革开放，我国人力资本规模有了大幅提升，但人力资本结构和质量不能满足高质量发展的需要，人才供需结构性失衡问题突出。因此，实现人力资本从规模扩张向质量提升转变，从"人口红利"向"人才红利"转变，是我国新时期人力资本发展的重点任务。新形势下，进一步提升人力资本质量，需要兼顾完善技能人才、科技人才、管理人才、企业家人才等各类人才的教育培训体系。加快转变教育理念和教育方式，培养出更多有创新精神和创造力的人才。要充分释放人才的创新活力，关键是营造良好的人才发展生态。要深化人才管理体制机制改革，完善科学、合理、有效的人才激励及评价机制，促进实现人才全方位的良性流动，进一步提高人才配置效率，为培育新动能构筑坚实的人才支撑。

2018 年，我们回顾了改革开放 40 周年的光辉历程，2019 年即将迎来新中国成立 70 周年，也是全面建成小康社会关键之年。经过 40 多年的改革开放，中国的综合实力已经大大增强，经济发展的基础更加牢固，内需空间十分广阔，政策回旋大有余地，抵御冲击的韧性更强，在国际事务中的代表性和发言权分量更重。我们完全有能力有条件加快培育中国经济增长的新动能，保持长期高质量发展的良好态势。

目　录

需求篇

重点领域篇

战略篇

认识和把握重要战略机遇期的新内涵

侯永志　贾　坤

党的十九大做出"国内外形势正在发生深刻复杂变化，我国发展仍处于重要战略机遇期"的重大判断，2018 年底中央经济工作会议进一步明确指出："我国发展仍处于并将长期处于重要战略机遇期。"准确认识、充分把握重要战略机遇期的新内涵，有助于我们有效应对各项挑战、持续推进改革发展、顺利实现百年目标。

一、以长时间坐标定位"战略机遇期"

研判我国"战略机遇期"要以未来 30 年作为时间坐标。战略和政策分别着眼于长期目标和短期目标，是国家治理的两个相互区别而又相互联系的范畴。国家的战略目标通常是在一段较长的时间期限内规划和实施，与之相应地，进行战略判断也就要从长期发展的视角和格局出发分析历史大趋势。党的十九大提出了我国到 2035 年基本实现现代化，到 21 世纪中叶建成富强、民主、文明、和谐、美丽的社会主义现代化强国、实现中华民族伟大复兴的战略目标。因此，从现在起到 21 世纪中叶的 30 年，就是我们分析研判"战略机遇期"的时间坐标。

要避免由经济运行的短期问题引发长期发展悲观预期。发展是螺旋式上升的过程，在建设社会主义现代化的征程中，不可避免会遇到种种困难、挑战，其中既会有短期周期性问题，也会有长期的结构性问题，既有内生于我国发展阶段变化的转型阵痛，也有来自于外部环境变化的冲击影响。短期的、阶段性问题需要关注并及时解决，但不应影响和左右长期的战略判断。2018 年，我国经济运行稳中有变，面临下行压力有所加大。引起这种变化的因素是多方面的，从宏观数据来看，引起经济运行边际变化最主要的因素还是总需求的收缩导致了企业收入和利润增速下降。对于周期性问题，通过强化逆周期调节、实施有效的需求管理就有望化解，不应把短期问题当作长期矛盾，更不应因为一时一地的不利因素而对长期发展前景持悲观态度。

研判"战略机遇期"要紧紧围绕实现中华民族伟大复兴的目标。机遇是相对目标而言的，实现中华民族伟大复兴，就是我们未来共同戮力奋斗的战略目标。中华民族要实现伟大复兴，有两个层面的重要任务。一是生产力实现充分发展，社会物质文明极大丰富，人民美好生活的需要由此得到较为充分的保障。支持生产力发展最核心的要素是科学技术的发展，因此实现科技追赶是现代化建设的一个中心任务。二是国家发展的道路模式，包括发展的思想、理念、制度、文化、理论等一整套体系，要能够得到国内社会的自我认同和世界上其他国家的高度认同。世界上有些国家从物质方面来看十分富裕（如某些中东的石油出口国），但是由于其发展模式是传统而落后的，导致其文明的影响力、感召力不强。同时，人类社会发展的历史经验也一再表明，一个民族要立于世界民族之林很难，而要保持住这一地位更难。文明的高度能否持续，取决于其发展道路是否具有先进性。从这个意义上讲，在社会主义现代化建设的征程中，我们能否构建出一条符合现实国情和文化传统、顺应经济社会发展规律和历史潮流、代表人类文明前进方向、令其他国家尊崇乃至积极效仿的发展道路，是与生产力发展同样重要也与生产力发展相互促进的重要任务。从长期趋势来看，只要内外部发展环境、条件变化的大方向总体有利于我国科技追赶和生产力发展，有利于我们探索正确先进的发展道路，就可以认为"战略机遇期"的条件是具备的。

二、结合全球变局认识"战略机遇期"新内涵

全球政治经济格局的重大趋势性变化，是研判"战略机遇期"需要考虑的基础性因素。2018 年底的中央经济工作会议提出"世界面临百年未有之大变局"，这对于我们思考"战略机遇期"新内涵具有重要意义。

工业化国家集体深陷于"二战"以来最为深重的发展困局之中。发端于美国的2008 年国际金融危机引发了工业化国家"二战"后最为严重的、持续时间最长的系统性衰退。2009 年经济合作与发展组织国家 GDP 增长-3.6%，是"二战"后唯一一次负增长；2008~2017 年经济合作与发展组织国家 GDP 年均增长 1.2%，是"二战"后经济增长最差的十年。西方世界将这次经济衰退专门命名为"大衰退"（The Great Recession），与 20 世纪 30 年代的"大萧条"（The Great Depression）相提并论。更为重要的是，当前工业化国家的整体衰退还不能简单地视为偶发的周期性波动，而更可能是一种长期趋势性变化。这是因为，工业化国家长期增速不断下降的趋势实际上已经持续了半个多世纪——经济合作与发展组织国家在 20 世纪 60 年代年均增长 5.6%，此后，在 20 世纪 70~90 年代分别年均增长 3.8%、3.0%、2.6%，2000 年后至 2008 年金融危机前年均增长 2.5%，危机后十年增长 1.2%，这反映了世界大战以极其惨重的代价为西方世界带来的结构调整"红利"已近于消耗殆尽，而其深层次矛盾持续积累。这也是因为，决定工业化国家未来长期增长趋势的基本面因素在持续恶化，以美国为代表的主要经济体的全要素生产率增速、人力资本增速、劳动参与率也在不断下降，部分国家相关指标已接近零增长甚至是负增长，以至于有西方学者提出了"长期停滞"（Secular Stagnation）的判断。这还是因为，持续恶化的财富和收入分配格局导致工业化国家的精英阶层与一般民众之间形成严重的利益对立，这些工业化国家已难以在既有国家治理体系下解决其长期结构性矛盾，只能依靠宽松货币、扩张负债、调整税收等短期政策来刺激经济，在结构性矛盾没有解决的情况下，短期刺激性政策终将导致比短期收益更大的代价。工业化国家长期深陷发展困局，对我国未来外部环境的影响

是深刻而复杂的。从不利的方面看，相关国家为应对衰退而煽动民粹情绪、向外转嫁矛盾的动机将明显增强，保护主义、单边主义政策也将大幅增多，外需环境变化对我国宏观经济管理和结构调整将造成明显压力，外部衰退的长期性使得我们一些传统的短期对冲政策手段实施空间大大压缩。从有利的方面看，主要国家的相对衰退，尤其是国外特殊利益集团实力的相对削弱，将提升我国在国际政治经济政策协调和政策博弈过程中的议价底线和谈判能力，重点是我们能否根据形势演变及时准确地判断、识别并有效利用好我谈判地位的变化。

西方提倡的发展模式和制度体系弊端充分显现，全球迫切呼唤能够引领人类社会走出当前困境、实现持续发展的新理论、新道路。发展道路模式决定一国文明发展的高度、持续性和号召力，尤其对于大国文明的发展至关重要。"二战"后，美国在构建其经济霸权的过程中，也在向其他国家持续输出以新自由主义为典型代表的发展理念模式。自由主义本质上是一种强者站位的思维逻辑——工业化国家在其崛起过程中无一不在实行其当前激烈反对的保护主义政策，而只有在其业已建立明显的产业科技优势后，高度自由化的经济制度体系才有助于工业化国家最大程度地拓展全球市场、压制控制他国产业、提取他国剩余，同时，也有助于掌握工业化国家产业命脉的利益集团最大程度地发挥资本优势、挤压劳动收入。弱势国家、弱势群体的发展权利和机会在这套经济规则体系下难以保障，但在"二战"后很长时间里，西方倡导的发展模式具有很强的诱惑力，拉美国家、非洲国家、苏东国家在自由主义思潮的影响下先后于20世纪80~90年代实行了激进的结构改革和政治经济体制转型，但结果不仅没有带来国家快速发展，反而在很长一段时间内陷入经济低迷和社会动荡。现实与"理论"的巨大反差，使世界各国有识之士开始对西方国家鼓吹的发展模式产生怀疑，并重新思考和探索真正适合于欠发达国家的发展道路。2008年国际金融危机不仅引发了现实世界的巨大震荡，也对全球思想领域形成了巨大冲击，反全球化、反自由贸易、反多边主义浪潮反映出人们已经认识到新自由主义模式存在的巨大弊端，但一时间又尚未找到能够指引人类社会走出当前困局、实现持续发展的新理论新模式。全球思想领域陷入半个世纪以来最为严峻的混乱期、空窗期，导致许多国家的政策难以协调、政治分化加剧、社会冲突层出不穷，全球治理体系也正面临着空前挑战。西方发展理论的破产，有助于我们在现代化建设的征程上破除迷思、坚定信念；全球对新发展思想的迫切需求前所未有，也为我们加快探索发展新道路提出了要求。如果我国能够通过发展实践走出一条符合自身条件和人类社会进步方向的现代化道路，为世界上那些既希望加快发展又希望保持自身独立性的国家和民族提出全新选择，将是一项意义十分重大的全球性公共品和对人类社会的重要贡献，将极大增强中华民族对世界的影响力、号召力，这是民族复兴的必然要求，也将反过来有助于团结国际社会各界共同推动我国的现代化建设。

三、我国影响和创造"战略机遇期"的能力显著增强

改革开放之初，按照名义汇率计算，我国经济总量占全球经济总量的比重不到2%，即便是到党的十六大首次提出"重要战略机遇期"概念的2002年，我国经济总量占全球比重也仅为4%。那时，我们思考"战略机遇期"，基本将外部环境作为一个不可控的外生变量。而今，我国经济总量占全球比重已经达到15%以上，成为对全球经济运行影响最大的经济体之一，我们主动影响外部环境、创造有利条件、开拓发展空间的能力显著提升，"战略机遇期"的内生性日益增强，这是我们主动作为，"化危为机、转危为安"的重要前提。

从对全球经济总体运行的影响看，我国已成为全球经济增长最主要的贡献者和稳定器。根据世界银行提供的不变价美元数据测算，2009～2017年美国、欧盟、日本对全球经济增长的贡献率分别为14.6%、8.6%、2.4%，而中国对全球经济增长的贡献率达到32.6%，大幅超过美国、欧盟、日本贡献的总和。这一事实表明，在全球经济面临困局乃至遭遇重大曲折时，我国依然有能力实现相对稳定的发展，并为全球经济增长提供支撑。

从国家间经贸联系看，随着对外开放不断扩大，我国已与越来越多的国家形成紧密的发展利益共同体。2001年我国加入世界贸易组织后，与世界其他国家的经贸联系进一步密切，我国在全球贸易中的地位加快提高。根据相关统计，2006年，美国是全球127个国家的最大贸易伙伴，中国是全球70个国家的最大贸易伙伴；到了2011年，这一情况已完全逆转，中国成为124个国家的最大贸易伙伴，美国则下降至76个。到2020年，中国有望成为全球150个国家和地区的最大贸易伙伴。贸易联通是政策沟通、民心相通的坚实基础，在全球贸易格局中占据中心地位将极大提升我国在国际交往中的影响力和话语权。

独立完整的工业体系和自主性日益增强的科技创新体系，为我国积极把握变局、主动引导变局提供了有力支撑。目前，我国工业体系拥有39个大类、191个中类、525个小类，覆盖了联合国产业分类中的全部工业门类，超过200种以上的主要工业产品产量居世界首位。在科技创新领域，我国研发投入规模居世界第二位，科技进步贡献率提高到接近60%，在传统短板领域追赶正在加快，在部分新兴领域开始呈现与发达国家的并跑乃至领跑的局面。工业体系和科技创新体系的发展，使我们在应对外部环境变化时拥有更大的回旋空间，在发展路径和政策的选择上具备更强的自主性，在产业技术革命爆发的窗口期到来时有更加充分的条件实施转化。

四、坚持正确方向，把握战略机遇，推动目标实现

谬者必失，怕者必败。当前的世界变局中危和机同生并存，能否化危为机、转危

为安，最大的挑战还在于我们自己能否坚持正确的方向，能否主动作为。

坚持正确的改革方向。2018 年以来中美贸易摩擦明显升温，国内有种观点认为，如果我们能够及早按照美方要求调整经济制度和结构，外部压力就能够缓解。然而，日本在 20 世纪 80 年代的经历说明，政治上亲近美国并不能避免被其打压；苏东国家在 20 世纪 90 年代的经历说明，制度上遵循美国并不能开拓发展空间。美国根深蒂固的霸权主义决定了其将所有追赶者视为威胁者的思维，决定了其对他国提出的改革要求无不是从其现实利益出发。深化改革是我们加快追赶、实现发展的重要法宝，但必须坚持以符合国家和民族长远利益作为根本标准，而不能简单以短期的现实利益为标准。"该改的、能改的我们坚决改，不该改的、不能改的坚决不改。"

坚持把科技创新作为发展的第一要务。美国的全球领导地位并非因其制度具有历史先进性，其制度的效仿者、追随者在过去 30 年出现整体性相对衰退是不争的事实。美元主导的国际货币体系、美国的军事实力等支撑其全球霸权的条件，从根本上是由其科技实力所保障的。我们要突破守成大国的压制围堵，克服发展道路上的种种挑战，实现国家现代化的战略目标，关键是要在科技实力上实现追赶超越。科技创新有其客观规律，从长期来看，人力和资金投入规模是基础性条件，更重要的是要有效统筹创新资源以集中攻克重大基础性技术，最大程度地发挥创新的规模效应和范围经济。

坚持以人民为中心的发展思想。发展的不平衡性是工业化国家各类结构性矛盾的总病根，发展的不平衡性也是工业化国家难以进行深层次调整的根本制约。过去半个世纪，主要工业化国家的劳动收入份额都出现了明显下降，劳动者的实际工资增长速度远远不及资本收益，国家发展的成果为少数利益群体独占，底层人口虽享有形式上的"自由"，但发展权利却被实际剥夺，这也是工业化国家人力资本和生产率长期增速不断下降的重要原因。我们要建成社会主义现代化强国，不仅要跨越低收入阶段、中等收入阶段的发展陷阱，更要避免陷入工业化国家当前所处的困局。要坚持为人民谋幸福的初心，坚持把人民利益放在国家发展的中心地位，通过完善相关制度性保障使发展成果能够更多地由人民享有。

坚持推进高质量的对外开放。开放带来进步，进步也必须体现于开放。符合发展阶段需要的对外开放有利于我们更好地配置各类资源，有利于深化分工、促进技术进步，有利于培育和增强产业竞争力，有利于改进人民生活福祉，中华民族伟大复兴的目标需要在开放的条件下实现。当前，我国对外开放面临的环境正在发生重大转折，我国对外开放的条件和需求也发生了明显变化，需要加快构建对外开放新格局。要更加注重引进外资的结构、质量和效益，避免单纯依靠政策优惠进行"赔钱赚吆喝"式的招商引资；要积极主动地扩大进口，通过扩大进口来促进出口；要进一步规范和完善对外投资，通过对外投资有效带动国际合作和共赢发展。

（侯永志，国务院发展研究中心发展战略和区域经济研究部部长、研究员；贾坤，国务院发展研究中心战略和区域经济研究部副研究员）

百年大变局下的中国战略选择

隆国强　张　琦　王金照　赵福军

未来 15 年是我国比较优势转换期，是中国作为新兴大国崛起的关键期，也是国际格局大调整期。这一时期，以信息技术为代表的新技术革命、大国竞争与博弈加剧、全球经济治理体系快速变革等，将深刻改变国际经济格局。中国发展外部环境的这些重大变化，将给中国发展带来新机遇和新挑战。

认清形势、把握方向，做好对未来国际经济格局变化趋势及其对中国影响的研判，具有至关重要的意义。中国需顺应自身比较优势变化，以扩大开放塑造外部环境，抓住国际经济格局调整带来的机遇，应对外部挑战，不断提升国际竞争力和全球分工地位，为我国顺利实现社会主义现代化强国、中华民族伟大复兴目标奠定坚实基础。

一、未来影响国际经济格局变化的关键因素

未来 15 年，技术变革、人口、粮食、资源与能源、金融和区域经济合作、全球经济治理等都是影响国际经济格局变化的因素。在这些影响因素中，以信息技术为代表的新技术革命、全球经济治理变革、大国博弈，将是影响国际经济格局变化的重要变量。

(一) 以信息技术为代表的新技术革命将深刻改变世界发展格局

当前，全球新一轮科技革命和产业变革呈加速趋势，并呈现出"一主多翼"的演进格局。所谓"一主"就是以信息技术深度和全面应用为特征的技术革命迅猛发展，带动应用领域的创新突破以及新业态的不断出现，数字化、网络化、智能化加速推进。所谓"多翼"就是新能源技术、材料技术和生物技术等新技术创新发展。在新能源技术领域，风力发电、太阳能发电技术、智能电网、能源互联网等进入大规模应用阶段，电动汽车等有望突破市场化初期瓶颈、进入规模发展阶段，人类进入逐步摆脱化石能源对经济增长约束的时代。生物技术在基因技术、干细胞组织工程技术、快速测量技术等基础技术领域取得重大突破，并在生物育种、生物医药、生命健康领域不断得到应用。材料技术在开发新型功能材料、高性能结构材料和先进复合材料等领域取得重大进展。另外，航天、深海领域的技术创新也十分活跃。

未来，在新一轮技术革命中，信息技术的深入发展将推动数字技术创新，源于

数字技术的颠覆性新兴技术将不断涌现。数字技术发挥主导和催化作用，以交叉融合带动各领域技术突破，生物技术、新能源技术、新材料技术等成为新一轮技术革命的次主导技术，共同促进全社会技术进步。智能化技术推动数字化走向更高水平。

数字技术革命将引发"关键生产要素"的变迁，并进一步推动生产方式变革和国际经济格局变化。在当前新一轮技术革命中，数字技术的深度应用催生了海量数据资源，与新材料技术和先进制造技术等技术融合应用，从而使数据成为新的关键生产要素，互联网、物联网等大大增强要素的流动性和"连接性"，人工智能（机器人）快速替代劳动。新的生产要素及其新的组合应用将引发生产方式的重大变革，推动研发设计向开放合作、国际化和专业化方向发展，制造业加速向数字化、智能化、个性化发展；数字技术的"连接"和"融合"功能引发产业形态平台化、网络化和深度服务化。数字技术等新技术的深入发展，将深刻改变国家的比较优势和竞争优势，从而对全球格局产生深刻的影响（见图1）。

（二）全球经济治理体系进入加速变革期

对国际经济格局和我国外部环境而言，全球经济治理体系是至关重要的制度性影响因素。近年来，经济全球化促进全球经贸格局的深刻变化，全球经济治理进入快速变革期，呈现出新的特点：治理主体呈现多元化、多极化趋势；全球性议题和挑战持续增加，技术革命、绿色发展和全球价值链深入发展带来新的治理理念和规则制定需求，加强国际合作需求不断增强；治理机制与平台日益丰富，新兴经济体和发展中国家的合作平台成为重要补充；全球经贸规则制定权之争日益凸显，高标准趋势显著增强，涉及"监管一体化"和21世纪议题的规则谈判成为重要内容。随着国际经济和贸易投资格局的变化，全球治理在推进政策措施落实的有效性和适应形势变化的创新性等方面的不足更为凸显，各方推进全球经济治理体系改革的呼声日益高涨。

展望未来，全球竞争将进一步加剧，各种利益诉求相互交织、博弈，全球经济治理面临新形势与新挑战，将给全球经济格局带来长期而深远的影响。一是经济全球化深入发展的趋势未发生根本性改变，但为了应对贫富差距扩大、受益不均等抱怨，一些发达国家从提倡"自由贸易"转向所谓的"公平贸易"、逆全球化思潮和贸易保护主义抬头，将导致国际环境中不确定因素提升，贸易摩擦与投资争端将大幅增加。二是现有全球治理的有效性面临挑战。"国际承诺恶化"和大国对抗等风险加大，全球经济治理体系改革停滞、国际宏观政策协调难度加大，通过国际合作解决全球性议题的努力面临被边缘化的风险。三是全球经济治理体系不适应国际经济格局的变化，如代表性和公平性不足，不适应新兴经济体群体性崛起和话语权提升的要求，不适应其广泛参与议题设置的诉求；规则碎片化，不能适应全球价值链深入发展的要求；包容性不够，不适应贫富分化加剧、发展水平与诉求的差异。四是

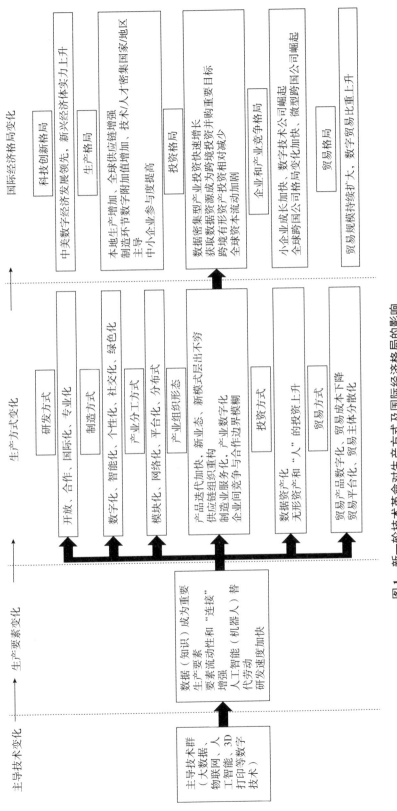

图 1 新一轮技术革命对生产方式及国际经济格局的影响

资料来源：课题组绘制。

绿色发展理念正在转化为行动、为各国经济带来新动力的同时，绿色壁垒和环境约束逐步增强，解决全球环境问题的国际制度构建和各国合作行动，推动形成新的全球治理机制。五是多种治理平台与路径选择共存，面临在强治理的有效性与灵活治理的包容性中的取舍，网络时代"非缔约方参与者"作用日增并对各国治理能力提出新的要求。

（三）新兴大国与守成大国的博弈将进一步加剧

以中国为代表的新兴大国崛起，既是影响未来国际经济格局变化的重要因素，又是国际经济格局变化的重要组成部分。中国经济总量持续增大，将在2030年前后超过美国成为世界第一大经济体。与此同时，中国创新实力在快速提升，产业不断转型升级并加快向全球价值链中上游攀升，与发达国家的正面竞争加剧。一个人口规模与现有发达经济体人口总和相当的新兴大国进入高收入社会，必将促进全球经济格局加速变革。

以美国为代表的守成大国与新兴大国之间既有合作又有竞争，相互之间的博弈将加剧，使得形势更趋复杂多变。一方面，守成大国希望分享新兴经济体的发展机遇，期待中国等新兴大国在解决全球性议题、应对全球危机、促进世界经济复苏中分担更多国际责任。另一方面，守成大国为保持领导地位，会采取打压、遏制等措施，加剧与新兴大国的博弈。2017年，美国的国家安全报告正式将中国定义为"战略竞争对手"，中美关系将发生深刻变化。竞争与合作是大国博弈的常态，合作并不意味着没有矛盾，美国已经开始并将继续在贸易、投资、金融、科技、安全等多个领域加快采取措施以全方位围堵遏制中国发展和快速追赶；竞争也并不意味着全面开战，两国都需要避免战略误判。大国之间持续的互动，导致未来前景具有巨大不确定性。可以确定的是，大国博弈将令中国所处的国际环境变得异常复杂，而且将对全球经济格局与竞合关系产生极为深刻的影响。

二、未来国际经济格局十大变化趋势

未来，在诸多因素的共同作用下，国际经济格局将产生重大变化。总体上，未来15年国际经济格局将呈现十大变化趋势。

（一）全球经济将处于低速增长期

未来15年，部分发展中国家将延续的城市化进程，新一轮技术革命、城市化仍将是部分发展中国家未来增长的潜力所在，到2035年全球的城市化率将达到61.7%，这将是未来全球经济增长的一个重要动力。但全球经济增长面临人口增速放缓、老龄化加速和环境保护日益严格等诸多约束。这些有利因素将可能带领全球经济进入下一个长周期的繁荣阶段，但这主要体现在生产率增速的恢复，全球经济整体增速未必能恢复至历史平均水平，主要原因是全球经济增长仍面临诸多挑战。一是人口增速的放缓和老龄化程度的加剧，将成为拖累发达国家和部分发展中国家经济增长的重要因素。根据联合国（2017）预测，全球人口将由 2015 年的 73.5 亿增长至 2035 年的 88.9 亿和 2050 年的 97.7 亿，全球老龄人口（65 岁以上）的比重将由 2015 年的 8.3% 上升到 2035 年的 13.0%、2050 年的 15.8%。二是能源资源利用新技术的涌现在带来新旧技术主体之间的利益冲突的同时，也会改变全球能源供给和产业分工的格局，气候变化和环境污染将越来越成为全球经济增长的约束。三是尽管长期中全球化仍将继续深入发展，但近期内全球化面临诸多挑战。当然，未来中国经济转型以及在全球舞台中角色转变，也将推动全球经济增长。

综合考虑技术、城镇化、人口、环境等重大基础因素变化，课题组模型模拟结果表明，全球经济增长速度将呈现趋势性下降，在未来较长一段时间可能会保持较低的增速。2020~2035 年，全球经济增长平均速度为 2.6%。发达经济体的增长速度将可能进一步放缓，整体增长速度大约在 1.7%，要低于过去 50 多年的平均增长速度；发展中国家增长速度有所下降，年均增长速度将达到 4.9% 左右（见表 1）。

表 1　主要国际机构对全球经济增长的预测

单位：%

来源	时期	GDP 增长率
CEPII（2012）	2010~2025 年	2.90
	2025~2050 年	2.70
MGI（2014）	2014~2064 年	2.10
PWC（2017）	2014~2020 年	3.80
	2021~2030 年	2.70
	2031~2040 年	2.50
	2041~2050 年	2.40
OECD（2014）	2011~2030 年	2.80
	2030~2060 年	1.90
Conference Board（2018）	2018~2022 年	3.00
	2023~2027 年	2.80
EIU（2015）	2020~2030 年	2.50
	2031~2040 年	2.10
	2041~2050 年	1.80
IMF（2016）	2016~2020 年	3.19
World Bank（2011）	2010~2025 年	3.33

来源	时期	GDP 增长率
EIA（2014）	2010~2030 年	3.74
	2020~2040 年	3.15
IEA（2015）	2013~2020 年	3.70
	2020~2030 年	3.80
	2030~2040 年	3.10
HSBC（2012）	2010~2020 年	2.80
	2020~2030 年	3.10
	2030~2040 年	3.30
	2040~2050 年	3.45
USDA（2015）	2016~2030 年	3.07
本课题组	2020~2035 年	2.60

资料来源：课题组汇总整理。

（二）全球经济格局多极化将更加明显

未来 15 年全球经济格局多极化变化趋势，主要体现在：

新兴经济体崛起，发展中国家在全球经济中地位更加重要。部分亚洲和非洲国家有可能成为全球经济增长的领跑者，其中，印度、尼日利亚、埃及和菲律宾有望保持 5%以上的经济增速。到 2035 年，发展中国家 GDP 规模将超过发达经济体，在全球经济和投资中的比重接近 60%。部分亚洲和非洲国家将是全球经济的领跑者。全球经济增长的重心将从欧美转移到亚洲，并外溢到其他发展中国家和地区，美国、日本和欧盟仍将是全球主要的经济强国，新兴经济国家实力将持续崛起。

中国将成为第一经济大国，美国将保持全球超级大国地位。短期内，美国消费需求有望进一步释放，成为支撑经济增长的关键因素。美国人口将保持低速增长，2035 年老年人口将首次超过未成年人口，到 2050 年人口总量将接近 4 亿。根据美联储预测美国长期的 GDP 增长率约为 2%，2035 年美国将成为全球第二大经济体。课题组预测，以 GDP 衡量，中国将于 2030 年超过美国成为全球第一大经济体，美国将成为全球第二大经济体。以综合国力论，美国将继续保持全球超级大国地位。

未来 15 年，欧洲、日本仍然是全球重要经济体，但地位将有所下降。根据课题组测算，到 2035 年，世界上最大的七个经济体可能只剩下一个欧洲国家（德国），欧洲作为一个整体，仍在全球经济中占据重要地位。日本经济未来增速将长期保持低位，2035 年日本经济排名预计在第五位左右（见图 2 和表 2）。

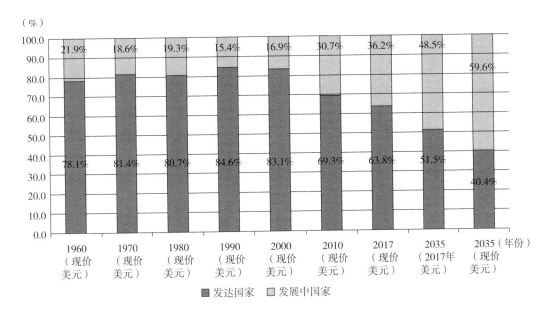

图2　1960~2035年发达国家与发展中国家GDP份额

资料来源：课题组测算与预测。

表2　2035年全球前十大经济体预测

序列	国家	2017年GDP	国家	2035年GDP
	世界	806838	世界	2518833
1	美国	193906	中国	571057
2	中国	122377	美国	431226
3	日本	48721	印度	212681
4	德国	36774	巴西	97005
5	英国	26224	日本	67805
6	印度	25975	德国	65060
7	法国	25825	墨西哥	58538
8	巴西	20555	英国	53682
9	意大利	19348	印度尼西亚	52596
10	加拿大	16530	俄罗斯	49043

资料来源：2017年数据来源为世界银行；2035年数据为课题组测算与预测的结果。

（三）新技术革命推动的生产方式变革将重塑全球产业分工格局

以信息技术和数字技术为代表的新一轮技术革命引发的产业革命，生产方式和产业组织将呈现出生产方式智能化、产业组织平台化、技术创新开放化的特征，对全球分工也将带来全面而深刻的影响。预计未来 15 年，中美数字经济发展有望领先，新兴经济体创新实力快速上升，生产分工进一步深化，数字附加值在产业价值链中所占比重日益提升，数字等无形资产的贸易和投资占比上升。

预计未来 15 年，信息技术与新兴数字经济发展将为后发经济体赶超提供机遇。数字经济兴起将加快知识向发展中国家扩散，有助于本地化生产，助推发展中国家的工业化进程。如果应用得当，将会推动全球经济增长。与此同时，信息技术正在改变产业特性，一些劳动密集型产业将转变为资本、技术密集型产业，这不仅将会改变资本、技术密集型产业在全球布局，还会加速推动后发经济体转型发展。信息技术与后发经济体资源等优势相结合，可以强化后发经济体优势。

技术变革可能带来一些新的有全局性影响的小概率事件，主要包括：社会变革严重滞后于技术变革导致的社会动荡、工业信息安全重大事故导致的连锁反应。对此必须高度重视，加以防范。

（四）国际贸易将呈现数字化、服务化、区块化发展

未来，经济全球化深入发展，国际分工不断深化，仍将是国际贸易持续发展的重要推动力。未来全球贸易发展，将呈现新的趋势和特点。主要表现在：

国际贸易的形式发生改变。数字产品贸易、服务贸易、产业内贸易占比将明显提高。贸易方式发生改变。在信息技术推动下，跨境电子商务将快速发展，新的国际贸易方式将催生新的监管模式。全球贸易格局将发生改变。国际分工价值链区域化特征进一步增强；新兴经济体在全球贸易中的地位上升。全球贸易失衡状况将在 2030 年左右达到峰值，而后逐步改善（见图 3）。国际贸易规则更加强调高标准、高水平的便利化与自由化。规则制定的重点在竞争中立、监管一致性、环境标准、劳工标准等边境后措施和 21 世纪新议题上。全球贸易体系发生变化。区域经济合作协议和双边自由化协议日益重要，多边贸易体系面临更大挑战。

（五）跨境投资规则制定出现新趋势，全球跨境投资将在波动中上升

制定跨境投资规则将是未来 20 年全球经济治理体系完善的重要内容。跨境投资规则不断完善。自由化、便利化水平将继续提升。虽然个别国家调整外资政策，短期内出台一些限制性措施，但开放、促进和吸引外资仍将是未来主要政策基调。以往的双边投资协定注重投资保护，未来将更多纳入投资自由化、便利化内容；投资规则体系复杂化。双边、区域协定的发展，将加剧国际投资协定体系的复杂性，多边投资体系逐步形成；跨境投资合规性要求更高。可持续发展原则、企业社会责任新内容等将不断纳入投资规则，企业面临更高的合规性要求；投资者与东道国争端解决机制可能被纳入投资协定，投资保护程度加强；国家安全审查在东道国政府规制跨境投资中的重要性上升。

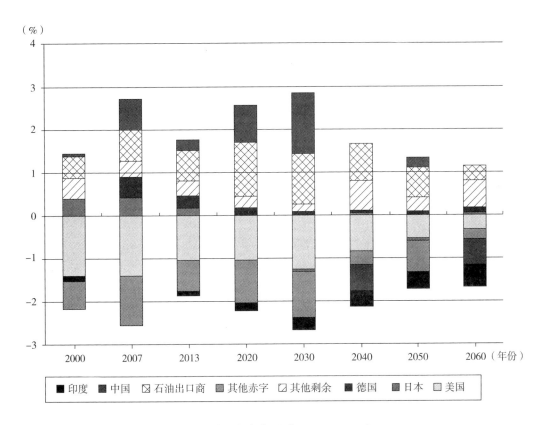

（%）

图3 全球贸易失衡预测（2000~2060年）

资料来源：Long-term Growth Scenarios, OECD Economics Department Working Paper, No. 1000.

全球跨境投资金额将在波动中上升。跨境投资中，服务业占比上升，制造业占比下降；有形资产投资占比减少，无形资产投资占比上升。

跨国公司将继续是全球跨境投资和价值链布局的主要力量。新兴经济体的跨国公司数量将持续上升。发展中经济体在跨境投资中的地位不断上升。

（六）全球人口老龄化加速，发展中国家中等收入群体将超越发达国家

全球人口发展正在经历深刻的调整。人口增长总体趋缓，全球的生育水平普遍下降，发展中国家的降幅更为明显，部分国家长期处于低生育率水平；主要经济体人口呈现上升趋势，部分经济体未来面临着人口数量减少。健康状况明显改善，人口预期寿命提高。从人口分布看，未来20年全球人口增长主要来自于发展中国家；生育率仍将面临下滑的趋势，死亡率受到年龄结构和社会经济发展趋势的影响而上升；人口老龄化加快，发达国家进入深度老龄化阶段，发展中国家总体也在呈现老龄化趋势。全球平均预期受教育年限持续上升，但增长速度近年来下降明显，且低收入国家的进步速度相对较慢（见图4）。

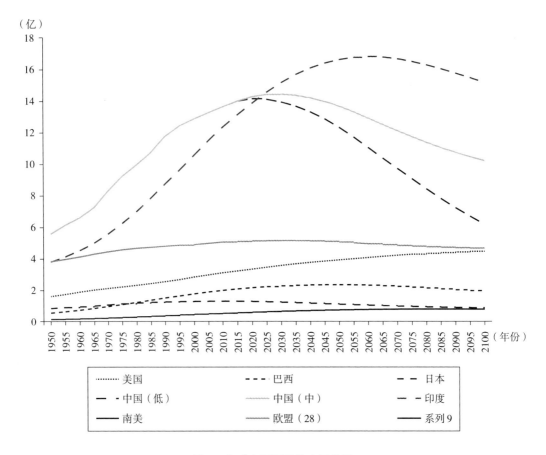

图 4　全球主要经济体人口总量

资料来源：《2017 年世界人口展望》，联合国经济和社会事务部。

　　预计到 2035 年，全球人均国民收入将达到 16000～18000 美元，在 2016 年 10300 美元的水平上增长 60%～80%。发达国家技术优势的弱化和人口老龄化将持续，以中国为代表的新兴国家仍将保持技术进步加快和劳动力资源丰富的比较优势，高收入国家与中低收入国家收入差距缩小的趋势还会延续。随着人均收入水平的提高，中等收入群体将会有所扩大。到 2020 年，全世界的中等收入群体将超过 32 亿人，2030 年将会大幅攀升到 48 亿人左右。分地区看，当前中产阶级的一半都集中在欧美发达经济体，而到 2030 年 2/3 会集中在亚洲国家和地区，预计会超过 32 亿人。拉丁美洲、中东和北非以及撒哈拉以南非洲地区中等收入群体的规模也会有不同程度的增加，欧洲和北美由于长期处于低人口自然增长率状态，占全球中等收入群体的比重将明显下降。全球反贫困工作也依然面临着一些关键挑战，如战争和冲突仍旧是人类发展的最大威胁、贫困人口容易受生态环境恶化的影响、制定反贫困政策所需的关键数据仍有较大缺口（见图 5）。

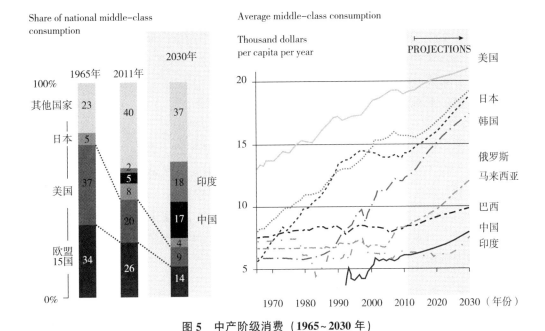

图 5 中产阶级消费（1965～2030 年）

资料来源：转引自 De Backer 和 Flaig（2017）。

（七）绿色发展将成为各国制定发展战略的重要取向

近年来，全球主要发达国家的碳生产率、能源生产率、原材料生产率等均有所提升，同时社会对实现绿色发展、应对气候变化也有比较广泛的民意基础。但广大发展中国家仍然面临如何在发展经济与保护环境实现协调平衡的严峻挑战，在实现经济增长的同时保护国民健康是发展中国家的优先政策取向，但改变能源结构、控制温室气体排放对包括中国在内的发展中国家形成巨大压力。

展望 2035 年，要实现可持续发展目标和推动世界发展，控制污染、实现低碳转型的绿色发展正在成为各国的主流。绿色发展对国际经济格局产生重要的影响。绿色是一种道义，将影响全球发展观、价值观和文化观；绿色是一种规则，将影响各国经济活动和跨国间投资和贸易；绿色是一种约束，对环境标准、能源结构的要求，超过大多数发展中国家现阶段的经济承受能力，需要发展中国家和发达国家共同努力，寻找低成本发展的新路径；绿色是一种激励，将对技术创新、产业发展、污染减排形成倒逼机制，促进绿色创新和绿色产业发展，形成新的经济增长点。

（八）全球能源结构与格局将深刻变化

能源供需结构正在出现深刻变化。一是清洁化。非常规油气开采技术的重大突破大幅提升了油气资源的供应能力，预计 2040 年前全球天然气增长 45%。二是低碳化。可再生能源成本出现大幅下降，将在 2020 年前后与常规化石能源平价上网。三是电力化。电力在未来全球能源系统中的作用更加突出。新增能源消费的 2/3 将用于发电，但燃煤发电快速增长的势头将接近尾声。电池技术效率快速提升，在乘用车领域，电动汽车预计在 2025 年前后在成本上和传统化石能源汽车竞争。四是数字化。数字技术在能源供给与需求中的广泛应用，将提高能源供给能力、降低成本，也将提高能效、节约成本。分布式能源将成为新的能源供给方式。

全球能源供求格局将发生深刻变化。从全球能源需求格局看，据国际机构预测，到 2035 年全球能源需求预期增长 30% 左右，发展中国家特别是"一带一路"区域成为全球未来能源需求增长的中心，亚洲成为全球石油天然气的主要进口地。从全球能源供给格局看，除了欧佩克、俄罗斯等传统的能源出口地，美国将成为全球能源新的供给国。美国的页岩油气革命，使得石油天然气对外依存度快速下降，到 2020 年美国将成为能源净出口国，2030 年美国天然气年出口量有望从 2020 年的 700 亿立方米达到 1400 亿立方米，成为全球天然气出口大国。美国能源独立将对国际政治、外交和金融格局产生重大影响。

（九）全球粮食安全总体状况将有所改善

全球农业资源潜力巨大，有利于保证全球粮食安全。根据联合国粮食及农业组织（Food and Agriacltine Organization，FAO）与国际应用系统分析研究所联合构建的 GAZE（Global Agro-ecological Zones）计算，全球土地资源中尚存非常显著的潜在耕地规模。全球实际可利用开发的农业耕地达到 35 亿公顷，有 14.67 亿公顷的潜在耕地尚未得到有效利用。如果考虑到生产技术进步与作物适应性的不断改良，全球还有 26 亿公顷潜在农业耕地未得到有效的开发利用。

在人口增长和经济增长的驱动下，未来全球粮食消费仍将持续增长。到 2035 年，全球谷物产量预计将达到 28 亿吨左右，谷物消费量将达到 27.7 亿吨，大豆产需量基本保持平衡（4.2 亿吨）。与此同时，全球食物消费升级。到 2035 年，预计全球将有超过 30 亿人进入食物消费"吃得更健康"第三阶段，近 32 亿人进入食物消费"吃得好"第二阶段，25 亿人进入食物消费"吃得饱"第一阶段（见表 3）。

表 3 2015 年与 2035 年全球人口粮食消费结构分布

单位：亿人

	饥饿	第一阶段	第二阶段	第三阶段
2015 年全球总人口	8	25	25	15
2035 年全球总人口	0	25	32	30

注：饥饿阶段，根据联合国可持续发展议程的目标，到 2030 年要在全球范围内彻底消除饥饿，因此到 2035 年全球将不再存在大规模的饥饿人口，但仍有数亿人处于营养不良状态（这些人也会进入食物消费第一阶段）。一般来说，居民随着经济收入的增长，食物消费结构演进包括三个阶段：第一阶段是吃得饱，以口粮消费增长为主；第二阶段是吃得好，以粮食作为中间投入品产出的高蛋白食物消费增长为主；第三阶段是吃得更健康，人均粮食与高蛋白食物消费达到峰值，低卡路里食物消费比重反而会提高。

资料来源：世界银行和 FAO 对全球人口数量的增长预测。

粮食供需格局有所调整。非洲（尤其是撒哈拉以南的非洲）与亚洲（中亚地区）将成为全球粮食产量增长的新亮点。到 2035 年前全球粮食消费大国，仍将是那些人口大国和经济大国，而粮食消费增长将主要来自那些人口和经济增长都较快的国家，如印度、中国、美国、印度尼西亚、尼日利亚、巴西、巴基斯坦、墨西哥、菲律宾、孟加拉国等。

粮食国际贸易持续增长。由于粮食增产与消费增长的不平衡性，推动全球农产品贸易也将持续增长，预计到 2035 年全球谷物贸易量将达到 4.5 亿吨，占全球粮食产量的 16%。贸易流向也会出现变化，发展中国家将成为世界粮食贸易净进口的增长点。

总的来看，2035 年全球粮食安全总体状况会有所改善，但部分地区粮食安全形势仍然严峻，区域间不平衡问题更加突出，撒哈拉以南的非洲地区及南亚地区粮食安全形势仍然严峻。

（十）国际金融中心将多元化

国际货币多元化。到 2035 年，美国仍是对全球综合影响力最大的国家，美元仍将处于国际货币体系的核心地位。随着经济全球化的深化，越来越多的经济体进入国际货币体系当中，国际货币体系的覆盖范围也大大拓展，国际货币有逐渐多元化的趋势。超主权储备货币的应用范围将变得更加广泛，也更受国际社会支持。国际货币体系中的金融安全机制从不同渠道得到强化。

国际金融中心多元化。以上海为代表的新兴市场国家的金融中心城市在全球金融体系中排名缓慢上升，并与排名相近的发达国家城市直接竞争。但伦敦和纽约仍将是国际主要金融中心城市。金融中心按区域划分的趋势逐渐增强。

三、中国发展战略机遇期的新内涵

国际经济格局的深刻变化将为中国带来机遇和挑战。总体来看，中国发展的战略机遇期仍将延续，但内涵与条件发生变化。新一轮技术革命将给中国赶超带来重大机遇，世界多极化发展和经济治理架构改革将拓展中国发展的空间、提升国际影响力。与此同时，全球经济增速低迷、国际竞争加剧、针对新兴大国的疑虑与打压等，将给中国带来诸多严峻挑战。总体而言，未来国际经济格局变化中的机遇与挑战并存，机遇大于挑战。

（一）机遇

1. 新一轮技术革命与产业变革，将为中国赶超提供历史性机遇

新技术革命，将给中国带来利用新技术"变轨"实现跨越的新机遇；产业分工格局重塑，中国有可能利用全球价值链"重构"机会，实现产业结构的跃升。一是在新一轮技术革命中，中国凭借快速的技术学习和能力积累，充分利用多层次国内大市场、

不断增强的创新能力及市场环境，逐步成长为引领全球数字化发展、改变数字化格局的重要力量。二是通过将新兴技术运用到传统产业领域，推动新兴技术与传统产业融合，不断提升中国在传统产业国际分工中的地位。三是新技术革命将推动形成新的生产方式、国际分工方式和新的贸易方式，信息化可以改变国家比较优势，有利于提升中国在全球分工中的地位。

2. 经济全球化深入发展，将为中国贸易投资发展带来更大的发展空间

尽管逆全球化思潮抬头，以美国为首的发达经济体对中国的技术防范力度增大，但是，经济全球化方向不会逆转，贸易投资自由化与便利化的平台与方式发生改变，区域合作不断推进，信息技术与数字经济等广泛应用带来新的贸易方式和平台经济快速发展，将加速要素的跨国流动。中国经济发展的前景和巨大市场，将吸引世界各国不断扩大和深化与我经贸合作。只要我们坚持扩大开放的基本国策不动摇，构建全面开放新格局，仍然可以利用全球资源与市场为推进高质量发展提供战略支撑。

3. 新兴经济体快速发展，将为提升中国在国际分工中地位提供机遇

全球经济增长的重心将从欧美转移到新兴市场，新兴经济体和发展中国家实力进一步提升。根据 WTO 研究测算的不同情景下的预测结果，预计到 2035 年，发达国家 GDP 在全球中的占比为 44.3%~63.9%，全球 2/3 以上的中产阶级将集中在亚洲地区。印度、中东、北非、撒哈拉以南的非洲地区在全球进口占比将明显上升，为我国实施对外贸易市场多元化战略提供发展空间（见表 4）。

表 4　国家及地区在全球 GDP 的占比

	2012 年	2035 年（好形势）	2035 年（差形势）
世界总额（2004，千亿美元）	499.92	1296.18	777.59
发达国家（%）	70.1	44.3	63.9
欧盟（%）	28.2	18.1	24.6
美国（%）	26.5	16.8	24.4
日本（%）	9.9	5.7	8.7
其他发达国家（%）	5.5	3.7	6.2
金砖国家（%）	12.9	31.1	15.9
中国（%）	7.3	20.4	9.2
印度（%）	2.4	6.4	3.3
巴西（%）	1.7	1.7	1.7
俄罗斯（%）	1.6	2.7	1.7
其他国家（%）	17.0	24.5	20.2
东盟（%）	2.4	3.7	2.6

续表

	2012 年	2035 年（好形势）	2035 年（差形势）
中东和北非（%）	4.3	6.9	5.4
撒哈拉以南非洲（%）	1.6	3.3	2.2
其他（%）	8.7	10.6	9.9

资料来源：Lionel Fontagné, Jean Fouré, Alexander Keck. Simulating Wrold Trade in the Decades Ahead: Driving Forces and Policy Implications [J]. World Eanerny, 2017, 40 (1): 36-55.

新兴经济体快速发展和进一步融入世界经济，将为提升中国在国际分工中的地位提供重要机遇。新兴经济体在过去十年中对世界经济增长的贡献率接近 50%。根据课题组测算，预计到 2035 年，包括新兴经济体在内的发展中国家在世界经济中的比重将达到 60%，在全球贸易和跨境投资中的比重也将相应大幅上升。中国与发展中国家深入开展经贸合作，可充分发挥双方互补的优势，有助于拓展中国经济发展的空间，形成以我国为主导的区域乃至全球生产网络，将有助于中国在全球分工中地位的提升（见图 6）。

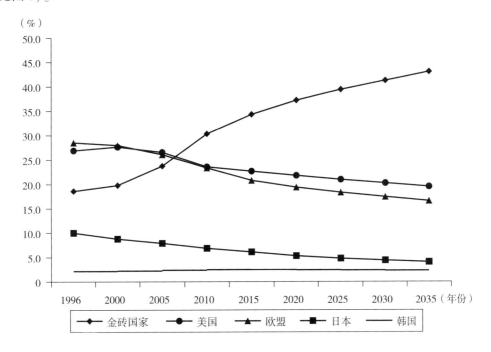

图 6　国际经济格局的变动趋势（各经济体占世界经济的比重）

资料来源：OECD 数据库。

4. 全球绿色发展和能源转型，将为中国发展带来新的机遇

全球绿色发展和能源转型将有利于解决中国自身的能源供应和环境保护问题。由于可再生能源、电动汽车和数字技术等能源开发利用技术获得重大突破，资源不再是

制约能源行业发展决定性的因素，这为中国乃至其他发展中国家发展打破了能源瓶颈的约束。另外，全球的绿色发展和能源转型也为自身的发展和转型提供资金、技术、人才等支持。到 2035 年中国更加追求可持续发展和绿色增长，生态环境质量将得到改善，资源利用方式将得到优化，能源供应更为清洁和安全。

中国有可能在全球绿色发展和能源转型中扮演领导者角色。中国市场巨大，且在可再生能源技术、电网技术和电动汽车技术、数字经济技术的研究开发特别是商业化应用上走在世界前列，有可能在全球能源转型中成为全球领导者，从而为中国在全球绿色发展治理中赢得主动地位和话语权。

5. 全球经济治理加速变革，为中国提升制度性话语权提供机遇

全球经济治理正处于加速变革期，随着全球性议题和挑战的增多，各国对中国发挥更大作用的期盼增强；新兴经济体和发展中国家希望中国推动加快全球治理体系改革。美国从多边转向单边主义的做法，将对美国的全球领导力和国际公信力产生长期损害。国际社会对中国推动经济全球化寄予厚望，在维护多边贸易体系与完善全球经贸规则上，中国的政策选择为各方瞩目。这为中国发挥负责任大国作用、深入参与全球治理提供新的空间，有助于中国切实提升国际影响力和制度性话语权。

（二）新格局将带来前所未有的挑战

1. 世界经济增长不确定性显著增强

未来相当长时期内，世界经济发展仍将处于动能转换期。世界经济结构调整仍在进行，深层次结构性矛盾未能根本解决，人口老龄化加快，传统增长引擎对经济的拉动作用减弱，新技术不断涌现但短期内无法对经济增长提供足够的支撑。

未来全球经济风险不容忽视。未来 5~10 年风险将进一步加剧，大国对抗风险、摩擦持续升级导致贸易战、金融风险导致政策失效、不平等固化、不兑现国际承诺、网络安全与冲突升级等。此外，发达经济体货币政策调整外溢效应冲击全球金融市场，新兴经济体汇率大幅波动，需警惕再次爆发较大规模全球性金融危机的风险。

2. 全方位国际竞争显著增强

未来，经济全球化深入发展进程仍将继续，商品、资金、人才、技术流动将更加自由，全球对资源、资金、人才等生产要素的竞争将更加激烈。随着信息技术与数字经济快速发展带来产业革命，中国面临各国对前沿科技，特别是在数字化、网络化、智能化技术发展和高新技术领域的激烈竞争。随着全球分工日益深化、细化，各国对利益分配更加关注，未来围绕全球经贸规则制定权的竞争必将更加激烈。

中国将面临双重竞争的挤压。一方面，需要警惕国内产业过快对外转移产生的负面影响。越来越多的发展中国家实施开放发展战略，随着比较优势转换，中国将会面临来自发展中国家日益增强的竞争与挑战。另一方面，中国与发达国家的竞合关系发生变化，贸易投资摩擦将会长期存在并逐步增强。随着中国不断提升在全球生产价值链地位，与发达国家互补关系逐渐转向竞争；发达国家为防范中国快速的技术追赶将

出台更多贸易投资领域的针对性限制措施。

3. 中国经济实力快速提升引发外部担忧与遏制

历史经验揭示，大国崛起必定不会一帆风顺。随着中国经济实力、国际地位和影响力显著提升，国际社会对中国崛起的速度和方式的担忧与质疑与日俱增。处理好与守成大国的关系，关乎中国可持续发展与基本实现社会主义现代化大局。美国视中国为对其核心价值观和全球经济主导地位最具挑战性的国家，明确将中国定义为"战略竞争对手"，强调经济安全就是国家安全，中美关系将发生深刻变化，竞争与合作成为常态，美国既想分享中国发展机遇，又会极力围堵遏制中国，两国摩擦和碰撞不可避免。世界经济论坛《全球风险报告》指出，93%的受访者认为大国间的政治或经济对抗将更加激烈。欧洲、日本等其他发达国家对中国技术升级与快速追赶也存在疑虑和担忧。

与此同时，发展中国家对中国实力快速提升也是期待、质疑、防范等各种情绪相互交织，既要分享中国发展机遇，又希望寻找其他大国平衡中国影响力的快速提升。大国博弈与多方角力，使得中国的外部环境变得异常复杂，处理好与其他新兴经济体、发展中国家的关系，仍然是中国面临且必须处理好的重大挑战。

4. 全球经贸规则重塑提出改革开放新要求

未来，各国意欲通过国际经贸规则重构维护自身利益的趋势将进一步增强。发达国家在全球经贸规则制定中仍具有较强的主导权，更加重视对中国的针对性、高标准的贸易投资自由化新趋势、将市场开放的重点转向服务业市场准入与投资自由化、着力"监管一致性"的边境后议题和21世纪议题，将给中国的市场开放与体制改革带来前所未有的压力。此外，信息技术和数字经济催生的贸易模式，对我国监管模式创新和规则制定能力，提出了更高、更为迫切的要求。

未来，受民粹主义和"逆全球化"思潮影响，经济议题政治化，多边谈判受阻，针对中国的贸易摩擦和投资限制的举措与制度性安排等呈现明显增多、增强势头，都将会给中国可持续发展和实现现代化的外部环境带来新挑战。

需要强调的是，必须用辩证的眼光看待战略机遇期的新内涵。机遇与挑战是可以相互转化的，主要取决于我国的工作。工作做好了，挑战可以转化成机遇；工作没做好，机遇也会转为挑战。因此，必须准确判断形势，调整战略，发挥优势，弥补短板，才能在新的国际经济格局下实现趋利避害。

四、中国的战略应对

面对国际格局的深刻变化，中国要充分利用大国优势，积极参与全球经济治理体系变革，主动营造外部环境。同时，要适应中国比较优势转换，充分发挥本土市场优势、人力资本优势、基础设施和产业配套优势，加快体制机制的改革创新，大力吸引全球生产与创新资源、高端制造与现代服务产业，增强创新能力，培育参与国际竞争的新优势进一步提升中国在全球价值链中的地位和国际影响力，确保 2035 年基本实现社会主义现代化。

（一）牢牢把握住以信息技术为代表的新技术革命和绿色发展带来的机遇

中国在新技术领域具备良好的创新发展基础，加上政府重视和社会积极投入，未来 15 年，数字技术、能源技术和绿色技术革命为中国实现"弯道超车"提供了难得的机遇。要发挥好市场规模巨大、人力资源丰富、产业基础完备等优势，弥补制度短板，克服面临的挑战，鼓励产业创新，力争走一条从应用创新到原始创新演进的新道路，实现跨越式发展甚至赶超。

一是加强重点领域的技术创新。加强数字技术基础设施建设，加快推动云、网、端等数字基础设施建设，提高数字基础设施普及水平。加快推进工业互联网平台建设和推广。加强网络安全、数字标准、知识产权保护、数字主权等领域的全球合作。大力推进可再生能源、电动汽车和能源数字化技术创新、商业模式创新和政府管理体制改革，并为世界能源变革提供可靠产品、解决方案和治理方案，引领全球能源变革。加快环境保护和循环发展重大共性或瓶颈式技术装备研发，构建市场导向的绿色技术创新体系。

二是不断提高科技创新能力。推进科技供给侧结构性改革，科技创新模式从需求驱动转向需求和供给交互驱动，提升原始创新能力，在部分领域实现前瞻性、原创性、引领性重大科技突破，逐步从科学技术的"跟随者""追赶者""并跑者"向"创新者""领跑者"转变。围绕新兴技术领域，实施国家重大科技项目，突出关键共性技术、前沿引领技术、现代工程技术、颠覆性技术创新，在应用基础领域实现跨越式发展。

三是打造良好的产业创新发展环境。发挥我国市场巨大的优势，坚持从应用创新向原始创新演进的创新道路，破除传统制度障碍，积极构建与新技术革命相适应的产业发展制度，建立适应创新发展的良好市场监管制度，支持创新创业，促进科技成果应用，加快新一轮技术革命在中国"落地生根、开花结果"。

四是推动人力资源和教育市场的适应性改革。根据新一轮技术革命的人力资源需求，加快科技体制和教育改革，培育创新型人才，激励人才创新。针对人口年龄结构和数字化需求，设计过渡计划，构建终身学习体系，加强职业培训，适应新技术革命引发工种变动新需求。

五是要积极构建高水平的开放创新体系，在全球范围内整合创新资源。为了迎接新技术革命下的高水平国际竞争、融入全球化科技创新，亟须建立良好的国际科技交流合作环境和与国际接轨的创新环境，吸引和集聚人才、技术和资本等国际高端创新要素。面向未来新技术革命和高质量发展对创新提出的更高要求，为全球科技创新中心建设营造良好的环境，包括建立和完善与吸引一流海外创新人才相配套的税收、医疗等制度。加强企业整合全球创新资源能力，培育世界级的创新型企业。

（二）着眼提升产业国际竞争力，着力推进关键领域市场化改革

着力推进产业国际竞争力升级。充分利用新技术革命的成果，加快推进传统劳动密集型产业转型升级，正确处理"转型"与"转移"关系，构造以我为主的国际分工体系；在资本、技术密集领域实施开放发展新战略，以扩大开放和深化改革为动力，加速提升资本、技术密集制造业、服务业国际竞争力。

积极推进关键生产要素的市场化改革。深入开展电力管理体制、油气管理体制、户籍管理制度、财税管理体制、金融管理体制，破除体制机制障碍，挖掘要素成本下降的空间，培育产业国际竞争新优势。

加快重点领域的市场化改革。一是在基础设施领域引入市场竞争，加强对自然垄断性质基础设施的规制。二是通过培育绿色信贷、绿色保险、绿色债券、绿色股票、公募私募基金等多种绿色金融产品，形成成熟稳定的绿色金融市场，将环保成本内在化，并嵌入社会生产全过程。三是加快推动公共数据开放，建立良好的数据流通制度，使数字化进程中的企业竞争更加公平。

（三）加快推进高水平对外开放

一是进一步提升对外开放层次和水平。进一步扩大服务业和高端制造业开放，完善外商投资环境。不断提高贸易投资便利化水平，主动降低关税。对标国际高标准经贸规则，进一步提升自由贸易试验区开放水平，充分发挥自贸试验区的压力测试和先行先试作用，并加快创新经验的复制推广，不断增强自贸试验区的辐射带动作用。

二是加快构建开放型经济新体制。对外商直接投资实施准入前国民待遇加负面清单的管理体制，建立健全事中事后监管体制建设；完善安全审查制度和风险防范体系；增强地方更大的自主权和创新空间，充分发挥地方在体制机制改革创新中的积极性和创造性。

三是加强法律法规与能力建设，为扩大开放提供支撑与保障。完善国际宏观经济政策协调的国内协调机制；加强对外谈判的组织协调机制，通过提升授权与沟通协调的层级，提高工作效率；完善涉外经济管理体制改革与重大涉外谈判的第三方评估机制；大力加强应对贸易摩擦能力建设，应对经贸摩擦长期化、常态化趋势。

（四）积极稳妥参与全球经济治理

参与全球经济治理，需保持战略定力，力争为国内发展赢得更长战略机遇期和有利的外部环境。可选择国际合作需求迫切、与中国实力能力和现实需求相匹配的领域等为重点，推进全球经济治理体系的改革完善，提升我国制度性话语权。

对符合经济全球化深入发展需要的现存体系和规则，要维护其权威，通过改革完善以善加利用。如多边体制对维护国际经贸秩序良性发展不可或缺，需坚定维护基于规则的、开放公平、透明可预测、包容非歧视的多边贸易体制主导地位，维护构建开

放性世界经济和自由贸易，提高其有效性和灵活性。

积极参与国际合作新机制的建设。参与国际服务贸易协定（Trade in Service Agreement，TISA）和政府采购协定（The Government Procurement Agreement，GPA）等诸边谈判，不断完善金砖合作机制，积极推进发展中国家关注的发展议题和 2030 年后发展议程的落实，在新经济、新模式、绿色发展等领域积极参与全球规则的制定。需注意，不另起炉灶，不挑战现有全球经济治理体系与经贸规则，不搞势力范围。

（五）处理好与守成大国的关系

从维护战略机遇期的高度处理好与守成大国的关系，以合作共赢为目标，保持战略定力，审时度势、沉着应战，着力练好内功，趋利避害、把握机遇。

一方面，深化利益融合，以创新的视角和方式挖掘合作共赢潜力。处理好与美国等大国关系，要以静制动、避其锋芒，通过多层次沟通对话，寻求利益契合点。另一方面，趋利避害，营造良好外部环境。短期内，树立底线思维，做好预案、精准反击。对美国在双边经贸关系中挑起的争端，在总体克制、不激化矛盾的原则下，有理有力有节地妥善应对，针对其极端和反常规举措，准备好应对预案和反制措施，"以斗争形成威慑、以斗争求合作"。长期来讲，虽然我国无意挑战美国的全球主导地位，但美国视中国为战略竞争对手，中美结构性矛盾不可超越。为此，我们在全球治理上需谋定而后动、发挥集体推动力，切忌因急于"填补空间"、凸显中国作用而过早引发全面对抗与冲突。

（六）以"一带一路"建设为重点，加快构建"人类命运共同体"

党的十九大提出"推动构建人类命运共同体"。推动建立公正合理的国际秩序，实现持久和平与繁荣稳定，是人类社会努力的方向。在国际格局深度调整、全球治理体系加快变革的关键历史时刻，加快推进"一带一路"建设，将为构建"人类命运共同体"提供重要平台。

以"一带一路"建设，促进新型区域合作，推进经济全球化深入发展；以"一带一路"引领中国对外开放，加快构建全方位开放新格局；以"一带一路"建设为纽带，团结一切可以团结的力量，扩大朋友圈，维护更为稳定、紧密、互利的双边和区域经贸关系，拓展国际合作新空间。

一方面，以设施联通为优先领域、以贸易投资合作为重点，加强与"一带一路"沿线国家的"五通"，进一步拓展合作领域、丰富合作内容，共创发展机遇，以适应全球经济增长的重心将转移到亚洲、新兴经济国家实力将快速崛起等国际格局变化。另一方面，以开放包容的心态、以"共商、共建、共享"为原则，既重视沿线发达国家的核心关切，也高度关注新兴经济体与发展中国家的发展诉求。深度挖掘利益交汇点，促进应对全球性议题与挑战的国际合作，加强机制建设、不断增进互信。为全球合作发展提供新路径，造福沿线国家和人民，促进区域经济发展、为世界经济提供新动力，推进构建"人类命运共同体"。

（隆国强，国务院发展研究中心副主任、研究员；张琦，国务院发展研究中心对外经济研究部部长、研究员；王金照，国务院发展研究中心对外经济研究部副部长、研究员；赵福军，国务院发展研究中心对外经济研究部研究员）

新常态仍然是指导经济工作的大逻辑

陈昌盛

党的十九大报告明确提出，我国经济发展正在从高速增长转向高质量发展。但推动经济社会高质量发展，并不否定我国仍处于新常态之中，更不能说已经完全走出了"三期叠加"阶段。2018年中央经济工作会议强调，我国经济运行总体平稳、稳中有变、变中有忧，结构性问题仍是我国经济运行的主要矛盾。特别是面对中美贸易摩擦升级和国内经济结构调整攻关叠加的大背景下，坚持用新常态的大逻辑，认识和把握我国经济发展所处的阶段，指导各项经济工作，仍具有十分重大的意义。

一、新常态是对我国经济发展现实认识的创新与飞跃

新常态的提出是符合经济规律、尊重经济规律的直接体现。以工业化为标志，启动现代经济增长的国家，总体可分为两类：一类是先行国家，另一类是后发国家。在后发国家追赶先行国家的过程中，由于后发优势的存在，在经济起飞后，通常会在一段时期内出现高速增长，经济发展和人民生活的水平与先行国家的差距迅速缩小。但随着后发优势的逐步削减，经历一个高增长阶段后，这些国家的经济增速会明显回落，而且回落的时点往往发生在人均GDP达到1万~1.2万美元（购买力平价）的阶段。德国、日本、韩国以及中国台湾等经济体的发展，无一例外地经历了这一过程。中国作为一个快速工业化、城镇化的社会主义国家，虽然有自身发展的特殊性，但发展轨迹总体符合经济发展的这一规律。按照购买力平价计算，目前中国人均GDP已经超过1万美元，经济增长换挡减速特征十分明显，这正是由工业化特征下后发经济发展规律的主导所致。中央提出新常态判断，强调保持战略定力，不对经济阶段性下滑采取强刺激，正是按经济规律办事的直接体现。

新常态的提出是深入调查分析和系统归纳总结的结果。针对我国经济发展出现新变化，改革开放进入深水区和攻坚期，国际经济秩序正在深度调整重构等新问题和新趋势，以习近平同志为总书记的新一届中央领导集体，从执政伊始就从历史和战略高度，强调必须尊重经济规律，坚持问题导向、坚持稳中求进，加强党对经济工作的领导。自2013年4月开始，初步确立了中央政治局对经济形势的季度分析制度。经过深入调研分析，在2013年上半年政治局讨论经济形势会上，习近平总书记正式提出中国经济处于"三期叠加"阶段的重大判断。2014年2月中央政治局讨论《2013年政府工作报告》稿的会议上，明确强调今后一个时期我国仍具备保持中高速增长的良好基础。

从政治高度正式承认中国经济潜在增速已经下降，中国经济发展不再也不能追求"超高速"增长。紧接着，2014 年 5 月习近平总书记在河南调研时，正式提出新常态重要判断，强调说："我国发展仍处于重要战略机遇期，我们要增强信心，从当前我国经济发展的阶段性特征出发，适应新常态，保持战略上的平常心态。"为进一步统一思想认识，在 2014 年第二季度政治局经济形势分析会上，习近平总书记对"三期叠加"进行了全面系统分析，回答了什么是"三期叠加"，为什么会出现"三期叠加"等基本问题，并强调开展经济工作必须认清"三期叠加"阶段的特征和工作要求。为回应国际国内的广泛关切，在 2014 年 11 月 APEC 北京峰会上，习近平总书记进一步从速度、结构和动力三个方面阐述了"新常态"的基本特征。为进一步提高全党认识，回答在新常态下实际经济工作还存在的不少疑惑，习近平总书记在 2014 年中央经济工作会议上，突出分析了新常态的本质内涵和九大趋势，并强调我国经济发展进入新常态，是我国经济发展阶段性特征的必然反映，是不以人的意志为转移的。新常态重大思想的提出，建立在深入调研分析基础上，是及时响应民意，恰逢其时之举。"认识新常态、适应新常态，引领新常态，是当前和今后一个时期我国经济发展的大逻辑"。

新常态是经济发展普遍规律与中国实际相结合的认识飞跃。与国际上近年常用的新常态（New Normal）相比，习近平总书记用"新常态"来概括我国当前的新阶段，内涵更为丰富，更符合我国经济发展实际，更具针对性。国际金融危机爆发后，全球经济进入深度调整，需求总体收缩，以美国太平洋投资管理公司总裁埃里安为代表的不少人把这种全球经济增长的长期低迷（Secular Stagnation）称为全球经济新常态。与此同时，国际上还流行世界经济格局正在进入一种"旧常态"的观点，主要指当前世界经济格局发展趋势，类似 1870~1900 年的时期。当时美国经济快速崛起并超过世界头号强国英国，不久后德国经济再次超过英国，世界经济力量对比发生变化，引发国际经济秩序调整重构。故而，将当今中国和印度等国经济快速崛起，世界经济向多极化方向发展，国际经济秩序重构的态势，称为回到了 100 多年前的"旧"常态，回到了维多利亚时代的后期。从中央对我国新常态概括的"三大特征"和"九大趋势"看，其中既含有国际上经济增长低迷的内容，也包含世界经济格局调整的内容，还包含丰富的中国自身经济发展的阶段特征，是基于自身发展又结合经济规律的一次认识飞跃和理论创新。理解中国的新常态，不要落入国际上相同词语使用语境的"桎梏"，要以更宽的视野，更深的哲学思考来认识我国的新常态。

二、新常态是对我国经济发展认识的新的"阶段论"

正确把握我国事物发展所处的阶段，是党和国家争取各项事业胜利的重要前提，也是历史反复证明的重要经验。例如，在抗日战争中，毛泽东同志在对敌我深刻认识的基础上，旗帜鲜明地驳斥了"中国必亡论"和"中国速胜论"，提出抗日战争是持久战，战争分为三个阶段，最后的胜利必定属于中国的重大论断，对统一思想认识，制定抗战阶段性战略发挥了重要指导作用。又如，邓小平同志曾反复强调"社会主义本身是共产主义的初级阶段，而我们中国又处在社会主义的初级阶段，就是不发达的阶段。一切都要从这个实际出发，根据这个实际来制定规划"。把握住了社会主义初级阶段这一事关全局的基本国情，为党后来制定各项路线、方针、政策找到了根本依据。目前，从大的发展阶段看，我国仍处在社会主义初级阶段，仍处于可以大有作为的战略机遇期，但内涵和条件发生了变化。正如持久战中的三个阶段间会发生转换，在我国经济发展大阶段中的小阶段已经变化。经过 30 多年的快速发展，我国经济发展当前正在进入一个不同以往的新阶段。

新常态是对中国经济发展新阶段的高度概括。正确认识新常态的阶段性，关键是要理解好"新"和"常"的阶段特征。新常态，首先强调的是"新"，突出不同以往。与过去 40 年相比，中国经济发展的增长动力、需求特征、供给条件、风险状况、竞争环境以及政府与市场的关系等，都发生了不同以往的深刻变化。新的变化和新的条件，决定了做好各项经济工作需要有新的认识、新的思路和新的方法。因为新，则求变。新常态中的"常"，强调的是当前的新特征要持续一段时间，具有阶段性特点，突出这一时期，经济动力、结构都会加快调整变化，而结构调整的本质是资源要素的重新组合利用，资产重组调整再配，是此消彼长的关系，是旧平衡被打破和新平衡重建的过程。因此，所谓"常态"，突出的是新时期"变"和"动"的常态化，动力转换、结构升级、风险释放都将是新的常态。运动才是事物存在的常态，新常态并非简单字面上的新的稳定态、新的均衡态。更何况什么是均衡态，什么条件才能实现，在理论和实践上都争议很大。新常态虽在年度中央经济工作会议中被系统阐述，但其并非仅仅对中国经济的年度性判断，预计将指导和贯穿"十三五"，乃至更长期的经济发展。把握好我国经济发展所处的新阶段，是做好各项经济工作的基本出发点。

新常态与"三期叠加"阶段是包含关系而非承启关系。在分析当前阶段特征时，中央在提出"三期叠加"的判断基础上，进一步提出新常态的重大判断。如何理解两者之间的关系，存在一些困惑。部分人将新常态理解为一种相对较长时期的稳定态或均衡态，进而认为"三期叠加"是经济发展由旧常态向新常态转变的过渡状态。也就是说，当"三期叠加"结束后，经济发展才会进入新常态，故而误将"三期叠加"阶段与新常态阶段理解为两个前后承启的不同阶段。在笔者看来，两者都是对经济新阶段性特点的描述。"三期叠加"，更注重从挑战、负面因素刻画，速度放缓、结构调整阵痛、前期刺激政策消化都需要付出代价，突出更多的是风险和挑战；而新常态，包含的内容更为丰富和全面，并突出了对正面因素的阐述，在强调风险的同时，更强调潜力和机遇。"三期叠加"本身就是新常态的表现特征，将来"三期叠加"的某些特征可能调整弱化，新常态可能还会有其他新的趋势或特征出现。所以，新常态是一个更全面和动态的判断，是基于"三期叠加"判断基础上更高层次的总结。在时间上，"三期叠加"时期属于新常态时期，两者目前并行，新常态未来持续的时间可能更长。

新常态是中国经济迈向更高水平的必经阶段。我国经济发展进入新常态后，经济增速正由高速增长转向中速增长，经济发展方式正从规模速度型转向质量效益型，经济结构正从增量扩能为主转向调整存量、做优增量并举的深度调整，经济发展动力正从要素驱动的增长转向创新驱动的增长。新常态自然有新挑战，但更要看到其蕴藏着新机遇。改革不会总是欢欢喜喜的，要付出必要的代价，有的人利益会受到损失，但大多数人会因改革而受益。经济结构调整难免阵痛，难免会有企业被淘汰，会有职工失去工作岗位，但调整成功了就会提升资产质量，提升产业结构，并创造出新的工作岗位和更大的价值。一些传统产业需求虽然饱和了，面临转产调整，但一些新兴技术、新的业态和新的需求正在涌现，供给创造需求的空间无限巨大。国际上对我们的出口需求增长虽放缓了，但我们利用装备能力、产业配套能力和资金输出等优势，在新一轮国际分工中，迎来了向产业链中高端迈进的历史机遇，我国产业、品牌、资金和人才走出去潜力无限。保护环境、治理污染表面看会增加成本，但满足人民越来越迫切的生态产品需求，走低碳、绿色发展道路，环保技术、新能源等领域则会带来新的增长动力。必须看到，新常态是我国经济向形态更高级、分工更复杂、结构更合理的阶段演化的必经阶段，是成长的"烦恼"。

三、适应新常态的根本出路是改革开放和创新发展

新常态指明的是变化趋势而非未来的结果。新常态重在说明我国经济发展的新趋势和新特征，但并不是新结果。进入新常态不代表经济必定发展为更高水平。也就是说，新常态调整变化并非指向唯一结果，新常态更不会自然而然地引导经济成功迈向更高阶段、更高水平。其实，追赶型后发国家在经历高增长后，经济回落往往有两种不同的结局。一种是在跨过高收入社会门槛后，经济转入成熟阶段后的回落，如前面提到的德国、日本和韩国；另一种则是经济经历快速增长后，因为没有进行有效的战略调整，以适应变化的新条件和新特征，经济增长戛然而止甚至倒退，并长期陷入"中等收入陷阱"，如部分拉美国家和前苏东国家。经济高速增长的结束，并不意味着中高速增长会自然到来，结构优化升级会自发实现，经济风险会自行消化。经济成功迈向更高更成熟的阶段，是积极争取，努力作为的结果。只有抓住机遇，深化改革开放，顺"新常态"大势奋发有为，真正释放潜力，方可向好的方向发展，否则步入中等收入陷阱的后尘的可能性也不是完全没有。

新常态下新旧力量将长期并存，原有优势和新优势双轮驱动。中国经济之所以在过去取得了令世人瞩目的成绩，一定是中国经济大方向选对了，一些因素一定会继续发挥重要作用。中国经济进入新常态，出现了很多新的特征和趋势，但并不意味着未来经济发展将完全不同以往。经济发展是连续的过程，不会因为开启了一扇窗，就会关掉一道门。新常态需要新思路和新方式，但不否定那些仍继续有效的做法。新常态下我国增长动力结构，将既不同于原来快速释放后发优势阶段的模式，也不同于欧美经济体主要靠创新驱动和消费主导的模式，而是介于两者之间过渡状态，呈现规模经

济和结构变动释放增长效应逐渐减弱，同时质量效益提升和全要素生产率贡献逐步增强的混合特征。当前我国经济减速是趋势性、结构性的，但不会是断崖式的。因为我国工业化、城镇化尚未结束，地区发展差距巨大，2.6亿农民工需要转变为市民，2亿贫困人口（按高标准）需要脱贫，1亿城市棚户区住户需要新的家园，这些都蕴含着巨大的需求空间。同时，我国改革开放的制度红利继续释放，每年有近700万大学生毕业，有良好的基础设施和产业配套能力，创新能力不断增强，新优势正在逐步形成。新旧优势与需求潜力结合，一定会释放出强大的动力，以支撑新常态下中国经济的中高速增长。

改革开放和大胆创新是根本出路。经济发展方式要真正从规模速度型粗放增长转向质量效率型集约增长，经济发展动力要切实从传统增长点转向新的增长点，在守住风险底线的前提下，最根本的出路还是深化改革开放，大胆试错创新。要敢于啃硬骨头，敢于过深水区，加快推进经济体制改革。要坚持问题导向，推出既有利于短期发展又有利于长远制度安排的改革举措。充分尊重和发挥地方、基层、群众首创精神，从实践中寻找最佳方案。加大协调力度，强化督促评估，切实抓好改革措施落地。针对世界经济的新特点和新趋势，要积极促进内需和外需平衡、进口和出口平衡、引进外资和对外投资平衡，构建更高层次的开放型经济新体制。更加积极参与新一轮全球分工，主动倡议、参与和推动新一轮国际经济秩序调整改善，为我国经济发展争取更为广阔的空间和更为有利的外部环境。改革开放是高速增长期的法宝，也仍将是新常态下的不二法宝，而且改革开放本身也是持续不断的创新。新常态下，创新的重要性越来越突出，但创新的难度也越来越大。原有的靠引进技术，资源要素由农业部门向非农部门转移，靠抓大项目、按照雁行模式发展产业等方式的效果也日渐削弱；在看不清技术突破方向的前提下，政府集中资源强力推进的优势也明显减弱。要充分发挥新技术、新思想、新业态和新模式的带动作用，通过创新促进发展方式转变。新常态下的创新，更多靠分散试错，靠千军万马的大众创新，通过竞争脱颖而出。分散化创新是未来创新的主流，同时一些共性的和基础平台的创新，离不开协同创新和融入全球创新网络，一些关键创新离不开集体攻关。需要将个人激励和集体协作有机结合，去激活我国各种创新要素的潜力和活力，推动我国经济向更高更成熟阶段平稳迈进。

（陈昌盛，国务院发展研究中心宏观经济研究部部长、研究员）

深化新时代经济体制改革

张俊伟

一、经济体制改革进入 3.0 时期

中华人民共和国成立以来的经济体制改革历程，大体可分为三个时期：

第一，是改革 1.0 时期，其时间跨度为 20 世纪 50~70 年代，特点是在计划经济框架下"放权让利"。

早在 20 世纪 50 年代，鉴于"一五计划"实施过程中暴露出的一系列缺点和问题，中央就开始了对计划经济的改革。根据毛泽东的《论十大关系》中处理"国家、生产单位和生产者个人的关系""中央和地方的关系"的基本构想，经过缜密的准备，改革于 1958 年全面启动。改革的具体内容集中体现在国务院《关于改进工业管理体制的规定》《关于改进商业管理体制的规定》和《关于改进财政管理体制的规定》三个文件中，其重要内容包括：一是扩大省（市、自治区）管理工业的权限；二是扩大企业管理人员的管理权限；三是改进商业管理体制；四是改进财政管理体制，赋予地方一定的机动财力。仔细分析上述改革措施，我们可以清楚地看到：企业作为国家计划生产单元的地位没有改变，改变的是计划管理权限在不同层级政府之间、政府和企业之间的分配。因此，本轮改革的实质是在计划经济框架下"放权让利"。

遗憾的是，这次大规模的"放权让利"和"大跃进"运动结合在了一起。在强调发挥主观能动性的背景下赋予地方政府和企业人、财、物的调配权，就打破了国民经济的统一计划和总量平衡，助长了高指标、浮夸风和"瞎指挥"现象的发展。随后几年，我国经济供需总量严重失衡，经济比例严重失调，农业生产急剧下降，甚至出现了严重饥荒。不得已，中央决定对经济实行"调整、巩固、充实、提高"。在此过程中，许多下放的权力陆续被收回。但计划经济统得过多、管得过死的缺点也由此旧病复发。

此后，在 1970 年，我国又掀起了一轮"企业下放"运动，但由于企业下放过急、过猛，原有的经济协作关系再次被打乱，最后不得不进行新一轮的整顿（比如"铁路整顿"等），从而重蹈了"一收就死，一死就叫，一叫就放，一放就乱"的恶性循环。

第二，是改革 2.0 时期，时间跨度为从党的十一届三中全会到党的十八大之前，特点是从计划经济向社会主义市场经济转轨。

改革 2.0 的最大亮点，是突破了公有制—计划经济—按劳分配的社会主义经济模式，实现了社会主义经济从计划经济向市场经济的转轨。能够实现这种转轨，原因是多方面的。首先，党的工作重点转移为新一轮经济改革开启了大门。从生产力和生产关系矛盾运动的角度思考问题，引导着人们把计划和市场看作是实现发展的工具，为确立社会主义市场经济体制的改革目标创造了可能。其次，社会主义建设正反两方面经验的积累使人们逐渐认识到，在不改变计划经济体制的前提下，仅仅依靠调整企业的行政隶属关系、仅仅依靠在某些领域（比如生活资料）引入市场机制，是无法突破僵局的。再次，对外开放与经济改革相互激荡，引领改革不断走向深入。对外开放极大地开阔了人们的眼界。东欧国家经济改革的曲折历程，启发国人杜绝了完善计划经济的想法；"东亚四小龙"的发展成就，则坚定了中国加入世界经济体系的决心。特别是 20 世纪 80 年代末 90 年代初，苏联、东欧国家纷纷转向市场经济，市场经济成为国际上现代经济体系普遍的存在形式。在此背景下中国要融入世界经济体系，也只能走市场经济之路。最后，各级领导干部的有序更替为改革推进提供了坚实的组织保障。干部"四化"把大批年富力强的年轻干部提拔到领导岗位上。和曾经接受战火考验的第一代领导干部不同，新一代领导干部视野开阔、思想解放、业务水平高，"既想干事又能干成事"，为推进各项改革事业创造了良好的人才支撑。

改革 2.0 经历了一个"从量变到质变"的发展过程。最初的许多改革措施都是和"拨乱反正"联系在一起的。"拨乱反正"的基本内涵，就是恢复"文化大革命"以前的好传统、好经验和好做法。最初的许多改革，从国营企业"利改税"到"企业经营承包制"、从财政管理"分灶吃饭"到"财政大包干"，背后都闪烁着毛泽东当年《论十大关系》的智慧。但伴随着改革实践的发展，人们对改革的认识也在迅速深化。党的十二届三中全会做出了"在公有制基础上的有计划的商品经济"的重大论断；党的十三大报告明确了"国家调节市场，市场引导企业"的经济运行新机制；党的十四大报告则确立了建立社会主义市场经济体制的改革目标。根据党的十四大精神，党的十四届三中全会讨论并通过了《中共中央关于建立社会主义市场经济体制若干问题的决定》，就进一步推进经济体制改革做出部署。因此，推进制度转轨就成了我国经济体制改革的主旋律。

20 世纪 90 年代，我国经济体制改革的主要任务是建立市场经济体制的核心框架。这一时期的改革举措主要有：一是微观经营主体改造和国有资本布局调整；二是构建市场机制，建立公平竞争环境；三是实行"分税制"改革，理顺政府间分配关系；四是积极融入国际社会，成功加入 WTO。

21 世纪前十年，弥补市场失灵、强化政府干预则成为我国经济体制改革的主旋律。这一时期政府角色的改变和强化主要表现在：一是政府的经济职能逐步定型，"城市经营"成为主流；二是完善社会保障制度，实现了新型养老医疗保障全覆盖；三是教育、科技、文化事业快速发展；四是环境保护取得明显进展，环境持续恶化局面得到扭转；五是实施区域协调发展战略，地区发展差距持续拉大的局面开始扭转。

到党的十八大前夕，我国不仅建立起了市场经济，使市场机制在资源配置中发挥着基础性作用。而且政府积极作为，着力弥补市场失灵，从而形成了"无形之手"和"有形之手"相互促进的局面。至此，现代市场经济已初步建立起来了。

第三，是改革3.0时期，起点为从党的十八届三中全会，时间跨度将延续到21世纪中叶。这一时期的改革目标是为新发展理念、高质量发展奠定制度基础，而改革特点则是追求经济整体效能的最大化。

2013年10月，党的十八届三中全会审议并通过了《中共中央关于全面深化改革若干问题的决定》（以下简称《决定》）。在"完善和发展中国特色社会主义制度，推进国家治理体系和治理能力现代化"的总目标下，《决定》明确了经济体制改革的指导思想，即"紧紧围绕使市场在资源配置中起决定性作用深化经济体制改革，坚持和完善基本经济制度，加快完善现代市场体系、宏观调控体系、开放型经济体系，加快转变经济发展方式，加快建设创新型国家，推动经济更有效率、更加公平、更可持续发展"。由此标志着我国经济体制改革步入3.0时期。

改革3.0的着眼点，是实现国家现代化和民族复兴的"中国梦"。党的十九大报告为此勾勒了"一小步，两大步"的发展战略，即"到2020年全面建成小康社会；在全面建成小康社会的基础上，再奋斗15年，基本实现社会主义现代化；在基本实现现代化的基础上，再奋斗15年，把我国建设成富强民主文明和谐美丽的社会主义现代化强国"。实现上述发展目标的路径，就是全面贯彻"新发展理念"。因此，改革3.0的直接目标，是构建体现"新发展理念"的内在要求，能够推动高质量发展的体制机制和利益导向。

和改革2.0相比，改革3.0具有鲜明的时代特点。

首先，改革3.0的着眼点是实现"无形之手"和"有形之手"合力的最大化。改革2.0的特点是从计划经济转向社会主义市场经济，由此带来的变革是宏大的、显而易见的，任何身临其境的人都能够感受到这种变化。但改革3.0是改革2.0已有成果（社会主义市场经济体制框架）的升级版，它不是经济体制的"另起炉灶"，而是对既有体制的完善和质量提升。同时，在市场经济体制条件下，充分发挥"无形之手"和"有形之手"的作用，为贯彻新发展理念、推动高质量发展奠定坚实的制度基础。从某种意义上说，改革3.0和改革2.0是量变和质变的关系，是渐变和突变之间的关系。在改革3.0时期，经济体制子系统层面的技术性完善（比如细化对产权的保护、逐步消除社会保障的碎片化现象等）成为常态。经过一段时间的持续努力，人们可以发现，改革3.0带来的变化是巨大的。比如营商环境的改善、交易成本的降低、政府效能的提升、公共服务均等化水平的提高等。

其次，改革在一定程度上突破了经济范畴，体现出经济改革—政治改革联动的特点。毋庸讳言，当前的社会主义市场经济体制尚不完善，比如政府干预企业微观经营活动、市场退出机制不灵活、产权保护不力、市场秩序混乱等。今后的经济体制改革，一方面，需要按照国际通用的市场经济标准，进一步完善市场机制、维护市场秩序、减少政府对微观经济活动的干预，使市场真正在资源配置中发挥决定性作用；另一方面，需要在完善社会治理方面迈出大的步伐，通过提高政府决策科学化、民主化水平，提高政府执行力，把经济运行纳入规范化、法治化的运行轨道，显著提升公共服务的质量和水平，推动发展成果共享。在这里，改革已经超越经济领域，跨入政治体制、行政管理体制的领地。并且，完善社会治理各项改革的进展直接制约着让市场在资源配置中发挥决定性作用改革目标的真正实现。

再次，经济、政治、社会、文化等领域改革相互依存，使改革目标的实现过程呈现出社会生态"整体跃进"的特征。在我国，市场经济的理念和框架已经搭起来了，但上述理念和相关法律、法规在经济生活中却出现了大量"变形""走样""空转"的现象。上述问题的存在，固然为深化改革指明了前进方向，同时也表明制度建设（改革）是一个系统工程，它受制于经济发展水平、政治制度、社会结构乃至文化传统等因素的制约。当前，在多项综合性指标的国际排名（比如营商环境指数等）中，中国所处的位置大体和人均 GDP 排名结果相当。这充分表明既有改革的潜力已基本释放完毕。要进一步释放经济社会发展的潜力，就必须在深化改革上取得新的进展。鉴于制度建设是复杂的系统工程，只有从经济、政治、社会、文化等全方位布局，各领域相互协调，整体推进，才能在社会体制实现"整体跃迁"（即实现经济、政治、文化、社会乃至人的现代化）的同时实现改革 3.0 的改革目标。否则，仅仅局限在经济领域"单兵突进"，必然会遭遇来自社会各方面的、越来越强烈的阻碍，改革归于失败的风险也越来越大。

最后，改革动力不足。改革 3.0 是在改革 2.0 的基础上开启的。改革 2.0 激发了经济和社会的活力，使经济社会面貌发生了举世瞩目的变化。但 40 年的"发展奇迹"也极大地增强了国人的自信心，使人们在解读"中国模式"、归纳"中国经验"的时候，很容易把在过渡时期有效的短期措施、临时性的权宜之计看作长期有效的、可推广的经验，从而阻碍进一步前进的道路。思想认识上如此，行动上的选择更是如此。市场化改革带来了利益多元化。面对潜在的利益调整，不同群体趋利避害，其最终的"合力"未必与深化改革的发展方向相一致。比如面对日益严重的竞争压力，面对高昂的房价和沉重的养老、医疗、教育负担，广大工薪阶层思想趋于保守，他（她）们对强化市场机制、增加工作生活风险（比如企业破产、投资亏损）的改革持排斥态度。然而极少数高收入人群（比如大企业家、金融投资家等）则具有广泛的社会关系网络和强大的社会游说能力，能够通过设立议题、引导社会舆论，使政策讨论朝着对自己有利的方向发展。对这些人而言，既保持市场垄断地位，又有优惠政策加持是最"理想"的状态。他们显然不希望建立公开公平的竞争秩序，不希望削减政府对经济活动的直接干预。所有这些因素交织在一起，就使改革面临着很大的惰性。推进改革 3.0，需要重塑改革动力机制。

二、改革 3.0 的新要求与新环境

(一) 改革 3.0 的新要求

改革 3.0 的着眼点是实现国家现代化和民族复兴的"中国梦"。而其直接目标则是构建体现"新发展理念"内在要求的机制体制和利益导向。"创新、协调、绿色、开放、共享"的新发展理念，是中共中央在深刻分析国内外发展大势、全面总结发展经验教训的基础上提出来的。其中，创新发展注重解决的是发展动力问题，协调发展注重解决的是发展不平衡问题，绿色发展注重解决的是人与自然和谐问题，开放发展注重解决的是发展内外联动问题，共享发展注重解决的是社会公平正义问题。从创新、共享、开放三个方面切入，我们可以清晰地看到改革 3.0 所面临的新要求。

1. 从创新发展的角度看

创新发展是我国"人口红利"消失、经济发展进入工业化后期阶段后的必然选择。在劳动力数量持续减少、社会物质财富（乃至闲置生产资料）不断积累的背景下发展经济，只能走内涵式发展道路，主要通过优化资源配置来发掘经济增长的潜力。应当看到，任何生产要素都是具体的、个性化的，重新组合生产要素、改进产品和服务、提升经济效益的过程，不是"用标准化的砖头来垒城墙"，而是"用不规则的七巧板来拼装精美图案"。这必然是一个分散进行的、反复"试错"的过程，从本质上讲也是市场机制发挥作用的过程。所以，要推动创新发展，必须毫不动摇地坚持市场机制在资源配置中的决定性作用，而且，这里所说的市场机制是"好的市场机制"，即法治、规范、透明、高效的市场机制。为此，政府必须提供相应的、高质量的公共产品，具体如完备的法制、严格的执法、稳定的宏观经济环境等。更进一步讲，由于工业化阶段发生转换，当前我国主导产业快速更替、产业结构快速调整，政府的产业政策也要进行"升级"，以加快经济转型升级的步伐。

2. 从共享发展的角度看

加强收入调节力度、增加基本公共服务供给、完善社会保障制度，不仅是发掘内需潜力、实现可持续发展的现实需要，更是推动发展成果共享、实现社会公平正义的内在要求。前面提到，我国已初步建立起了覆盖全体国民的社会保障体系；但当前我国的社会保障体系在保障制度的统一性、保障给付水平、保障体系运行效率等方面仍存在较大的改进空间。同样，政府在基础设施、教育科技、公共卫生等领域投入持续快速增长，但政府提供的基本公共服务数量仍然不足、质量相对较差、公众满意度比较低；税收改革在简化税制、清费减税等方面取得明显进展，但企业税收负担偏重的局面没有得到根本改变，税收调节收入分配力度较弱的局面没有得到根本改变。要解决上述问题，就需要完善相关法律法规，加快政府自身的改革，具体如：加快转变政府职能，建立有限政府；优化政府内部机构设置，改善政府业务流程，广泛运用信息

技术提高政府运行效率；理清上下级政府间权责划分，提高政府整体效能；修订税法，完善收入分配关系；扩大民主参与，加强外部监督等。总之，需要建设一个公开透明、规范高效、功能强大、可问责追责的政府。

3. 从开放发展的角度看

中国经济要实现"由大到强"的飞跃，必须进一步扩大开放，充分利用"两个市场、两种资源"。从国际环境看，中国经济实力的快速上升已引起个别国家的高度警觉。美国特朗普政府不仅主动挑起中美贸易摩擦，还积极拉拢欧盟、日本等发达经济体组建"自贸区"并强推新一轮 WTO 改革。并且，如果 WTO 改革归于失败，美国就有可能带头"退群"来架空、瘫痪 WTO。这就使中国面临艰难的"选择"：如果想维持 WTO 在国际经贸体系中的地位，就必须迁就美国、日本、欧盟等经济体的改革要求，避免 WTO 改革谈判归于破裂；如果想要坚持"中国经验"，则必须面临中国被排除在世界主流经贸规则之外的风险。综合权衡，加快市场化改革步伐、积极推动 WTO 改革是现实的可行选择。

由此我们看到，在完善社会主义市场经济体制方面，改革 3.0 应满足如下三个层次的要求：一是建立真正的市场经济，让市场机制在资源配置中发挥决定性作用；二是建立好的市场经济，即法制完备、规范透明、竞争有序、运转高效的市场经济，能够有效引导资源优化配置、不断提高经济效益；三是有效发挥政府职能，实现"有形之手"和"无形之手"合力的最大化。

（二）改革 3.0 的外部环境

和改革 2.0 相比，改革 3.0 所面临的外部环境也发生了明显的变化，主要表现在以下几方面：

一是更加强调改革的社会主义方向。"次贷危机"以后，围绕中国改革和发展方向的争论日趋激烈。中共十八大报告明确指出："坚定不移高举中国特色社会主义伟大旗帜，既不走封闭僵化的老路，也不走改旗易帜的邪路。"习近平总书记也有针对性地指出，"我们的改革开放是有方向、有立场、有原则的""必须完整理解和把握全面深化改革的总目标，这是两句话组成的一个整体……前一句，规定了根本方向，我们的方向就是中国特色社会主义道路，而不是其他什么道路……后一句，规定了在根本方向指引下完善和发展中国特色社会主义制度的鲜明指向。两句话都讲，才是完整的"。对社会主义方向的强调，进一步明确了改革的边界。2017 年召开的中共十九大，系统阐述了习近平新时代中国特色社会主义思想，回答了我国社会主义发展所处的历史方位、社会主要矛盾变化，明确了社会主义现代化建设"五位一体"的总体布局和"四个全面"的战略布局，明确了全面深化改革、全面推进依法治国的总目标……党的十九大报告还把习近平新时代中国特色社会主义思想归纳为"十四条基本方略"，要求各地区各部门在实际工作中贯彻执行。习近平新时代中国特色社会主义思想，是指引我国实现"中国梦"的行动指南，自然也是改革 3.0 的行动指南。

二是结构重构与加强管理相互交织，使改革面临文化冲突。当前我国经济体制不完善，一个突出表现就是"法治不彰"，即存在有法不依、执法不严、违法不究的问题，需要通过完善管理、加强执法予以解决。因此，改革3.0不仅面临着推进制度重构、完善相关体制机制的任务，还面临着加强执法、提高政府效率以发掘既有制度潜力的任务。应当看到，改革文化和管理文化是截然不同的。与改革相匹配的文化内核是"放"，强调的是宽松的环境、创新的精神和对失败的宽容；而与管理相匹配的文化内核则是"收"，强调的是遵从纪律、维护秩序和令行禁止（当然，最新的管理实践也强调在强化企业文化约束的前提下对员工放权）。这两种文化交织在一起，有时会传递出矛盾的信号，使当事人感到无所适从，行动上的徘徊、犹豫自然难以避免。

三是应急管理和常态化建设相互交织，使改革面临"时间一致性"考验。改革2.0和改革3.0都是在经济结构严重失衡的背景下启动的。改革2.0起步之初面临的是重工业超前发展、农业面临凋敝、通货膨胀隐性发展的局面，通过推广农村联产承包责任制、发展乡镇企业，上述矛盾逐步得到缓解，人们生活得到显著改善，从而很快步入了"改革—发展—稳定"的良性循环，而改革3.0面临的则是工业化发展阶段更替、产业资本大量闲置、重要比价关系严重扭曲（如城市房地产价格畸高）的局面。从国际经验看，这一时期是很容易爆发金融（经济）危机的。在此背景下进一步推进市场化改革，具体如放松市场管制、鼓励资本流动、鼓励金融创新、鼓励"资本运作"等，如果处理不好，很可能加剧既有经济矛盾，为经济运行风险火上浇油。这就显著提高了改革3.0时期维持"改革—发展—稳定"良性循环的难度。

风险隐患多、风险事件频发，还使应急管理成为政府的一项重要工作。以处置金融风险事件为例，应急管理在很大程度上意味着限制市场自由交易，意味着打乱既定的管理流程和工作重心。应急管理有其存在的合理性，但频繁的、大范围的应急管理措施则使限制市场交易的临时性措施长期化，严重阻滞建立规范、透明、法治化的政府管理方式的进程，并最终影响到构建法治透明、规范有序、高效运转的市场经济体制的进程。

四是公众参与热情高涨，传统的改革决策和推进机制面临挑战。按照世界银行的标准，我国在短短数十年时间内实现了从低收入国家向上中等收入国家的跨越。伴随着收入水平的提高，居民消费快速升级，人们更加注重出行便利性、受教育程度、健康状况和生活环境。上述需求的实现固然有赖于居民消费支出的增加，但更离不开政府基础设施和优良公共服务的供给。从企业角度看，随着经营规模的扩大，企业管理日益科学化，经营环境是否公开透明，是否稳定可预期对企业投资和经营活动的影响也越来越大。由此，居民和企业对公共事务的参与热情空前高涨。一些旧的管理理念、管理方式开始面临日益严峻的挑战。在改革3.0时期，如果离开了公众的广泛参与，很容易出现改革决策偏离关键问题和正确道路的现象，很容易出现公众疏远改革、改革民意基础迅速衰退的现象，也很容易出现执行层面（政府公职人员）士气衰退、改革执行力下降的现象。

五是国际政治经济环境趋于复杂，国际经验对改革的牵引力趋于弱化。发达国家的成功经验是改革 2.0 的重要参照系。向国际经贸惯例靠拢，对成熟的国际经验采取"拿来主义"，极大地加快了改革的步伐。但实施上述改革策略的大前提，是美国、日本、欧盟等发达经济体欢迎中国加入由美国主导的经济体系；而中国也承认美国的世界领导地位并积极向由美国主导的经济体系靠拢。随着改革进入 3.0 时代，世界政治经济格局发生重大变化，主要大国纵横捭阖，经济政治冲突明显加剧。在此背景下，"照单全收"国外政府和机构的政策建议很可能会掉入别国精心设计的"陷阱"。不仅如此，随着改革不断走向深入，独特的政治社会结构、历史文化传统对改革政策选择的制约日益凸显。许多国外成熟的经验和做法，引入到中国后纷纷沦为"中看不中用"的形式主义。未来一段时间，眼光内敛将是大势所趋，改革设计将更充分地考虑改革政策在中国的现实可行性。

（三）改革 3.0 存在的误区

上述新特点、新要求、新环境，决定了改革 3.0 的时间窗口很短，前进道路也很狭窄。如果政策设计或推进方式不当，改革是很容易陷入误区的。

一是改革概念泛化的误区。前面提到，改革 3.0 时期我国经济社会环境发生了明显变化，需要政府在推进改革、加强管理、应急维稳等方面有所作为。改革、管理、维稳是性质不同的三类活动。但在强调改革的语境下，很容易出现把后两类活动泛化为改革的现象。改革概念的泛化还诱使决策者忽视对上述三类活动的统筹谋划。结果，推进改革、加强管理与风险处置齐头并进，临时性行政干预措施与长期机制建设交相辉映，但由于缺乏有效的协调，上述各类措施冲突不断，难以形成政策合力。从政府官员（改革推动者）的角度看，虽然整日忙忙碌碌，工作常态是"五加二""白加黑"，但事后反思，难免会有"事倍功半"之感慨，有时甚至会产生距离改革目标更加遥远的感觉。

二是改革流于表面化的误区。长期的改革、发展顺境极大地增强了国人的改革信心。许多人想当然地认为，在明确了前进方向（改革目标）之后，只要坚定地"干下去"就能够成功，由此忽视了对改革过程的设计。但魔鬼恰恰存在于细节之中。在改革推进过程中，如果忽略利益相关方的参与，改革 3.0 很容易由全社会共同参与的事业蜕变成由政府决策层独家推动的行动；如果忽略经济社会文化条件的制约，改革 3.0 也很容易由脚踏实地的"问题导向"沦落为脱离实际的"一厢情愿"。如果由于改革设计不够充分，一些改革措施在推出之后，基层政府没有做好相应准备（机构、人员、组织能力等），相关社会群体没有做好准备（改革措施与其期待存在较大偏离），再加上与相关政策缺乏有效的沟通和衔接，改革措施容易遭遇"落地难"现象：一些改革措施浮于表面，实施细则缺乏可操作性；一些改革措施流于形式，当事人虚与委蛇；还有一些改革措施，甚至因为不接地气而被束之高阁。

三是排斥国际成熟经验，关门搞改革的误区。前面提到，当前大国间矛盾和冲突明显增多。在处理上述矛盾和冲突的过程中（如中美贸易摩擦等），中国必然要发展自己的"话语体系",必然要论证"中国模式""中国道路"的优越性。这就很容易出现排斥国际经验、闭门搞改革的倾向。我们知道,以开放促改革,是改革2.0取得成功的经验之一。即便到了改革3.0时期,我国作为国家现代化后来者的地位仍未改变。这就决定了如下事实:改革3.0必须奉行开放战略,必须通过广泛引进国外成熟经验来加快改革和现代化建设的步伐。简单排斥国际经验,只会使改革走更多的弯路,付出更高的"学费"。

无论是改革概念泛化,还是改革流于表面化和闭门搞改革,其结果都是改革红利"口惠而实不至"。这种"名不副实"的局面会严重损害改革的道德力量,侵蚀公众对政府的信任,消耗改革动力,使改革面临"半途而废"的风险。

三、确保改革3.0顺利到达成功的彼岸

在推进改革方面,我们没有任何理由可以懈怠。观察中国经济体制改革,可以有不同的时间维度。如果按照通常的思维习惯,以党的十一届三中全会为起点,在计划经济向市场经济转轨的视角下思考下一步的改革,会发现国人对前进的目标、方向、政策早已轻车熟路,甚至存在某种程度的"审美疲劳"。按照上述分析框架,我国已初步完成了从计划经济向社会主义市场经济的转型,制度转轨的"攻坚任务"已经完成了,而且,近年来我国密集出台了一系列经济改革措施,搭建起了新体制的"四梁八柱",使"全面深化改革"进入了"施工期",我国距离党的十八届三中全会确立的建立相对完善的社会主义经济制度的目标已越来越近。至于现实中存在的各种矛盾和问题,在很大程度上只是改革理念、改革政策落实不到位的问题,今后应在"狠抓政策落实"上多加努力。因此,在目前谈论深化改革,更多的是回顾峥嵘岁月、总结经验成就、畅谈发展前景的问题。对于改革的下一步,由于思路已明、目标已明、政策已明,再加上高层在强力推进,已经没有更多需要说的了。

如果从"第二个一百年"奋斗历程和实现社会主义现代化的视角进行考察,我国的经济体制改革无疑经历了一波三折的发展过程。正像前面所分析的那样,当前的改革正处于改革3.0时期。这一时期的改革不同于"市场化"或"社会主义改造"之类的"单向"社会运动,而是在中国独特国情下市场和政府相互适应以实现"总体效能最大化"。在市场经济条件下实现社会主义理想,是前所未有的伟大实践。对此,国际上没有经验可资借鉴,国内更是没有先例可循。无论是完善市场经济体制、全面提升政府效能,还是寻求政府与市场、政府与社会相结合的最佳结合点和结合方式,都有大量的工作要做。确实,近年来中央推出了一系列重大改革举措,但和时代发展提出的新要求相比,我们很难得出改革已接近尾声的结论,尚有太多问题需要解答。这就要求我们必须以更大的决心、更强的毅力、更细腻的手法来推进改革,真正把新发展理念融入到我们的体制机制和政策体系当中。

如果从近代以来我国从传统社会向现代社会转型的视角进行考察,更可以发现:

虽然自党的十一届三中全会以来我国在物质生产层面上取得显著进步，但在制度层面上我国和先行现代化国家之间的差距十分明显，在文化层面上甚至更需要来一场"文化启蒙运动"。总体而言，我国尚处于从传统社会向现代社会转型的中途。就像爬山，我们正处在半山腰中。但恰恰是这个处于"半山腰"的过渡状态却具有很强的生命力。一方面，经济社会发展取得瞩目的成就，全社会对现行体制的满意度显著提高；另一方面，许多短期性、权宜性做法被视作长期有效的经验，大量旧思想、旧文化、旧体制（如官本位等）的残余被保留下来，继续推进改革面临的阻力显著增大。在某些问题上，甚至连改革共识都难以达成，更不用说付诸行动了。为了避免出现前进动力消失、改革陷于停滞的困难局面，我们必须时刻保持警醒，始终以更大的自觉推动改革沿着正确的方向不断走向深入。

改革 3.0 处在我国从决胜全面建成小康社会到全面实现社会主义现代化的关键发展阶段。改革能否顺利推进，直接关系到我国能否顺利跨越"中等收入陷阱"，关系到社会主义现代化和"中国梦"能否全面实现。在当前和今后一段时期，坚持如下几点是十分必要的：

一是顺应经济增速下降的趋势，主动下调经济增长调控区间。2010 年以来，我国经济发展进入工业化后期发展阶段，导致经济增速阶段性下行到目前的 7% 左右。与此同时，随着地方政府债务管理日趋严格，也随着房地产市场价格稳定长效机制加快的建立，"土地财政"转型已渐行渐近。以房地产税改革为标志，中国经济将迎来潜在增长率的再次阶段性下降。对此，我们要理性看待，正确应对。"稳增长"是必要的，但"稳增长"的目标是平滑经济下行的趋势，为经济调整创造良好外部条件，而不是人为维持高增长。应充分尊重企业自主经营的市场地位。宏观调控主要是中央政府的职责。在宏观调控、"稳增长"的过程中，应坚决避免把宏观调控指标逐级分解、层层加码的做法，坚决避免出现以履行社会责任名义干预企业经营活动的现象。政府"稳增长"的最后手段是直接增加公共开支，考虑到多层级财政管理的复杂性，中央财政要为增加公共支出承担主要责任。在公共投资领域，应大幅减少地方政府的配套投资责任。增加公共支出需要考虑财政可承受能力，为此，需要明显提高对经济增速下降的容忍度。

二是采取更加主动的措施化解财政金融风险，快速消除阻碍市场机制有效运转的制度屏障，为改革创造良好外部环境。制定房地产税改革整体实施方案，推动"中国模式"平稳转型。应充分认识房地产泡沫破灭带来的负面冲击，充分认识"土地财政"转型的复杂性和艰巨性。按照房地产税改革→土地财政转型→财政兜底保障经济平稳运行的思路，制定房地产税改革整体实施方案，制定重大财政金融风险应对预案，确保地方财政、政府履职和经济运行稳定有序。中央财政要积极作为，化解地方政府债务风险。地方隐性债务的产生和发展，不是完全的市场交易过程，自然也不应该采取完全市场化的方法予以解决。应积极筹划政府救助方案，在中央政府承担部分损失的同时对相关地方政府、金融机构乃至国营企业施加相应的惩罚，以严肃相关财经纪律和市场约束。要通过建立高效运转的地方债务管理制度，消除经济运行存在的大量道德风险行为，把地方政府投融资行为、地方各类融资平台和金融机构的经济行为真正纳入到市场化运转的轨道。

三是完善改革设计，加快建设"法治国家"。优化全面深化改革领导小组职能。全面深化改革领导小组的职能应进一步向设计整体改革方案、明确改革路径、协调各领域改革、落实改革实施条件聚焦；支持人大、政府以及社会组织充分发挥作用，调动全社会改革积极性聚焦。要避免陷入部门性、地区性、专业性事务。狠抓既有改革措施的落实，切实兑现改革承诺。党的十八届三中全会以来，我们出台了大量的改革举措。这些改革措施是改革3.0的有机组成部分。推动上述改革措施不折不扣地贯彻下去，是改革的重要工作。要抓住当前最大规模政府机构改革的难得机遇，优化政府机构设置和人员配备，完善业务管理流程、提高发展规划与财政资金使用的匹配性，强化绩效考核和激励机制，把各项新规则、新机制真正落到实处。要充分发挥人大监督的作用，以横向的、活跃的人大监督弥补纵向的、效力快速衰减的行政督导，消除当前行政管理中普遍存在的形式主义，提高地方政府，特别是基层政府的工作效能。遵循"依法治国"的精神，完善对新出台改革政策的设计。应切实树立人大的权威，充分发挥人大在协调利益、凝聚共识方面的潜力。政府的重大决策需要经过人大审议，甚至需要先上升为法律才能付诸实施。应积极推动中期预算改革。新出台的改革措施，凡涉及增加财政支出的，均应明确列示资金来源并在预算安排中予以保证，以确保相关措施能够真正落地。同样，凡涉及大幅减少政府收入的，也应明确提出相应的削减支出措施或收入补偿措施作为配套，以确保政府其他履职行为不会因此而受到干扰。

四是有序扩大民主参与，为改革注入持续的动力。完善决策咨询制度，完善重大改革政策评估制度，不断提高改革决策质量。调动人大代表的积极性，提高人大代表履职能力，支持人大充分履行职能。进一步发挥新闻媒体上情下达、下情上传、舆论监督的功能。进一步发挥共青团、妇联、工会、各类商会、协会等社团组织的桥梁和纽带作用。

五是聚焦治理现代化，进一步解放思想。大国间利益争夺的加剧、对社会主义改革方向的强调，使国内对许多问题的讨论都笼罩在了"姓资姓社"的争论之下。应当看到，目前发达国家的许多做法，如制衡与分权、提高透明度、绩效管理、监督与问责等，都是市场经济条件下公共管理的有效工具，并不为资本主义所独有。我国要完善对社会主义市场经济的管理，自然也可以对上述经验采取"拿来主义"，为我所用。在改革3.0时期，我们要以更加宽阔的胸襟，充分借鉴、吸收发达经济体在社会治理领域的优秀成果以加快改革的步伐。

（张俊伟，国务院发展研究中心宏观经济研究部研究室主任、研究员）

坚持供给侧结构性改革不动摇

孙学工　杜飞轮　刘雪燕

党的十八大以来，以习近平同志为核心的党中央做出了着力推进实施供给侧结构性改革的重大决定，并在"十三五"规划纲要进一步明确作为整个"十三五"时期的发展主线。党的十九大报告进一步强调，"以供给侧结构性改革为主线，推动经济发展质量变革、动力变革、效率变革"。2018 年在经济形势出现"稳中有变，变中有忧"的情况下，2018 年底的中央经济工作会议指出"我国经济运行主要矛盾仍然是供给侧结构性的，必须坚持以供给侧结构性改革为主线不动摇"。这一论断既是基于对当前主要矛盾的科学分析判断，也是总结近年来实践经验的必然结论。

一、当前经济运行的主要矛盾仍然是供给侧结构性的

当前我国经济运行中面临的问题虽有总量性、周期性问题，但主要矛盾仍在供给侧，由于供给体系跟不上需求的动态变化，短期总供给与总需求难以实现良性循环；支撑供给体系的要素条件发生变化，原有增长动力减弱；供给体系在高增长时期积累的风险隐患逐步暴露显现，经济运行的潜在风险加大；供给体系对环境的负面影响仍很巨大。这决定了必须坚持以供给侧结构性改革为主线不动摇，才能保持我国经济持续健康发展并转向高质量发展。

供给体系仍不适应需求结构变化。诸多产品和服务的有效供给不足，产品和服务质量总体仍然偏低。制造业领域，一般工业消费品总体过剩，高品质、高性价比产品满足不了国内居民要求，导致大量消费需求外溢。农业领域，低端农产品积压难卖，但专用小麦、优质大米、高端水果等进口依赖度较高，优质高端农产品供给不足。科技含量高的技术密集型产品供给严重不足，大量关键装备、核心技术、高端产品依赖进口，如机床和机器人行业 90% 的高档配套功能配件、80% 的伺服电机和驱动、75% 的数控系统和 75% 的精密减速器全部依赖进口。此外，产品和服务质量的可靠性不足、品种适用性不强、产品附加值不高等，特别是与人民生活息息相关的食品药品质量安全问题时有发生，也影响居民消费意愿。

公共服务领域的短板仍较突出。社会事业发展滞后，公共服务保障力度明显不足且配置不均，"上学难、就医难、养老难"等现象还普遍存在，社会保障覆盖范围不够导致居民共享发展的获得感不足。从教育看，我国预算内财政性教育经费占 GDP 的比重逐年增加，但始终未达到政府工作目标中所确定的 4% 的水平，更是远低于发达国家

的财政内教育经费投入比重。从医疗卫生看，公共医疗卫生发展欠账问题较多。如2017年我国每千人拥有医疗卫生机构床位数为5.72张，不仅明显低于日本、韩国等发达国家，也低于俄罗斯等发展中国家水平。从社会保障看，总体保障水平仍然偏低，如外出农民工参加养老保险的比例不足30%，参加工伤、医疗保险的比例不足20%，参加失业、生育保险的比例不足10%。

要素供给趋减生产率趋降。在劳动力方面，一是劳动力总量出现趋减。改革开放40年来，我国经济实现迅猛发展，"人口红利"因素贡献显著。然而，2013年我国15~64岁的劳动年龄人口数量迎来历史性拐点，达到10.06亿的峰值之后，连续四年呈现下滑态势，至2017年底下滑至9.98亿人，绝对数量减少721.4万人。二是"老龄化"趋势明显。近年来，劳动年龄人口绝对数量的下降，总人口数量仍处于缓慢上升，我国的人口年龄结构出现调整，国家统计局的数据显示，在经历了长达十余年的下降之后，我国人口总抚养比于2010年达到34.2%的历史低位，之后逐年上升，2017年底达到39.3%，上升了5个百分点。2014年之后出现显著加速迹象，2011~2013年，平均年上升0.36个百分点，2014~2017年平均幅度达到1个百分点。三是劳动生产率水平整体不高。我国劳动力资源仍然面临着人力资本水平不高、高级技术工人占比偏低等一系列问题，导致我国总体劳动生产率水平显著低于美国、日本、欧盟等发达经济体，甚至远低于世界平均水平。1996年，我国单位劳动的产出水平占同期世界平均水平、美国、日本、欧盟等发达经济体的比重仅分别为10.62%、2.08%、2.34%及2.80%，截至2015年，仍然仅为39.6%、7.4%、9.6%及10.7%。四是劳动生产率出现明显减速。2001~2017年，我国劳动生产率平均增速达8.8%，较世界平均水平高出7.4个百分点，但2011年以后我国劳动生产率增速开始逐年放缓，2017年增速仅为5%，较2010年峰值下降约50%。在资本方面，一是储蓄率水平趋于降低。资本要素供给较以往减少。2008年中国储蓄率达到峰值51.8%，随后逐渐回落，目前降至47.9%，下降了4个百分点。二是资本产出效率下滑。国家统计局的数据显示，2000年我国增量资本产出率仅为3.54，至2017年我国增量资本产出率快速提高至5.43，2011年以来增量资本产出率出现持续恶化，该指标曾一度飙涨至7.07的历史高点，表明单位增量产出需要的增量资本大大增加。

科技创新能力总体不强。创新是引领发展的第一动力，是建设现代化经济体系的战略支撑，目前我国创新领域亟待提升。一是创新贡献极为不足。根据测算，1982~2010年，10%左右的年均GDP增长率中，资本积累扩大的贡献高达7.1个百分点，全要素生产率的贡献仅为1.0个百分点，且在全要素生产率的提高中，一半源自劳动力从农业转移至非农产业的重新配置。二是主导技术创新的研究人员占比不高。数据显示，2016年我国每百万人中研究人员仅为1177人，远低于亚洲的韩国（7087人）和日本（5231人），与英国（4471人）、德国（4431人）和美国（4232人）同样存在较大差距。三是专利质量亟待提升。根据世界知识产权组织等数据，我国有效专利中实用新型和外观设计专利占比较高，真正的原创性、颠覆性技术创新偏少，最具研发创新价值的三方同族专利授权量仅为日本的 1/7 和美国的 1/6，且发明专利占比 10 年时间仅上涨了 3.73 个百分点。四是原创科研能力仍存较大差距。《2018 年科学与工程学指标》报告中的数据显示，2000 年以来美国的前 1% 引用文章指数始终位于 1.8~2.0，而我国原创科研能力虽然由 2000 年的不足 0.4 快速上升至 2014 年的 1.0 附近，但与欧盟相比仍有一定差距，更是远低于同期美国的原创研究水平。

部分领域风险隐患仍然较多。长期积累的风险矛盾虽然得到有效管控，但点发式、结构性风险频繁暴露，影响经济运行的稳定性。一是高杠杆问题仍较突出。根据中国社会科学院国家金融与发展实验室数据统计，2018 年第一季度，我国总杠杆达到243.7% 的历史高位，已接近国际经验显示的风险高发窗口期（250%~280%）；非金融企业部门杠杆率高达 158.2%，是主要经济体中最高的。此外，金融产品证券化、金融市场国际化、金融体系虚拟化趋势明显，金融风险点多面广，前期表外资产快速扩张、互联网金融乱象频出，规范、整治过程面临一定的次生风险和交叉传染风险，防控风险难度加大。二是地方政府隐性债务风险尚未根本化解。部分地方政府通过投贷联动、名股实债、PPP、产业基金等渠道变相举债，隐性债务风险仍在累积。三是市场波动风险犹存。房地产市场成交量和投资出现萎缩，房地产金融化程度加深，租房市场急速扩张、加杠杆等加速暴露，可能引发关联产业连锁反应。

能源资源利用效率不高生态环境破坏严重。近年来，我国资源利用效率和生态环境明显改善，但总体不容乐观。一是能源利用效率水平不高。数据显示，2014 年我国能源产出效率仅为世界平均水平的一半，且 2008 年以来能耗水平的下降速度持续放缓，截至 2016 年该速度仅为 3.27%，不足 2008 年的 30%。二是淡水、土地等资源产出效率偏低。以水资源为例，世界银行的数据显示，我国与高收入国家水资源生产效率差距已由 2000 年的 24.73 美元/立方米淡水扩大至 2015 年的 62.92 美元/立方米淡水，绝对水平和相对增速均有较大差距。三是生态环境污染问题依然较为严峻。数据显示，全国 1/5 的城市空气污染严重，70% 江河水系受到污染，其中 40% 更是遭遇严重污染，近 1/3 的土地面临水土流失，近 1/5 的区域存在不同程度的沙化现象，90% 以上的天然草原出现退化。

二、供给侧结构性改革取得了明显的阶段性成效

2015 年以来，在党中央、国务院的坚强领导和大力推动下，全国各地区各部门全力落实供给侧结构性改革的各项重点任务，推动经济保持中高速增长、产业迈向中高端水平，经济发展质量效益不断提高。

"去、降、补"直接推动经济存量优化和增量提升。一是去产能推动市场加快出清。综合运用行政和市场化、法治化手段，加大环保执法力度，坚决淘汰无效低端产能，压缩大量无效供给，严控水泥、玻璃、电解铝等新增产能，钢铁、煤炭等重点行业去产能成效明显，重点行业去产能目标基本完成，一大批僵尸企业出清，部分行业

产能过剩问题得到明显缓解，工业行业产能利用率明显提高。二是房地产市场库存逐步消化。加大金融信贷支持、棚改货币化安置和公租房货币化补贴力度，积极培育和发展住房租赁市场，鼓励农民进城购房，有力促进了房地产去库存，房地产市场进入正常发展轨道。三是去杠杆有效降低债务风险。统筹利用债转股、优化债务结构等政策措施，推动企业强化负债自我约束，总杠杆率上升速度得以放缓，企业杠杆率开始下降。四是企业生产经营成本总体下降。全面推行"营改增"试点、扩大减半征收企业所得税优惠范围、清理规范行政事业性收费和政府性基金等减税降费举措，降低"五险一金"缴费比例，下调用电价格，放宽创业投资税收优惠条件，提高和扩大研发费用税前加计扣除比例和范围，进一步深化"放管服"改革，降低制度性交易成本。2018年1~11月，规模以上工业企业每百元主营业务收入中的成本为84.19元，较2015年同期下降1.78元。五是薄弱环节和重点领域的短板得到加强。通过政府与社会资本合作（PPP）、促进民间投资等政策措施，加大创新驱动、基础设施、脱贫攻坚、城乡统筹发展、民生建设、生态环保等领域的投入力度，基础设施建设、交通运输、仓储和邮政业、水利、环境和公共设施管理业投资保持较好增势，既创造有效需求，又为创造新的有效供给奠定良好基础。

"破、立、降"有效促进了经济稳中向好、稳中有进。一是一些结构性问题和矛盾得到有效缓解。在供给侧结构性改革之前，我国经济面临着"四降一升"的突出矛盾，即经济增长减速、工业品价格下降、实体企业盈利下降，财政收入增幅放缓、经济风险发生概率上升。供给侧结构性改革政策措施使这些突出问题均得到明显改善。从增长看，经济持续下行势头基本得到遏制，GDP增长稳定性提高，连续13个季度保持在6.5%~7.0%的合理区间内小幅波动。从工业看，实体经济加快振兴，企业"成本—利润"增速变化重回合理区间，生产活动总体活跃，工业经济"稳"的势头明显。从价格看，市场供求关系逐步改善，居民消费价格（Consumer Price Index，CPI）小幅上涨，工业生产者出厂价格（Producer Price Index，PPI）由降转升，温和可控的价格环境逐步形成。从效益看，微观主体信心有所增强，生产和投资意愿逐步恢复，企业经济效益持续改善，三年来工业企业利润增长实现了由负转正，2018年前11个月规模以上工业企业利润总额增速为11.8%。从财政收入看，部分困难地区财政收入增长企稳回升，全国财政收入增收明显，财政收支矛盾得以缓解。从风险看，银行业市场乱象整治取得初步成效，实体经济与金融、房地产发展的结构性失衡矛盾逐步得到缓解，金融服务实体经济效能提高，地方政府、国有企业债务约束进一步强化，发生局部性系统性金融风险概率下降。二是供给体系质量提升与经济结构持续优化并进。供给侧结构性改革在做减法的同时，围绕创新驱动发展战略和"中国制造2025"等积极做加法，先进产能和优质供给快速增加，新动能加快形成，工业向中高端迈进的特征趋势更为明显。新兴服务业蓬勃发展，分享经济、平台经济、数字经济广泛渗透到各个领域，大数据、大健康、大旅游等新兴服务业迅猛发展，现代物流、信息、商务等生产服务业方兴未艾，多点支撑更加有力。围绕农业增效、农民增收、农村增绿，农业创新能力不断提高，优化农业生产布局不断优化，农村一、二、三产业加快融合发展，农业综合效益和竞争力逐步提高。三是微观主体活力进一步增强。"放管服"改革不断向纵深推进，不断深化工商登记制度改革，市场准入环境持续优化，企业设立便利度明显提高。市场主体的大量涌现，特别是创新型企业的快速发展，大众创业万众创新步伐加快，经济持续增长的微观基础得到进一步夯实。

三、按照"巩固、增强、提升、畅通"方针深化供给侧结构性改革

当前我国经济已由高速增长阶段转向高质量发展阶段，社会主要矛盾发生重大变化，对经济社会发展提出了新的要求，供给侧结构性改革在取得阶段性成效后也已到了一个新阶段。为此，必须以习近平新时代中国特色社会主义思想为指导，坚持目标导向和问题导向，标本兼治、长短结合、加减法并重，把激活微观主体活力作为供给侧结构性改革的关键，把提高供给体系质量作为主攻方向，更加注重改革的制度供给，更加注重改革的协调性和配套性，提质升级存量供给，扩大优质增量供给，推动经济发展质量变革、效率变革、动力变革，实现高质量发展。

具体来讲，坚持以供给侧结构性改革为主线不动摇就是要认真贯彻落实中央经济工作会议提出的"巩固、增强、提升、畅通"八字方针，通过有效盘活释放生产要素，提高全要素生产率，切实提高供给体系质量和效率，切实提高供给侧结构对需求变化的适应性，切实增强经济短期稳定运行和长期持续发展的协同性。一是巩固"三去一降一补"成果。在"三去"方面，关键是通过市场主体退出制度、国有企业资产负债约束制度等项改革建立长效机制，更多运用市场化、法治化手段，推动更多产能过剩行业加快出清和结构性去杠杆。在"一降一补"方面，以大规模减税降费和改革完善投融资体制为突破口，降低全社会各类营商成本，加大基础设施等领域补短板力度。二是增强微观主体活力。建立公平开放透明的市场规则和法治化营商环境，进一步深化放管服改革，全面实行准入负面清单制度，减少审批，加快国企改革促进正向激励和优胜劣汰，切实保护产权和企业家精神，激发企业和企业家主观能动性。三是提升产业链水平。推动先进制造业和现代服务业深度融合，工业与互联网的全面融合，健全需求为导向、企业为主体的创新机制和有效的创新激励机制，构建开放、协同、高效的共性技术研发平台，组织实施关键领域技术突破等，推动新动能持续健康发展。四是畅通国民经济循环。加快建设统一开放、竞争有序的现代市场体系，特别是要重构金融体系，建立多层次的金融机构体系，提高金融体系服务实体经济能力，形成国内市场和生产主体、经济增长和就业扩大、金融和实体经济良性循环。

在以供给侧结构性改革为主线的同时，也要根据短期形势的变化实施必要的逆周期调节，使经济运行保持在合理运行区间，为供给侧结构性改革创造良好的宏观环境。宏观调控的关键是要有度，既要防止反应迟缓力度不足，也要避免用力过猛过犹不及，重在托底而不是托举，不替代市场自我修复自我调节机制，有度的标准就是经济运行

不过多偏离潜在增长水平。

（孙学工，中国宏观经济研究院经济研究所所长、研究员；杜飞轮，中国宏观经济研究院经济研究所宏观经济研究室主任、研究员；刘雪燕，中国宏观经济研究院经济研究所宏观经济研究室副主任、研究员）

竞争政策应居于主导地位

黄群慧

产业政策产生于 20 世纪 50 年代前后日本的实践。在 20 世纪 80 年代，产业政策被引进中国。日本产业政策的引入，不仅符合了加速中国工业化进程、促进经济快速增长的需要，恰好也符合了中国在计划经济逐步退出后的政府继续主导资源配置、管理产业与企业的需要。对于中国而言，产业政策的引入，具有计划经济渐进转轨和经济赶超的"双重效应"。经过多年的实践，产业政策总体上对我国快速推进工业化进程、实现经济赶超发挥了重要作用。但中国的产业政策也存在干预市场和影响市场机制形成的问题，甚至经常产生产业政策实施结果与初衷相反的"事与愿违"的情况，因此也广受理论界诟病，我们需要的是从产业政策主导到竞争政策主导的转变。

一、关于产业政策的基本认识

在经典的西方科教学书中，财政政策、货币金融政策、收入分配政策、国际贸易政策、农业政策、劳动政策、反垄断政策等构成了经济政策体系的核心内容，产业政策难见踪影。随着对日本"经济奇迹"的影响，欧美等发达国家也逐步关注产业政策，到 20 世纪 70 年代，OECD 开始研究其成员国的产业政策问题，产业政策这个概念也逐步在世界范围内所接受。关于日本产业政策的评价一直存在着各种争议，有人将日本 20 世纪中期的"经济奇迹"归结于产业政策，也有人认为产业政策的"主刀"通产省是"臭名昭著"。尤其是进入 20 世纪 70 年代以后，随着日本高速增长进入尾声，日本经济学界出现了大量对产业政策反思的研究。

一般而言，产业政策是政府为解决产业结构失衡和层次低等经济发展中的问题，实现产业转型升级和优化发展，促进经济快速增长和发展而制定和实施的相关政策措施，是一种相对长期的、供给侧管理的经济政策。从日本的实践看，产业政策具有政府干预产业部门之间和产业内部资源配置但又要强调尽量避免政府直接介入资源配置、目标是追求经济快速增长的基本特征。正是由于产业政策所具有的为了实现经济快速增长政府干预产业部门资源配置的这个特征，使产业政策很容易陷于自由市场主导和政府主导的两种意识形态之争。其实，当前我国经济学界的关于要不要产业政策的争论也没有逃脱这种意识形态之争，而且，由于产业政策在操作层面要求既要政府干预资源配置，但又要尽量避免直接介入资源配置，这个"度"的把握十分困难，因此是否存在合意的产业政策也就容易引起质疑。

二、中国产业政策的发展

日本的产业政策被引进中国学术界已有 30 多年的历史。1985 年 4 月，中国人民大学出版社出版的《产业经济学导论》对日本产业政策进行了系统全面的介绍；1986 年 2 月，杨沐等在《经济研究》撰文从加强供给管理角度提出中国要尽快研究和实施产业政策，并对中国产业政策的重点和应注意的问题进行了详细分析。实际上，当时学界呼吁对日本产业政策的引入，不仅符合了加速中国工业化进程、促进经济快速增长的需要，恰好也符合了中国在计划经济逐步退出后的政府继续主导资源配置、管理产业与企业的需要。

现在，中国的产业政策已经发展成为形式多元、层级众多、内容复杂的庞大的政策体系，包括政策、法令、条例、措施、规划、计划、纲要、指南、目录指导、管理办法和通知等，甚至政府工作报告、部门决议、会议纪要、领导批示等也会发挥实质性的影响；迄今为止，经过多年的实践，中国的产业政策已经发展为一套动态复杂的政策组合，包括产业结构政策、产业组织政策、产业布局政策和产业技术政策等各类政策。其中，产业结构政策是按照产业结构的发展规律推进产业结构高级化、进而实现国民经济发展的政策；产业组织政策是为了实现产业组织合理化、形成有效的公平的市场竞争创造条件的政策；产业布局政策是促进生产要素区域配置合理化、高效化而实施的各类政策，例如各类园区政策可以归为这种产业布局政策；产业技术政策是指国家制定的用以引导、促进和干预产业技术进步的政策的总和。虽然现实中常常发生冲突，但从理论设计上说，这四种政策应该是相互配合的，其政策机制应该是相容的，而且，我国在不同的发展阶段和不同的政府层面，其产业政策中的这四类政策的具体内涵有差异，而且产业政策的重点也不同，体现了产业政策组合的动态性。

这里罗列了一些颇具代表性的产业政策：1989 年 3 月，国务院发布了《国务院关于当前产业政策要点的决定》（国发〔1989〕29 号）指出制定正确的产业政策、明确国民经济各个领域中支持和限制的重点，是调整产业结构、进行宏观调控的重要依据。产业政策的制定和实施，有利于把改革与发展、计划与市场有机地结合起来，对于促进中国国民经济的长期稳定发展具有重要的意义；1997 年 12 月，经国务院批准、国家发展和改革委员会发布《当前国家重点鼓励发展的产业、产品和技术目录（试行）》，2000 年 7 月，又对此目录进行了修订；2002 年 6 月，国家经济贸易委员会、财政部、科学技术部、国家税务总局联合发布《国家产业技术政策》，2009 年 5 月，工业和信息化部联合其他部委再次发布《国家产业技术政策》，该政策以推进中国工业化和信息化为核心，促进相关产业的自主创新能力提高，实现产业结构优化和产业技术升级；2005 年 11 月，国务院关于发布实施《促进产业结构调整暂行规定》的决定；2005 年 12 月，经国务院批准国家发展和改革委员会发布《产业结构调整指导目录（2005 年）》，2011 年 3 月、2013 年 2 月和 2016 年 3 月又分别对这个目录进行了修改；在

2008～2009 年金融危机期间，为应对国际金融危机对中国实体经济的影响，由国家发展和改革委员会与工业和信息化部，会同有关部门发布了钢铁、汽车、船舶、石化、纺织、轻工、有色金属、装备制造业、电子信息，以及物流业十个重点产业调整和振兴规划，这成为一项应对国际金融危机，保增长、扩内需、调结构的重要措施。

从产业内容上看，我国产业政策重点是政府通过补贴、税收、法规等形式直接支持、扶持、保护或者限制某些产业的发展，以加快产业结构转型升级、实现经济赶超，往往倾向于扶持国有大企业、鼓励企业兼并提高集中度、抑制产能过剩和防止过度竞争、补贴战略性新兴产业和激励技术创新等，这更多地可以归类为选择性产业政策或纵向产业政策，而且实施力度比较强，而有关通过人力资源培训、研发补贴、市场服务等形式完善整体产业发展基础功能进而提高产业竞争力的产业政策，即所谓的功能性产业政策或者横向产业政策采用相对较少。

具体而言，我国产业政策的主要工具有两大类：一是控制市场准入的限制性审批，审批原则是有保有压、扶优扶强，审批范围涵盖所有重要产业，审批的内容深入到各个技术经济环节；二是认定新兴产业或战略产业，通过税收减免、土地供应等优惠鼓励其发展。从政策手段看，包括税收减免优惠（企业所得税、增值税减免进口环节的关税和增值税减免等）、直接财政补贴（研发的直接补贴、资本金注入、贷款贴息，通过各类投资基金进行股权投资、土地使用补贴等）、技术改造和设备更新激励（技改贴息贷款、缩短折旧年限、先进设备进口税收减免等）、特殊许可收费（针对基础产业的特许收费、价外征税等），与贸易有关的投资措施（外资企业采购的国产化比例要求）、出口导向和进口替代补贴、政府定价转移类补贴等。

从实施效果看，虽然实证研究对于中国产业政策的有效性有着不同的结论，例如有实证研究认为产业政策的出台和实施显著地促进了地方产业结构的合理化和高端化，也有实证研究认为产业政策的实施会降低资源配置效率，但是迄今为止中国实现了快速工业化进程和高速经济增长，这已经客观表明中国产业政策总体是成功的，产业政策总体上对中国快速推进工业化进程、促进产业转型升级、实现经济赶超发挥重要作用。

但是，中国的产业政策也存在着干预市场和影响市场机制形成的问题，长期效果与短期效果有矛盾。例如，近几年的新能源汽车补贴政策，由于对新能源汽车激励力度过强，出现了大面积"骗补"的问题。实际上，选择性很强的产业政策的确会产生较多的负面问题，例如政府确定的产业方向和技术路线不符合市场需求从而造成巨大的损失，又如由于强激励造成企业一哄而上、迅速形成过度竞争和产能过剩，另外还会由于政府对资源配置的权力过大而导致寻租和腐败行为等。

三、从产业政策主导转向竞争政策主导

在中国实施产业政策的同时，也一直在努力建设有效的市场体系，努力实现产业政策与竞争政策的协调，或者说试图实现市场化改革政策与工业化发展政策的协调，

既要发挥市场在资源配置中的决定性作用，又要更好地发挥政府作用。政府不断简政放权、优化服务，努力营造公平竞争的市场环境，尤其是通过法治工作来保证市场体系的统一开放、公平竞争。在众多相关法律中，《反不正当竞争法》和《反垄断法》对于排除妨害竞争的不正当行为、建立公平的市场秩序、保护消费者和企业的正当利益具有重要的意义。早在1987年，中国就开始准备制定反不正当竞争法和反垄断法，1993年9月颁布了第八届全国人民代表大会常务委员会第三次会议通过的《反不正当竞争法》，并于当年12月1日起施行，2017年11月第十二届全国人民代表大会常务委员会第三十次会议进行了修订。2007年8月30日《反垄断法》经第十届全国人民代表大会常务委员会第二十九次会议审议通过，自2008年8月1日起施行。正值改革开放40周年，《反垄断法》也已经实施10周年。党的十八大以来中共中央和国务院出台的两个文件，对于反不正当竞争和反垄断执法、打破行政垄断、建设公平竞争的市场体系具有重要的意义。一是2015年10月12日《中共中央国务院关于推进价格机制改革的若干意见》发布，明确提出加强市场价格监管和反垄断执法，逐步确立竞争政策的基础性地位，以及加快建立竞争政策与产业、投资等政策的协调机制。这就确立了竞争政策的基础地位，要求产业政策要与竞争政策相协调。二是2016年6月14日国务院发布《关于在市场体系建设中建立公平竞争审查制度的意见》，要求建立公平竞争审查制度，以规范政府有关行为，防止出台排除、限制竞争的政策措施，逐步清理废除妨碍全国统一市场和公平竞争的规定和做法。2017年10月12日，国家发展和改革委员会等五部委联合出台《公平竞争审查制度实施细则（暂行）》，进一步对公平竞争审查的机制、程序、标准和例外情况作了明确规定，使得公平竞争审查更具有操作性。另外，在2001年加入世界贸易组织后，中国需要无条件地遵循世界组织《补贴与反补贴措施协定》和《与贸易有关的投资措施协调》，这在客观上鼓励中国逐步实现产业政策转型，尽量避免财政对特定产业和企业的直接或者间接支持，促进产业政策从选择性向功能性转型。

产业政策与竞争政策的协调，关键是要随着工业化的深入而逐步更多依靠竞争政策，同时对产业政策内容、实施方式进行动态调整。从工业化进程看，在工业化初中期阶段，出于后发国家赶超的需要，选择性产业政策的确发挥了重要的作用，尤其是"扶大限小"对促进重化工主导产业的发展作用明显。但是在进入工业化后期以后，中国进入从要素驱动向创新驱动的经济"新常态"，经济增速从高速转为中高速，经济增长将更多依靠人力资本质量和技术进步。这种背景下，竞争政策具有基础性地位，产业政策需要相应的转型。中国长期以来习惯采用的强选择性产业政策的不适应表现越来越突出，以激励完善市场竞争秩序、激励创新为基本导向的功能性产业政策的意义更为显著；按照产业结构、产业组织、产业布局和产业技术政策的分类，直接干预产业结构形成的产业结构政策的重要性日益下降，而强调产业组织合理化的产业组织政策、激励创新的技术创新政策意义更加突出。具体而言，中国要严格按照世界贸易组织规则仔细检讨以往产业政策的做法，减少无用的产业规划和政策制度，产业政策将更多针对前沿技术和小企业技术创新领域来使用，更加着力打造有利于技术创新的生态，更加关注补贴资金的使用效率和透明度，从而最大程度地提高公共资金对于提升创新能力和产业竞争力的效果。

但是，对于我国这种具备计划经济转型、发展中国家赶超双重背景的社会主义大国而言，产业政策转型并非易事。一方面，长期以来的政府管理经济行为习惯以及庞杂的产业政策体系难以短期改变，我国产业政策还会存在相当长时间的"路径依赖"效应；另一方面，政府体制机制改革进展相对缓慢，地方政府追求短期 GDP 业绩导向还没有得到根本性的改变，跨越式发展的赶超意识还十分强烈，强选择性产业政策仍是政府最有效直接的政策工具。从根本上说，产业政策的转型，不仅是产业政策内容的变化，更为根本的是政府的体制机制改革和治理能力现代化水平的提升，这将是一项任重而道远的任务。

（黄群慧，中国社会科学院经济研究所所长、研究员）

把自由贸易试验区建设成新时代对外开放新高地

赵晋平

2018 年，我国自由贸易试验区建设取得了新进展，迈上了新台阶。国务院先后印发了关于进一步深化广东、天津、福建自贸试验区改革开放方案，加上 2017 年已经印发的上海自贸试验区深化改革方案，对最早设立的四个自贸试验区都提出了新要求。与此同时，国务院出台了《关于支持自由贸易试验区深化改革创新的若干措施的通知》；国家发改委、商务部牵头制定并公布了新一版自由贸易试验区外商投资负面清单，在电信、农业、文化等领域进一步加大压力测试力度，全国 11 个自贸试验区的对外开放水平实现新提升。

尤为重要的是，根据习近平总书记"4·13"讲话中关于建立海南全域型自贸试验区和逐步探索、稳步推进中国特色自由贸易港建设的重大部署，国务院发布了《中国（海南）自贸试验区总体方案》，明确提出了建成高质量高标准自贸试验区，为分阶段、分步骤建立自由贸易港政策体系打好坚实基础的规划目标，开启了我国特殊经济区域制度创新试验的历史新篇章。

面对新形势和新目标，全面落实中央提出的制度创新举措，努力把自贸试验区打造成对外开放新高地，这是新时代深化改革开放和促进中国经济高质量发展的一项重要任务。

一、过去五年我国自贸试验区的开放创新取得了显著成效

自 2013 年 9 月我国在上海设立了第一个自由贸易试验区起，已经过去了五年多的时间。五年来，自贸试验区的数量由一个增加到 12 个；设立地区由东部的上海拓展到东中西部的 12 省市；覆盖国土面积由最初的 28.78 平方公里扩大到目前的 3.67 万平方公里；组织形式也由 11 个"一区多片"模式升级为海南省全域型模式。五年来，自贸试验区改革、开放和发展的巨大成就逐步显现，制度创新领域取得大量成功经验不断在全国范围内复制和推广，对于推动我国的改革开放和发展发挥了引领、示范作用，对于辐射和带动周边经济发展做出了积极贡献，对于彰显我国扩大开放的信心和决心产生了重要影响。

（一）开展投资管理制度改革试验是提升对外开放水平的迫切需要

实行准入前国民待遇+负面清单的投资管理制度是我国自贸试验区在扩大开放领域

最具创新意义的成功范例。20 世纪 80 年代以来，我国长期实行外资管理的审批制和核准制，与全球多数成熟市场国家的准入前国民待遇+负面清单管理制度相比，在开放水平和透明度方面存在较大差距。2008 年国际金融危机之后，随着发达国家主导的 TPP、TTIP 等高水平贸易投资自由化进程迅速推进，我国面临着进一步提升参与国际竞争合作新优势的巨大压力，开始加快和伙伴国之间商签贸易和投资协定进程。2012 年重启中美投资协定谈判就是其中一项重要政策举措。当时，美方提出了以准入前国民待遇+负面清单的原则作为谈判基础，这对于中国来说还是第一次，需要尽快开展先行先试，探索和积累新的经验。在这一背景下，以准入前国民待遇+负面清单为核心的外商投资管理制度改革试验首先开始在 2013 年设立的上海自贸试验区内实施，并在随后建立的其他自贸试验区内全面展开。按照这一制度创新，自贸试验区依据负面清单对外资准入进行管理，为提升我国在外商投资领域的开放水平、应对高标准贸易投资协定谈判开启了制度性准备。

（二）负面清单管理模式的先行先试取得了较大进展

所谓负面清单模式，就是将国家限制或禁止外商投资的领域列成一份清单。按照改革后的准入前国民待遇+负面清单管理制度，凡是没有列入负面清单的领域，外商投资可以和国内企业一样按照备案制进行商事注册登记。如果属于列在负面清单中的限制性投资项目，则需要经过地方政府或中央部门审批，或禁止投资，或在满足限制性条件后方可注册登记。

负面清单中特别管理措施、即限制条件的数量多少是衡量外资准入开放程度的重要标志。2013 年上海第一版的负面清单一共有 190 条特别管理措施，以后逐年压缩，2018 年 12 个自贸试验区统一实施的负面清单已经压缩到 45 条，外资准入的开放度大幅提高。在此基础上，备案制改革和准入开放协同推进，显著提升了外商投资管理制度的透明度和规范化、法制化和便利化水平。外资企业注册登记所需时间由改革之前的 30 天左右减少到 2~3 天。这些变化使得自贸试验区成为吸引国际跨境投资流入的"强磁场"。以 2016 年利用外资统计为例，上海、广东、天津和福建四个自贸试验区以两万分之一的国土面积，吸引了全国 1/10 的外商投资。2017 年，11 个自贸试验区新设外商投资企业 6841 家，占全国的 19.2%，实际使用外资金额同比增长 18.1%，高于全国增幅 10.2 个百分点，扩大开放试验田作用进一步显现。

（三）自贸试验区的成功经验在全国范围内复制和推广

2016 年 9 月，全国人大修订有关外商投资法律，在全国范围内复制和推广自贸试验区的成功经验，正式全面实施准入前国民待遇+负面清单的外资管理制度。国家发展和改革委及商务部在 2017 年公布的外商投资产业指导目录基础上，2018 年 6 月公布了新的全国版负面清单。其中的特别管理措施仅有 48 条，使我国对外商投资准入开放提升到一个新的高度，要素流入型开放正在逐步向规则和制度型开放转变。

2018 年，受美国贸易保护主义等世界经济不确定性因素的拖累，全球跨境直接投资出现 19% 的较大幅度下降[1]，中国全年实际利用外资按人民币计算同比增长 0.9%（按照美元计算增长 3%），显著好于全球水平，12 个自贸试验区实际吸收外资金额增加了 3.3%，占比达到 12.1%[2]，继续在全国保持领先水平，充分显示了外资准入管理制度改革对提升开放水平和引资竞争优势的重要作用。

二、新时代高质量发展对高水平开放提出了新要求

过去 40 年中国经济发展的巨大成就是在始终坚持扩大开放基本国策的条件下取得的，鼓励和促进外商投资是对外开放的重要组成部分，同时也是中国经济发展的重要推动力量之一。新时代中国经济的高质量发展同样离不开更加开放的环境，对提升跨境投资贸易自由化便利化水平提出更高要求。

（一）扩大对外开放是中国经济高质量发展的必然要求

2018 年恰逢中国改革开放 40 周年。过去的 40 年，中国的对外开放取得了举世瞩目的重大成就，对于促进改革和发展发挥了十分重要的作用。但是，我们必须清醒地认识到，中国目前的对外开放和适应错综复杂外部环境变化、培育参与和引领国际竞争合作新优势、助力中国经济高质量发展的需要相比，还存在一定差距；对外开放的广度、深度和力度不充分、不平衡仍然是当前的主要矛盾。以服务业为例，当前我国服务业开放不足，是导致金融、电信、物流、教育、医疗等现代服务领域缺乏创新和竞争能力，难以满足老百姓上学、就医、出行、文化服务消费不断增长的需要等许多问题的重要原因。针对这些问题，中国正在全面落实党的十九大以来的一系列对外开放举措，大幅度放宽服务业关键领域市场准入，今后还应当进一步深化和拓展开放范围。

从国际环境来看，美国大搞单边主义和贸易保护主义行动，随意践踏世贸组织规则，打压贸易伙伴国家，严重损害了经济全球化的发展环境和合作基础，为正在回升中的全球经济和贸易投资增长蒙上了阴影，并将产生长期负面影响。过去，美国的市场开放为全球许多国家创造了发展机遇，自身也获得了巨大实惠。但自从特朗普执政以来，在美国优先战略的引领下，这一互利共赢格局正面临被打破的风险。根据国际货币基金组织 2018 年 10 月发布的研究报告，美国截止到 2018 年 9 月已经实施的加征关税措施，将可能导致 2019~2023 年全球经济增速每年都出现 0.08~0.12 个百分点的回落；如果继续增加加征关税措施，这一影响会成倍扩大，在对金融市场和投资者信心造成冲击的最坏情景下，同期全球经济增速的回落幅度可能达到 0.32~0.82 个百分点（见表 1）；其中美国的增速也可能出现 0.56~0.95 个百分点的下滑。2019 年 1 月，

---

[1] 联合国贸易发展组织《全球投资的趋势与前景》2019 年 1 月 21 日。
[2] 根据商务部新闻办公室 2019 年 1 月 14 日消息。

世界银行、国际货币基金组织、世界贸易组织、联合国贸易发展组织等国际权威机构已经无一例外地下调了全球经济、跨境贸易、跨境直接投资的增长预期，充分说明贸易保护主义抬头对世界经济和经济全球化带来的冲击，中国发展的外部环境因此面临十分严峻的挑战。中国是全球第二大经济体，也是经济全球化的重要受益方之一，通过不断扩大开放的实际行动，彰显中国参与和推动经济全球化进程的坚强决心与信心，为促进开放、包容、普惠、平衡、共赢的新型全球化发展创造新动能，这是更好应对国际形势变化、改善中国高质量发展环境的迫切要求。

表 1　美国加征关税措施对世界经济增长的影响

单位：%

年份	2018	2019	2020	2023
美国已实施加征关税措施	-0.06	-0.1	-0.12	-0.08
美国对中国输美 2670 亿美元商品加征关税	-0.06	-0.2	-0.23	-0.14
美国对汽车及其零部件进口加征关税	-0.06	-0.3	-0.35	-0.25
对投资者信心和全球金融市场预期造成冲击	-0.29	-0.8	-0.82	-0.32

注：各种情景根据目前已经实施或正在准备实施的加征关税举措确定；影响因素中包括了受害方采取相应报复措施等因素的综合影响。

资料来源：IMF 报告。

（二）中国的投资准入开放水平与国际上许多国家相比还存在较大差距

经济合作与发展组织（Organization for Economic Cocoperation and Derelopment，OECD）1961 年制定了资本跨境移动行动指南（Code of Liberalization of Capital Movement，CLCM），要求成员国遵守不再增加资本自由化例外措施的原则。为了把握各国实际执行情况每年都要公布各国外资限制性指数（Regulatory Restrictiveness Index，FDI），观测范围不仅包括其成员国，也包括了中国等许多非成员国。这项指数已经成为国际上评价一个国家直接投资领域开放程度高低的主要标杆。如果将 2017 年指数值与 1997 年比较可以看出，包括中国在内的所有国家都出现明显降低，但降幅存在较大差异。尤其是对 2017 年水平比较，中国的指数值为 0.316，仅低于菲律宾、印度尼西亚，相当于 OECD 国家平均值的 4.8 倍，比巴西、印度、俄罗斯、南非、埃及、越南都要高得多。其中越南的指数值长期高于中国，但近几年由于实施大幅度扩大开放举措，按照最新测算指数值已经明显低于中国（见表 2）。

表 2　OECD 外资限制性指数值的变化

主要经济体	1997 年		2017 年		
	指数值	排序	指数值	排序	降幅（%）
菲律宾	0.501	4	0.390	1	-22.2

主要经济体	1997 年		2017 年		
	指数值	排序	指数值	排序	降幅（%）
印度尼西亚	0.493	5	0.317	2	−35.7
中国	0.627	2	0.316	3	−49.6
马来西亚	0.523	3	0.253	4	−51.6
印度	0.480	6	0.212	5	−55.8
俄罗斯	0.338	7	0.182	6	−46.2
越南	0.658	1	0.124	7	−81.2
巴西	0.112	10	0.092	8	−17.9
埃及	0.125	9	0.066	9	−47.2
OECD 平均	0.127	8	0.066	10	−48.0
南非	0.103	11	0.055	11	−46.6
阿根廷	0.031	12	0.013	12	−58.1

注：指数值越高，说明对外资的限制越多。指数值测算要考虑四个方面的因素：一是对外资行业准入限制；二是准入后的限制；三是高管身份要求；四是其他限制。针对 62 个国家的调查。表中列出的国家，除阿根廷之外，都属于非 OECD 成员。

资料来源：JETRO 根据 OECD 数据计算。

进入 2018 年以后，中国推出了一系列扩大投资准入的开放举措。2018 年版全国负面清单显示，对外商投资的限制性措施由 2017 年版的 63 项减少到 48 项，涉及金融、基础设施、交通运输、商贸物流、文化服务、汽车、船舶、飞机制造、农业、能源、资源领域的原有 20 多项限制性措施已经或将在 2~3 年内从负面清单中去除。表 2 的测算结果尚未将这些最新进展包括在内。预计 OECD 2019 年度公布的中国外资限制性指数值将会有所降低。但是，综合指数值和制造业、服务业分产业指数值明显高于大多数国家的情况不会发生太大变化。

（三）建设国际化法制化便利化营商环境任重而道远

投资准入开放要取得实际成效离不开良好营商环境的建设。准入开放能够为投资者提供进入国内投资兴业的机会，是这些要素流入的必要条件，但并不是充分条件。稳定、透明、可预期，符合国际规范的营商环境往往是跨国公司选择投资目的地的重要决策依据之一。

2013~2018 年，中国自由贸易试验区外商实际投资增长显著高于全国平均水平，之所以有大量跨国公司进入自贸试验区投资注册，除了投资准入方面的有利条件之外，更重要的因素是自贸试验区在包括政府简政放权、投资和贸易便利化、金融服务和法治环境等方面展现的领先优势，充分说明了营商环境建设的重要性。

表 3 世界银行营商环境评价得分增幅最大的十个国家

经济体	便利度排序位次	评价得分增加	2017~2018 年营商环境改革的十大领域									
			开办企业	办理施工许可	获得店里	登记财产	获得信贷	保护少数投资者	纳税	跨境贸易	执行合同	办理破产
阿富汗	167	10.64	◎	—	—		◎	◎	◎		—	◎
吉布提	99	—	◎	—		◎	◎	◎			◎	◎
中国	46	8.63	◎	◎	◎	◎	—	◎	◎	◎		—
阿塞拜疆	25	7.10	—	◎	◎	◎	◎	◎	◎	—	—	◎
印度	77	6.63	◎	◎	◎	◎	—	◎	◎	◎	—	—
多哥	137	6.23	◎	◎	◎	◎	—	◎			◎	—
肯尼亚	61	5.25			◎	◎		◎		◎		
科特迪瓦	122	4.94	◎	◎	◎	◎	—	◎		—	◎	◎
土耳其	43	4.34	◎	—	◎	—	—	◎	◎		—	—
卢旺达	29	4.15	◎	—	◎	◎	◎		—	◎	◎	◎

注：◎ 表示在该项目上进行了改革，便利化有所改善。

资料来源：世界银行（2018）。

根据世界银行 2018 年 10 月 31 日发布的 2019 年版《营商环境报告》，中国在全球 190 个国家按照营商环境完善和便利程度的排名中，由 2018 年版的第 78 位，大幅提升至 46 位，而且进入过去一年营商环境改善幅度全球前十，并以 8.63 分的新增分值高居第三位（见表 3）。新的评价结果充分表明了中国近年来在改善营商环境方面取得突出成效，尤其是在"开办企业"和"获得电力"两方面改善最为显著。"开办企业"指标排名由上年的 93 位上升至 28 位。"获得电力"指标排名从上年的 98 位上升至 14 位。

世界银行的营商环境评价体系已经成为各国改善营商环境的重要参照标准。因此，我们要从中看到自身存在的差距和问题：一是中国的总体排名，和许多成熟经济体相比还比较落后。如中国、韩国、新加坡、新西兰、美国等均名列前十。二是有些领域改革的力度有限，并没有取得实际成效。如在获得信贷方面，按照世界银行的评价与上年相比没有改善。三是一些分项指标虽然有很大程度改善，但是实际水平仍然明显落后。如办理施工许可，在 2018 年版营商环境评价中被列为全部 190 个国家中的第 172 位，2019 年版前移 51 位，有了明显变化，但是仍然处于全部经济体第 121 位的落后位置。从对标国际先进水平来看，改善中国营商环境仍然是一项长期的工作，还存在巨大的提升空间。另外，在未被列入营商环境评价体系的一些领域，中国投资环境还存在一些亟待改善的问题，如竞争中立、政府采购、知识产权保护等。

（四）高水平开放对外部风险冲击的防控能力提出了更高要求

对外开放是一把"双刃剑"，在带来机会和利益的同时，也会伴随着一定的风险和挑战，而且风险大小和开放水平高低成正比。对风险的担心往往成为开放进程受阻的主要影响因素之一。因此，不断积累经验、增强风险防控能力有利于为扩大开放提供有效安全保障。

随着中国对外资准入开放水平的不断提升，面对的安全风险主要有以下几个方面：一是意识形态安全风险。为了适应现代服务业高质量发展的需要，文化、教育、新闻出版、互联网信息传播等领域的投资准入开放亟待取得新进展，由于中外文化和意识形态差异，这可能会伴随一些有悖公序良俗，甚至挑战我国传统文化、价值观以及意识形态的风险冲击。二是金融安全风险。银行、证券、保险领域的大幅度开放，在缺乏成熟监管体系和经验的条件下可能因国际金融市场动荡和投机者炒作增加国内的系统性金融风险。三是产业安全风险。外国企业进入国内投资，可能利用其资金、技术等优势对国内战略性新兴产业和幼稚产业生存安全造成威胁，甚至增加企业破产和员工失业风险。四是市场垄断风险。少数全球优势企业进入，可能会借助其产品实力形成市场垄断，损坏企业公平竞争环境。五是基础设施安全风险。部分外国投资者对能源、电信、交通设施等国计民生领域的资本控制，可能使政府在非常时期对基础设施的管控能力减弱。

毫无疑问，对这些风险的认识并不是今天才形成的，几十年来伴随着改革开放的推进也曾经不断引发关注和担忧。中国改革开放进程尽管出现过一些波折，但并没有因此中断，重要的原因之一就是在推进开放的过程中不断积累风险认识的经验，培育化解风险的能力，建立了风险防控的制度和体制机制。当然，当前中国的改革开放已经进入了深水区，各种风险的频发性和复杂性显著上升，只有通过不断总结开放实践中的经验和教训，才能学会防范和控制这些风险，其中也包括学习和借鉴其他国家的成功经验。

世界主要市场成熟国家的投资准入开放实践中，形成了以下三个层次的风险防控体系：一是通过制定和发布投资准入负面清单，限制或部分限制可能带来重大安全风险的投资项目；二是实施重大领域投资准入的安全审查制度，安全审查机构可以依法否决外国投资者的投资申请；三是实行投资准入后的事中事后监管制度，政府监管部门可以针对投资企业运营中出现的一些重大安全风险问题及时作出处理。三者之间具有很强内在依存和互补关系。负面清单的限制性措施越少，对安全审查和事中事后监管能力的要求就越高，各国的重点也不相同。美国是世界上投资自由化程度最高的经济体之一，负面清单的限制性条款数量很少，主要通过外国投资安全审查对所谓可能危及美国国家安全的外国投资项目进行审查和认定，实际否决的项目数量十分有限，但近几年针对中国企业投资项目的否决明显增加，尤其是在特朗普执政之后，全面修改了安全审查法，提高了对外国投资者的审查标准、扩大了审查范围、延长了审查时间。与发达国家相比，发展中国家由于安全审查和事中事后监管经验不足、能力有限，主要依赖于以正面清单或负面清单方式对外资进行限制和管理。侧重于哪一种方式的安全保障方式也是衡量一个国家法治化市场化便利化水平高低的重要标志。

三、着力打造高水平开放试验田和新高地

在开放政策和营商环境的国际竞争日趋加剧，我国发展的外部环境挑战增多的新形势下，为了适应高质量发展对高水平开放的新要求，自贸试验区需要继续发挥试验田作用，成为对标国际先进规则和国内领先水平的对外开放新高地。

（一）大幅度增强压力测试力度

按照国际上高水平开放贸易投资自由化标准，对自贸试验区进行压力测试，为深化改革和扩大开放探索新途径，积累新经验，这是自贸试验区制度创新的一项重要功能。在压力测试中，最具代表性的标志是外国投资准入管理制度的开放水平。从 2013 年设立上海自贸试验区开始，我国已经建立了准入前国民待遇＋负面清单的管理模式，在管理形式上实现了与国际通行标准的对接，在这一背景下，负面清单中特别管理措施数量多少成为衡量开放水平高低的关键因素。

2018 年我国公布的自贸试验区版负面清单由 2017 年版的 95 项减少至 45 项，不到最初 2013 年版本的 1/4。表面上看，自贸试验区开放压力测试的力度明显加大。但放在我国对外开放整体取得较大进展、国际上高水平贸易自由化安排迅速增加的大背景下看，自贸试验区在扩大开放领域的测试压力与全国版负面清单相比基本处于相同水平，与 OECD 外资限制性指数反映的国际领先水平相比还存在很大差距。另外，按照国际上自由化水平最高的贸易安排（如 TPP 等）来看，开放承诺不仅覆盖关税、非关税壁垒、投资准入等边境上举措，还涉及准入后的制度、政策体系等所谓边境后议题，如国有企业竞争中立、劳工标准、环保标准、政府采购、知识产权保护等国内措施。但目前在自贸试验区内关于这些准入后的压力测试十分有限，难以很好发挥先行先试和示范作用。

建议在自贸试验区采取更加积极的开放举措，参照 TPP 等高水平贸易投资协定的自由化标准进一步放宽外商投资准入，制定具有国际领先水平的新版负面清单，提升压力测试力度，并为参与双边和区域多边贸易投资自由化谈判积累经验，做好准备。通过新版负面清单争取使自贸试验区的外资限制性指数降低到与 OECD 平均值相近水平，充分彰显先行先试的示范和引领作用。另外，建议进一步扩大自贸试验区自主制定、执行准入后行业管理规定和经营行为规范准则的权限。除了少数敏感和审慎管理领域之外，建议对多数行业的准入后管理适用自贸试验区内的行业管理规定和法律，解决行业部门放权不足、部分领域的准入开放形同虚设等问题。

(二) 鼓励自贸试验区实行差异化的发展路径

在投资管理方面，按照全国统一的自贸试验区负面清单实施外资准入管理不能很好适应各地自身优势和重点产业发展的需要。这是当前自贸试验区开放实践中存在的一个突出问题。例如，自贸试验区以旅游业、现代服务业和高新技术产业作为未来发展的主导产业，扩大海洋经济、国际邮轮、医疗康养、国际旅游、文体娱乐等特色领域对外开放、放宽电信、金融、教育、文化、专业服务等现代服务业市场准入，对于海南发挥自身优势、实现高水平开放目标具有十分重要的意义。但是，在自贸试验区版负面清单与全国版相比并无太大开放优势的背景下，全国的自贸试验区仍在按照统一的负面清单进行外资准入管理，结合地方特色和风险防控能力给予合理调整的空间十分有限。这对于海南具备特色条件且作为重点产业定位的部分服务业开放将形成较多制约。其他自贸试验区也存在类似问题。

建议鼓励和支持各自贸试验区探索差异化的开放路径，打造量身定做的投资准入负面清单。建议将鼓励自贸试验区适度调整投资准入负面清单作为地方赋权改革的重要内容，允许各自贸试验区在全国统一负面清单基础上，结合自身发展定位、资源条件和风险防控经验适度对负面清单做减法，在经中央批准的基础上形成地方版负面清单。海南自贸试验区可在对风险进行评估的基础上，将全国自贸试验区统一版负面清单中和农业技术研发、技术咨询、海上运输和船舶代理、国际邮轮、旅游、医疗、康养、教育培训、文体娱乐、影视制作等有关的特别管理措施逐步进行删减。

(三) 加强贸易投资自由化和便利化的双轮驱动

实行高水平贸易自由化和便利化政策是贸易试验区制度创新的重要任务，也应当成为推动自贸试验区跨境贸易投资高质量发展的两只轮子，缺一不可。但从现有政策设计和实施效果来看，自贸试验区的贸易便利化举措内容较多且更容易取得进展，贸易自由化政策较少且成效有限。调研表明，造成这种失衡的主要原因首先是由于海关特殊监管区域面积偏小、功能有限，缺少开展保税加工、仓储、运输、展销、货物中转集拼的开放平台；其次是和服务贸易自由化有关的医疗健康、电信、专业服务、技能培训、海洋运输等服务业外商投资，普遍具有设备、器械、耗材进口关税率较高等特点，难以形成对重点发展产业跨国公司投资的较强吸引力。另外，服务业准入开放不足也是造成当地存在方式服务贸易自由化进展缓慢的重要原因。

建议在自贸试验区增设和扩大海关特殊监管区域，提升贸易自由化水平，扩大贸易投资自由化平台建设，重点发展保税物流、仓储、展销、汽车平行进口等跨境贸易。与此同时，应支持各类海关监管区按照国际上高水平自由贸易园区模式和境内关外标准进行转型升级，并利用保税物流通道、保税仓库等方式实现海关特殊监管区的互联互通。另外，要加大服务贸易创新发展的政策支持力度，扩大服务业投资准入开放，吸收跨国公司以当地存在方式提供跨境服务。

（四）积极探索建设中国特色自由贸易港

2018 年 4 月 13 日，习近平总书记在海南建省办经济特区 30 周年纪念大会的讲话中宣布，党中央决定支持海南全岛建设自由贸易试验区，支持海南逐步探索、稳步推进中国特色自由贸易港建设，分步骤、分阶段建立自由贸易港政策和制度体系。根据这一重大战略部署，海南自贸试验区承担着为探索中国特色自由贸易港打基础的特殊任务，这也是自贸试验区在新的历史条件下推进对外开放新高地建设的一个重大使命。探索建设中国特色自由贸易港，必须在充分学习和借鉴国际经验，结合中国国情和地方特点，按照全球领先开放标准构建制度和政策体系，实现特色鲜明、突出，具有很强国际竞争力的世界著名现代化自由港建设目标。

笔者认为，根据中央关于深化海南改革开放指导意见的基本精神，中国特色自由贸易港建设大致可分为四个阶段：即"打基础"（2018~2020 年）阶段、"搭框架"（2021~2025 年）阶段、"建制度"（2026~2035 年）阶段、"成特色"（2036~2050 年）阶段。其中，前两个阶段是自贸试验区向自由贸易港升级的过渡期；后两个阶段是自由贸易港建设和发展期。自贸试验区将在过渡期发挥十分重要的试验田和示范区作用。

建议在"打基础"阶段重点做好以下三个方面的工作：一是全面落实海南自贸试验区总体方案部署的各项任务，结合海南实际情况和未来发展定位，复制和推广已有自贸试验区取得的成功经验；二是研究和制定由自贸试验区走向自由贸易港行动方案，明确分阶段建设目标、实施步骤、重点工作和主要举措，完成关于自由贸易港目标模式和制度、政策体系的顶层设计；三是围绕重点领域改革创新需要。设立若干投资贸易自由化先行区，为逐步建立自贸港制度和政策体系积累经验。

建议在"搭框架"阶段重点做好三件事：一是继续推进自贸试验区的制度创新和先行先试，制定海南自贸试验区进一步深化改革开放总体方案，明确为自贸试验区向自贸港平稳过渡发挥载体和试验田作用的功能定位。扩大贸易投资自由化先行区覆盖区域和行业范围，加大自由化便利化压力测试力度。二是开启海南自贸港立法程序，确定自贸港法律框架设计和立法进程的阶段性目标，形成和完善国家层级海南特殊经济区域法律制度体系。三是在总结和评估先行区先行先试经验基础上初步建立全域自贸港制度建设所需要的投资管理、货物贸易监管、资本项目管理、人员跨区跨境流动、财税体制等政策体系和风险防控体系。

（五）不断加强现代化监管体系建设

随着对外开放的不断扩大，传统管理和监管模式不相适应的矛盾日趋凸显。主要反映在两个方面：一是外部风险防控的难度上升，长期依靠事前审批屏蔽外部风险的方式必须向事中事后监管方式转变，和这样的要求相比实际监管能力和经验还明显不足；二是以信息技术、互联网、大数据为依托的新经济、新业态的不断成长，代表了生产和服务模式创新的方向，已经成为经济增长新动能的主要源泉，其产品和服务形态相应发生许多变化，对政府管理和监管方式提出了新要求。

面对各种安全风险，中国在实施投资准入负面清单的同时，手中还应握有一份安全审查正面清单，加强事中事后监管，对危及国家安全、生态安全以及具有过快增长冲击国内产业发展、形成市场垄断风险的投资项目及时发现、有效监管和严格执法。对于有悖公序良俗、具有意识形态风险的投资则可以通过投资管理与内容监管相分离的方式，在内容监管上实行内外资一致的管理原则。只要我们保持清醒的风险意识，在开放中学会防范和控制风险，就能够做到更加有效抵御各种风险的发生。

自贸试验区在管理和监管方式创新领域，要处理好地方与中央部委之间的关系，重要的创新需要具有专业性的中央部委进行，自贸试验区对于监管中存在的问题等因及时与部委进行沟通，通过协同改革创新，加强和完善监管体系。此外，政府部门还可以利用智能化手段，建立优化信息互联共享的政府服务体系，通过构建以企业需求为导向、大数据分析为支撑的"互联网+政务服务"体系，建立中央和地方协同、条块链接的信息共享机制，以提升政府对于新经济、新业态和事中事后监管的综合能力。为自贸试验区深化改革和扩大开放提供高效安全保障。

（赵晋平，国务院发展研究中心对外经济研究部原部长、研究员）

| 世界篇 |

全球经济将受五大关键因素影响

姚枝仲

2019 年世界经济增速下行的可能性较大，金融市场可能进一步出现剧烈动荡，各主要国家应对下一轮经济衰退的政策空间受到限制，贸易摩擦和逆全球化趋势还会带来较大负面影响，预计 2019 年世界经济增长率约为 3.5%。

一、2019 年世界经济展望

2018 年 10 月国际货币基金组织预测，2019 年按 PPP 计算的世界 GDP 增长率为 3.7%。其中发达经济体 GDP 整体增长 2.1%，美国增长 2.5%，欧元区增长 1.9%，日本增长 0.9%，其他发达经济体增长 2.5%；新兴市场与发展中经济体 GDP 整体增长 4.7%，中国增长 6.2%，印度增长 7.4%，俄罗斯增长 1.8%，巴西增长 2.4%，南非增长 1.4%。新兴市场与发展中亚洲经济体仍然是世界上增长最快的地区，GDP 增长率为 6.3%。国际货币基金组织还预测，按市场汇率计算，2018 年世界 GDP 增长率为 3.1%。总体来说，国际货币基金组织认为，2019 年的世界经济增长率与 2018 年持平。

其他国际组织预测 2019 年世界经济形势与 2018 年基本一致。世界银行预测 2019 年按 PPP 计算的世界 GDP 增长率为 3.8%，与 2018 年持平；按市场汇率计算的世界 GDP 增长率为 3.0%，比 2017 年下降 0.1 个百分点。经济合作与发展组织预测 2019 年按 PPP 计算的世界 GDP 增长率为 3.93%，比 2018 年提高 0.11 个百分点。

我们预计，2019 年世界经济按 PPP 计算的增长率约为 3.5%，按市场汇率计算的增长率约为 2.9%。该预测低于国际货币基金组织和其他国际组织的预测，较低的预测主要反映了我们对美国经济下行风险、金融市场动荡风险、应对衰退的政策空间受限、贸易摩擦的影响以及逆全球化趋势等问题的担忧。

二、影响世界经济的几个关键问题

（一）美国经济下行的可能性

2018 年世界经济中除美国等少数国家还在强劲增长之外，大多数经济体的经济增长率均已经开始下行。如果美国经济持续强劲增长，有可能再一次带动世界经济增长率回升；如果美国经济近期内出现增速下行，则世界经济有可能陷入新一轮衰退。因此，美国经济走势对 2019 年世界经济具有重大影响。

美国 GDP 季度同比增长率已经连续 9 个季度不断上升。2016 年第二季度的增长率为 1.3%，至 2018 年第三季度已达 3.0%。从采购经理指数（PMI）等景气指标来看，美国经济在短期内仍然非常强劲。但是，美国也已经出现繁荣到顶迹象。首先，美国失业率已经处于最低水平，劳动力已经被充分利用，工资已经开始上涨，且工资上涨幅度超过物价上涨幅度，企业盈利空间下降。其次，对美国经济状况高度敏感且具有一定先导性的私人投资实际增长率，从 2018 年第一季度的 6.2% 下降到了第二季度的 4.6%。再有，美国股市泡沫破裂风险加大。美国股票市场价格开始出现高位回落迹象。2018 年 9 月，美国三大股指均创新高，但在 10 月初均同步连续下挫。一般来说，微调型的货币政策能够延长繁荣时间，防止经济出现快速过热和过热后的硬着陆。美国历史上最长的加息周期是三年，即连续加息三年后经济会出现回落。这一轮加息周期是从 2015 年 12 月开始的，到 2018 年 12 月就是三年。加息周期的结束将伴随着经济增长再一次明显下行。美联储预测联邦基金利率的长期值应该为 3.0%，离目前 2.25% 的政策利率还有 0.75 个百分点的差距。再有 2~3 次加息就能达到长期值。可见，从加息节奏上看，美国经济增长出现下行的时间不会太远。

国际组织纷纷预测美国经济增速在 2019 年会出现下行。国际货币基金组织预计美国 GDP 增长率将从 2018 年的 2.9% 下降至 2019 年的 2.5%；世界银行预计美国 GDP 增长率将从 2018 年的 2.7% 下降至 2019 年的 2.5%；经济合作与发展组织预计美国 GDP 增长率将从 2018 年的 2.9% 下降至 2019 年的 2.8%。美联储也预计美国 GDP 增长率将从 2018 年的 3.1% 下降至 2019 年的 2.5%。

（二）金融市场动荡的影响程度

当前世界经济面临三大金融危机的诱发因素：一是美联储加息缩表引起其他国家尤其是新兴市场国家的货币贬值和货币危机；二是高债务国家出现债务违约风险甚至债务危机；三是美国实体经济增速下行或者进入衰退引起其资产价格暴跌并向其他国家传染。这三类危机可能以个案的方式发生，但也有可能在一系列国家引起连锁反应造成较大影响，甚至可能三类风险叠加造成大面积深度危机，对世界经济造成重大负面冲击。

美联储加息缩表引起的资本回流和美元升值，已经使土耳其和阿根廷等国发生了货币危机。土耳其经济在 2018 年初本来处于高速增长状态，第一季度 GDP 同比增长 7.3%。土耳其货币里拉从 2018 年 3 月开始持续贬值，并在 5 月和 8 月出现两次大幅度贬值。货币大幅度贬值破坏了土耳其国内的经济秩序，其生产活跃程度大幅度下挫，第二季度 GDP 同比增长率回落至 5.2%。同时，其物价水平迅速攀升。土耳其央行从 2018 年 6 月开始采取大幅度加息的办法来应对货币贬值和通货膨胀。2018 年 6 月 1 日，土耳其央行将隔夜借款利率从 7.25% 一次性提高到 15%，6 月 8 日再一次提高到 16.25%，9 月 14 日进一步提高到 22.5%。过高的利率引起土耳其经济发生过度收缩。

阿根廷也出现了货币危机引起经济严重收缩的情况，2018 年第二季度其 GDP 季度同比甚至出现 4.2% 的负增长。2018 年土耳其和阿根廷的货币危机和经济恶化并没有传染到其他国家。未来美联储进一步加息和缩表的可能性很大，这将引起资本进一步回流美国和美元进一步升值，新兴市场国家进一步爆发货币危机的可能性在加大。对于那些具有经常账户逆差的国家，在资本流入减少而资本流出增加的情况下，很容易出现一个国家货币大幅度贬值引发类似国家同样发生货币大幅度贬值的现象，这种传染效应可能导致大面积的货币危机和经济衰退。

全球债务水平持续上升已经困扰世界经济多年，再一次爆发债务危机的可能性增大。这一方面是因为一些重债的新兴市场国家和低收入国家政府债务激增，容易引发主权债务的违约风险和债务危机；另一方面是美联储和英格兰银行加息可能引起的全球利率水平上行，导致各国债务负担加重，以及发达经济体经济增速下降引起的偿债能力下降，有可能导致发达经济体出现债务危机。发达经济体的债务危机会对世界经济造成较大的冲击。

美国股市也是一个重要的金融危机引爆点。美国股市从 2009 年以来持续牛市，股票市值从 2008 年的 11 万亿美元上升到 2018 年的 40 万亿美元。美国金融危机以前股市最繁荣的 2007 年，其市值最高也没有超过 19 万亿美元。纳斯达克指数在 2000 年股市最繁荣的时候达到 5000 点左右，在 2007 年股市又一个繁荣顶点时仅达到 2800 点左右，而在 2018 年已经超过 8000 点。美国股市泡沫风险已经开始显现，2018 年 10 月以来，美国三大股指均已明显下跌。美联储进一步加息和缩表以及美国实体经济下行产生的预期恶化，使美国股市未来仍有较大下跌风险。如果美国股市价格暴跌并引发其他国家股价同步暴跌，则世界经济将再一次面临较严重的金融危机冲击。

（三）应对下一轮衰退的政策空间

如果世界经济进入下一轮衰退，各主要国家尤其是发达国家刺激经济的政策空间不如 10 年以前。这在货币政策、财政政策和国际宏观政策协调方面都有体现。

美国在金融危机以前的联邦基金利率是 5.25%，从 2007 年 9 月开始，美联储在 15 个月的时间内将利率降至 0.25%，其降息空间高达 5 个百分点，而当前的联邦基金利率仅有 2.25%，即使再有两三次加息之后美国经济才开始下行，估计也只有 3 个百分点左右的降息空间。英格兰银行目前的政策利率仅有 0.75%，降息空间不足 1 个百分点。然而欧洲央行、日本央行目前还是实行负利率的货币政策。如果近期出现经济衰退，则意味着这两个经济体还没有退出宽松货币政策又需要实行新一轮宽松政策。此时，欧洲央行和日本央行完全没有降息空间。

当然，在基准利率降息空间有限或者没有降息空间的情况下，各央行还是可以继续使用量化宽松政策。量化宽松政策产生效果的一个重要机制是通过降低长期利率来刺激消费和投资。然而，当前美国和日本的 10 年期国债收益率分别为 3.06% 和 0.11%，欧元区 10 年期公债收益率为 0.41%，长期利率进一步降息的空间也有限。另外，新一轮量化宽松政策会再一次导致央行资产负债膨胀，使央行成为政府或者重要金融机构的资金提供者，从而扭曲金融资源的配置，降低金融体系在资金融通和金融中介方面的作用。欧洲已经明确规定欧央行持有的债券余额不能超过债券发行者债务余额的33%。量化宽松的空间也是受到限制的。

美国金融危机以来，各国政府债务没有明显下降，大部分国家的政府债务均比危机以前高。其中，发达经济体的平均政府债务余额与GDP之比从2007年的74.5%上升到了2018年的103.8%，新兴市场国家的平均政府债务余额与GDP之比也从2007年的35.5%上升到了2018年的48.7%。各国财政扩张的能力受到高债务规模的制约，尤其是欧盟国家。欧盟国家普遍面临降低政府债务规模的压力，很难再通过扩大财政赤字来刺激经济。日本似乎有点例外。日本的政府债务余额与GDP之比是世界上最高的，但日本还在继续提高政府债务水平。日本政府的债务依然具有可持续性，主要原因在于两点：一是其政府债券的持有人主要是国内主体，因而不容易发生外债危机以及引发的货币危机；二是日本央行持有大量的政府债券。日本央行持有的国债资产占日本政府债务余额的40%以上，这也导致日本央行资产总额已经超过日本GDP的100%。这种由央行直接向政府透支的融资方式是否可持续以及会带来什么后果，已经引起疑问。

在国际政策协调方面，当前的国际格局也不如10年之前那么有利。世界上最大的经济体美国宣称要实行"美国优先"的政策，国际政策协调不是其优先政策选项。危机催生的G20首脑会议机制，目前也难以发挥其在全球宏观政策协调上的作用。如果下一轮衰退来了，各国政策缺乏协调和约束，则以邻为壑的政策很可能成为个别国家的选项，并逐渐蔓延到多个国家。

（四）全球贸易摩擦的演变

贸易摩擦对世界经济的负面影响逐渐显现。美国从2018年3月开始对进口钢铝加征关税；7月发动对中国输美商品加征关税，9月进一步升级，未来的双边贸易仍不明朗。美国受影响的进口商品价值将达到8000亿美元左右，约占其进口总额的1/3；受贸易报复影响的出口商品价值将达到3500亿美元左右，约占其出口总额的1/5。如果贸易摩擦进一步升级，受影响的国际贸易还会更多。中国、欧盟和日本等主要经济体均已出现出口增速回落迹象。世界贸易组织已于2018年9月27日将2018年全球货物贸易实际增速预期由4.4%调低至3.9%，同时也将2019年增速预期进一步调低至3.7%。

贸易摩擦打破了世界贸易组织营造的安全和可预期的贸易环境，给国际商业活动带来不稳定因素，降低了投资信心。美国发起的这一次贸易摩擦还通过提高关税和原产地标准，阻碍中间品贸易发展，从而阻碍国际分工扩展和全球生产率的提升，这将对世界经济造成长期不利影响。

贸易摩擦可能演变为全球经济规则的重新设定，也可能演变为金融冲突、政治与军事冲突等，如果是后者，世界经济将受到灾难性的影响。

当然，美国也可能和中国达成停止贸易摩擦的协议，并和主要贸易伙伴达成钢铝和汽车关税方面的协议，这将对国际贸易和世界经济产生正面影响。但是，不管是中美之间，还是美国和其他主要贸易伙伴之间，达成终止增加关税的协议都需要经过艰难的谈判和妥协，未来的演变充满了不确定性。

（五）逆全球化的发展趋势

当前逆全球化的发展不仅表现在美国单边主义贸易措施上，而且表现在一系列的制度安排上。由于制度安排具有长期影响，因此其对全球化的影响将更为深远。

一个重要的逆全球化的制度安排是美国在 2018 年 8 月通过的《外国投资风险审查现代化法》。该法以维护美国国家安全的名义，赋予了美国的外国投资审查委员会更大的权力去阻止外国对美国的投资，以及美国对国外的技术出口。该法一方面扩大了受管制技术的范围，将新兴技术与基础技术纳入技术管制清单，另一方面要求相关投资者向外国投资审查委员会强制申报接受审查。这一制度将阻碍外国企业对美国的投资和国际技术交流合作。如果欧洲和日本模仿美国建立类似的技术管制和投资审查制度，企业的跨国投资和技术合作活动将受到较大的限制。

另一个重要的逆全球化的制度安排是 2018 年 9 月 30 日达成的美墨加协议。美墨加协议包含不利于跨国配置价值链的规定。该协议用提高原产地标准的办法来限制生产外包和跨国组织生产活动。协议第四章关于原产地规则的内容中，提高了众多制造业产品的本地增加值比例。比如，以净成本法计算，认定原产于美墨加区域内的乘用车与轻型卡车，要求区域内价值含量达到 66%，且以后逐年提高，到 2023 年要达到 75%。该协议还规定，乘用车、轻型卡车和重型卡车的生产必须使用 70% 以上原产于美墨加的钢和铝，这些汽车才能被认定为原产于美墨加地区。过高的原产地标准不利于跨国公司在全球配置价值链。协议生效后，美墨加区域外企业将更难以在区域内任何一个国家组装进口中间品再出口到另外两个国家。如果高标准的原产地要求推广到其他贸易协定中，全球价值链的发展将受到制约。美墨加协议中还出现了针对非市场经济国家的排他性规定。在一个自贸协定阻止协议方与第三方签订协议的条款也是不利于全球化的。这种排他性条款的蔓延将导致全球体系的分裂和世界经济的动荡。

（姚枝仲，中国社会科学院世界经济与政治研究所副所长、研究员）

全球经济下行风险将加大

廖淑萍　陆晓明

2018 年，全球经济保持复苏，但分化态势明显，主要经济体增速接近触顶，部分新兴市场国家出现金融动荡。展望 2019 年，全球经济面临的下行风险加大，加息将成为 2019 年货币政策"主旋律"，美国经济增长见顶、中美贸易摩擦不明朗、全球债务负担上升等可能成为潜在的风险，值得高度警惕。

一、实体经济复苏进入转折点

全球经济在 2018 年之初延续了上年趋势，呈现出同步增长的良好势头。但自 2018 年 4 月以来，在全球贸易摩擦、美联储收紧货币政策、美元升值、全球美元流动性趋紧、地缘政治冲突、原油市场波动等因素影响下，全球经济扩张的均衡性开始下降，主要经济体增速接近触顶，一些新兴市场国家经济下滑并出现金融动荡，全球经济增长的下行风险逐渐上升。

课题组认为，全球实体经济复苏可能在 2019 年进入重要转折。

摩根大通全球综合 PMI 指数仍维持在 53 以上的水平（见图 1），其中新订单指数、服务业指数均保持在 53.5 以上，制造业略有下滑，不过也维持在 52 以上。全球就业状况持续改善，美日两国基本处于充分就业水平；在一系列劳动力市场改革措施的推动下，欧元区失业率大幅降低至 8.1%，接近危机前最低水平。全球通胀率略有上升，但仍处于温和状况，有利于企业扩大生产。

全球实体经济复苏可能在 2019 年进入重要转折，一方面，经济增长的动力仍然存在；另一方面，下行风险日益凸显。未来全球经济增长是延续复苏态势还是掉头向下，取决于上述两股力量的博弈。目前来看，全球经济面临的下行风险加大。应提高薪资水平，从而推动固定资产投资和居民消费增长。

全球外国直接投资流量连续三年下滑，其中 2016 年同比减少 2%，2017 年同比减少 23%，2018 年上半年同比减少 41%，降幅创国际金融危机以来新高，主要是作为全球投资主导力量的发达经济体在收缩国际投资。在贸易保护主义的阴霾下，全球贸易增速明显下滑。根据荷兰经济政策分析局（CPB）数据，2018 年 8 月全球货物贸易量环比增长仅 0.2%，较上月下滑 1.3 个百分点。如果全球贸易保护主义持续升级，将严重打击商业信心，过去长期以来担当经济增长重要推动力的贸易恐将成为经济发展的拖累。

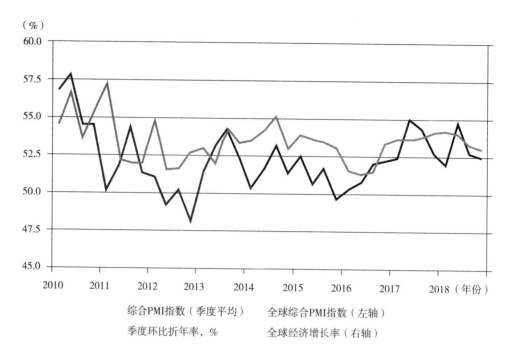

图 1　全球 GDP 与综合 PMI 指数对比

资料来源：Wind 数据库，中国银行国际金融研究所。

未来全球经济增长是延续复苏态势还是掉头向下，取决于上述两股力量的博弈。目前来看，全球经济面临的下行风险加大，2019 年继续回落 0.1 个百分点，达 3.1%。

二、全球金融市场走势分化明显

2018 年，全球金融状况有紧缩趋势，发达市场与新兴市场金融状况的差异增大。即使在发达市场内部，美欧金融市场走势也出现较大分化。

发达经济体金融状况总体上依然相对宽松，股市、债市持续增长，波动率虽有上升但仍相对稳定且低于历史水平。其中美国股市进入历史上最长牛市，虽然在 2018 年初和 10 月经历了大幅下跌和波动，但表现仍优于其他地区，吸引了全球资金流入。美国股市风险偏好依然强劲，估值远高于历史水平。我们编制的美国金融危机风险指标（ROFCI）尽管出现波动，但总体维持在安全区域内（见图 2）。欧洲受到经济增长前景疲软的困扰，加上欧洲公司盈利弱于美国，并且许多公司对新兴市场有较大风险敞口，导致投资者对欧洲市场更加谨慎。

新兴经济体近年来基本面虽有改善，但仍易受发达经济体货币政策正常化和美元升值的影响。2018 年外部融资成本上升、美元流动性短缺、地缘政治风险增加、贸易紧张等因素导致多数新兴经济体金融状况有所收紧，金融市场风险增加，主要表现在：本币贬值，通货膨胀上升，外部融资难度增加；非居民资本流入增长放缓，资本流动

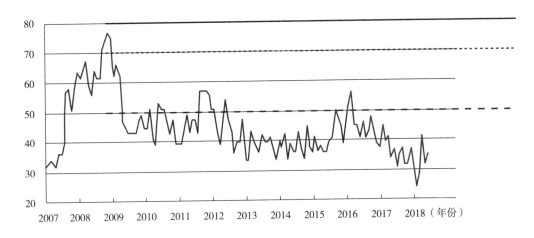

图 2　美国金融风险监测指标（ROFCI）

资料来源：中国银行国际金融研究所。

逆转导致股市下跌；债市由于息差扩大仍吸引资金净流入，但增速放缓；外汇储备大幅减少。不过，在全球风险偏好高涨的环境下，到目前为止市场压力仍集中于基本面及政策框架薄弱、政治风险及外部脆弱性较高、外部债务占比较高且缺乏充足储备缓冲的经济体，土耳其、阿根廷、巴西等国金融市场波动性远大于其他国家。

展望 2019 年，全球金融风险虽低于历史水平但处于上升状态，多年来积累的一些脆弱性可能因金融状况的急剧收紧而暴露。更多的发达经济体央行可能会紧缩货币政策。美国通胀若继续走高，市场将预期美联储继续甚至加速加息，导致金融条件趋紧，使得风险重新评估和资产组合重新配置，引发股票、债券、汇率市场急剧变动。欧元区周期性系统性风险较低但呈上升趋势，部分南欧国家公司财务状况不佳妨碍银行信贷中介功能的发挥，公共和私人债务水平处于历史高位且进一步恶化，这些风险相互交织，其中任何一种风险的显性化都可能激化其他风险，产生连锁反应。特别是部分国家的主权债务水平仍过高，且政治风险上升进一步影响其债务可持续性，而南欧国家银行资产中主权债务占比往往较高，主权债务风险加大将增加银行违约风险。新兴市场的主要脆弱性在于高杠杆、大量外部融资需求、短期外币债务、不稳定的投资者和贸易风险。不过从区域上来看，新兴亚洲金融市场相对稳定，自 1997 年亚洲金融危机后亚洲新兴经济体经常账户盈余改善，外债降低，外汇储备增加，再次发生类似危机的可能性降低。未来主要风险可能集中于"双赤字"的拉美及新兴欧洲国家。

三、美国经济增长见顶、中美贸易摩擦、全球债务负担将是未来主要风险

2019 年，预计全球经济金融体系的波动性将显著上升，动荡和不确定性恐将成为

常态，以下潜在风险值得高度警惕：

第一，美国经济增长见顶。2018 年，全球关于美国经济增长可持续性的讨论不断升温，表明投资者对美国经济增长可能见顶并对全球经济造成冲击的担忧。在维持了长达 9 年的扩张后，美国正处于经济复苏的晚期。一方面，随着美联储货币政策继续加息，短期利率不断上行并引发 10 年/2 年期国债利差倒挂。从过去 40 年的经验来看，每次经济衰退前都出现了这种倒挂。同时长期的低利率环境使得美国投资者风险偏好上升、股市估值偏高，金融市场脆弱性正在累积。国际清算银行（Bank for International Settlements，BIS）就曾警告，美国下一场衰退可能是非典型的商业周期，可能与 2001 年和 2008 年情况类似，由金融周期崩盘所引发。另一方面，特朗普减税等财政刺激政策虽已实施，但其效果到 2020 年将逐渐消退，而且 2018 年中期选举后，民主党夺回众议院控制权，特朗普今后两年财政政策的实施将会面临更多掣肘。同时，这种顺周期财政政策已导致美国财政赤字和政府债务不断攀升，长期来看也会威胁到经济增长的潜力。因此，伴随着美国减税红利消退、货币政策不断紧缩，美国经济增长的可持续性面临较大挑战，全球经济复苏面临较大不确定性，也会影响金融市场参与者信心，引发美股乃至全球资本市场的波动。

第二，中美贸易摩擦仍不明朗。2019 年，随着中美互相加征关税的举措不断落地，贸易摩擦的影响将进一步显现。尤其是，考虑到特朗普政府的高度不确定性，中美贸易摩擦是一个长期、反复的过程，也不排除出现摩擦升级和恶化的情形。一旦如此，将对全球经济和金融市场产生影响。一是阻碍国际贸易和全球经济复苏。世界银行指出，全球关税广泛上升将会给国际贸易带来重大负面影响，至 2020 年全球贸易额可能下降 9%。二是冲击全球价值链。根据中国商务部测算，美国对华第一批 340 亿美元征税产品清单中，有 200 多亿美元产品（占比约 59%）是美国、欧盟、日本、韩盟等在华企业生产的。包括美国企业在内，全球产业链上的各国企业都将为美国政府的关税措施付出代价。三是损害金融市场的信心。自 2018 年 5 月以来，全球尤其是新兴市场出现大幅波动。我们发现，每当中美贸易关系出现紧张都会引发投资者的广泛担忧，导致全球金融市场波动。如 2018 年 11 月 20 日美股和亚太股市出现暴跌，与美国商务部拟定的针对关键技术和相关产品出口管制框架不无关系。

第三，全球债务负担上升。主要经济体不断加息将引发全球利率中枢的上移，这对于过去 10 年习惯了在低利率环境下运行的各类实体而言将是巨大的挑战。目前，发达经济体非金融部门杠杆水平较高且不断上升，其债务总额已从 2008 年的 113 万亿美元（为 GDP 的 200%）增加到 167 万亿美元（接近 GDP 的 250%）。债务成本随利率上升将影响企业盈利和还债能力，导致信贷质量下降、银行惜贷。2019 年也是新兴经济体债务到期最集中的年度，近 2 万亿美元债券和贷款将到期，并且非银行部门的外币债务占 GDP 比重已高达 14%，仅略低于 1999 年的历史高点 17%。其中，美元债务上升到 3.7 万亿美元。随着美元继续升值、融资成本上升以及投资者风险偏好回落，那些大量借入外币的国家的资产负债表会进一步承压，还债及再融资压力上升，而全球贸易持续放缓则会进一步减少新兴经济体外汇收入，扩大经常账户赤字，并进一步增加高外债企业的再融资难度，本币贬值、债务负担及资本外流的压力可能持续上升，导致恶性循环。

四、加息将成为主要经济体货币政策"主旋律"

发达经济体方面，美联储将继续渐进式加息，预计 2019 年加息 2~3 次。欧元区以稳为主，在 2019 年上半年不会加息，下半年若经济状况稳定有可能开启首次加息，不过考虑到核心通胀以及政治经济风险，加息举措将是谨慎而渐进的。日本通胀始终不及预期，预计日本央行会缓慢、小幅减少购债规模，加息尚待时日。加拿大、英国、韩国、澳大利亚等国则已经或正在计划加息。新兴经济体方面，2018 年已有多个央行（包括印度尼西亚、菲律宾、土耳其、印度、墨西哥、阿根廷等）采取加息或多次加息举措。未来随着全球流动性不断收紧，越来越多新兴经济体为对抗资本外流和汇率贬值将不得不被动加息。因此，对发达经济体而言，加息是为下一次潜在的危机留足"弹药"和空间，而对于新兴经济体而言，则是为了对抗实实在在的风险（见表1）。

表 1 2019 年全球主要经济体关键指标预测

单位：%

地区	国家	GDP 增长率		CPI 涨幅		失业率	
		2018[f]	2019[f]	2018[f]	2019[f]	2018[f]	2019[f]
美洲	美国	2.9	2.6	2.5	2.3	3.9	3.6
	加拿大	2.1	2.1	2.3	2.1	5.9	5.8
	墨西哥	2.1	2.1	4.9	4.0	3.4	3.5
	巴西	1.3	2.3	3.8	4.3	12.2	11.4
	智利	4.0	3.4	2.5	3.0	6.9	6.5
	阿根廷	-2.3	-0.6	33.7	35.3	8.9	9.1
亚太	日本	1.0	1.1	1.0	1.2	2.4	2.3
	澳大利亚	3.2	2.8	2.1	2.2	5.4	5.1
	中国	6.6	6.5	2.2	2.3	4.0	4.0
	印度	7.3	7.4	4.7	5.0	—	—
	韩国	2.7	2.6	1.6	1.9	3.8	3.8
	印度尼西亚	5.2	5.1	3.3	3.8	5.4	5.3

续表

地区	国家	GDP 增长率		CPI 涨幅		失业率	
		2018[f]	2019[f]	2018[f]	2019[f]	2018[f]	2019[f]
欧非	欧元区	2.0	1.8	1.8	1.7	8.3	7.9
	英国	1.3	1.5	2.5	2.1	4.1	4.0
	俄罗斯	1.8	1.5	2.9	4.9	4.8	4.8
	土耳其	3.5	0.8	16.7	19.6	11.0	12.2
	尼日利亚	2.0	2.8	12.1	10.9	—	—
	南非	0.7	1.7	4.7	5.5	27.3	27.7
全球		3.2	3.1	3.3	3.3	—	—

注：f 为预测。

资料来源：中国银行国际金融研究所。

（廖淑萍，中国银行国际金融研究所研究主管；陆晓明，中国银行纽约分行资深经济学家）

贸易摩擦和货币政策收紧是全球经济下行主要诱因

——国际组织和主要投行对 2019 年全球经济和中国经济预测

张　鹏　赵硕刚　张晓兰　王灏晨

展望 2019 年，国内外经济形势均严峻复杂，"经济运行稳中有变、变中有忧"，课题组梳理总结了国际组织和主要投行发布的预测报告，其中一个重要共识是，2019 年中国经济和美国经济增速均将放缓，由此带动全球经济增长减速。贸易摩擦和货币政策收紧是全球经济下行风险的主要诱因。另一个重要共识是，尽管中国、美国以及全球经济增速有所放缓，却不会出现显著衰退。特别是各机构均预计，在稳定的消费支出、适度的货币政策以及积极的财政政策支持下，中国经济增长仍在可控范围内。

一、国际货币基金组织

全球经济：全球经济增长触顶，下行风险增大。预计 2018～2019 年的全球经济增速为 3.7%（按购买力平价计算），基本保持在 2017 年的水平，但一些主要经济体的增长速度可能已经触顶。发达经济体 2018 年经济增长预计为 2.4%，由于产出缺口的弥合以及货币政策收紧，预计 2019 年经济增长将放缓至 2.1%。对于美国，财政刺激将继续推动经济增长，但受到贸易摩擦的影响，2019 年的增长将从 2018 年的 2.9% 下降至 2.5%。由于增长已经明显减速，国际货币基金组织下调了欧元区、日本和英国的增长预测。国际货币基金组织预计新兴市场和发展中经济体在 2019 年继续保持 4.7% 的增速，与 2018 年持平。

中国经济：贸易摩擦的影响会被财政政策部分抵消，但中期风险将因去杠杆步伐放缓而上升。预计 2019 年中国 GDP 增长 6.2%。由于美国实施贸易保护主义政策，使得来自贸易摩擦的下行风险提升，但是中国实施的刺激政策将抵消大部分影响。中期风险有所上升，这反映了去杠杆步伐可能放缓。中国重视消除经济中长期存在的金融脆弱性，但是稳增长的政策转变可能意味着去杠杆进度放慢，因此中国乃至整个地区面临的中期风险将上升（见表 1）。

表 1　国际货币基金组织对全球及主要经济体的经济预测

单位：%

年份	2018	2019
全球	3.7	3.7

续表

年份	2018	2019
中国	6.6	6.2
美国	2.9	2.5
欧元区	2.0	1.9
日本	1.1	0.9

二、世界银行

全球经济：支持经济增长的正面因素减少。预计全球经济在未来两年呈现放缓趋势，2019 年和 2020 年经济增速分别为 3.0% 和 2.9%。未来，全球经济面临的风险将逐步加大，主要风险点包括金融市场无序性、贸易保护主义升级、政策不确定性以及地缘政治紧张局势加剧等。特别是在全球融资条件加速收紧和汇率波动加大的背景下，许多面临创纪录债务水平、不断增加再融资需求和不断恶化信贷质量的新兴经济体将面临严重困难。

中国经济：中国经济仍然具韧性。预计 2019 年中国经济增速将放缓至 6.2%。由于与美国贸易摩擦导致下行压力增大，2019 年中国经济增速可能从 2018 年的 6.5% 降至 6.2%，将是 28 年来经济增长最慢的一年。世界银行认为，虽然增长放缓，但中国经济仍然具有韧性。未来中国面临的重要政策挑战是处理与贸易相关的经济下行压力，同时继续实施管控金融风险的措施。由于借贷增速放缓使投资增长乏力，以及全球需求增速下滑、美国加征关税将使出口面临更大压力，预计消费将继续充当中国经济增长的主要驱动力。世界银行建议称，为提振经济，中国政府的财政政策应当侧重于鼓励家庭消费，而不是公共基础设施建设。

三、联合国

全球经济：全球经济已经见顶。联合国经济和社会事务部 2018 年 11 月发布的最新预测认为，经济先行指标显示未来几个季度全球经济可能将逐步放缓，预计 2019 年全球经济增速为 3.8%，略低于 2018 年的 3.9%。联合国认为当前影响经济的主要下行风险包括：贸易争端升级、金融风险积聚以及美国货币政策的不确定性。

中国经济：外部风险不利于经济增长。预计 2019 年中国 GDP 增长 6.3%。在外部不利因素不断增加的情况下，最近的一些指标表明，包括中国在内的东亚大型经济体的增长正在放缓。尽管出口表现依然稳健，但有迹象表明，美国加征关税可能在未来几个月对中国经济产生更大的实质性影响。不过，尽管中国面临去杠杆和贸易保护主义的挑战，但稳定的消费支出增长和积极的财政政策将有助于经济保持稳健（见表 2）。

表 2 联合国对全球及主要经济体的经济预测

单位：%

年份	2018	2019
全球	3.9	3.8
中国	6.5	6.3
美国	2.5	2.3
欧元区	2.1	1.9
日本	1.6	1.5

四、经济合作与发展组织

全球经济：经济扩张已经触顶，未来两年将逐步放缓。经济合作与发展组织发布的《经济合作与发展组织经济展望》预计，全球经济增速将从 2018 年的 3.9% 降至 2019 年和 2020 年的 3.5% 左右。短期内，政策支持和强劲的就业会继续支撑全球需求增长，但随着时间推移，宽松宏观经济政策刺激作用递减，贸易摩擦加剧、金融条件收紧将吹起"逆风"，让经济减速，并实现"软着陆"。报告指出，经济合作与发展组织范围内的失业率目前处于 1980 年以来的最低水平，但投资和贸易增长比预期疲软，商业调查数据和高频数据都显示，发达国家和新兴市场经济体的增长都在放缓。预计经济合作与发展组织的 36 个成员国的 GDP 增速将从 2018 年的 2.4% 降至 2019 年的 2.1% 和 2020 年的 1.9%。新兴市场和发展中经济体的总体增长前景在 2019~2020 年保持稳定。

中国经济：未来两年将小幅放缓。经济合作与发展组织预计中国 2019 年和 2020 年 GDP 增速分别为 6.3% 和 6.0%。2018 年，由于对"影子银行"和地方政府投资的监管趋紧，加之中美贸易摩擦升级，中国经济增长有所放缓。展望 2019 年，认为全球不确定性不断增加，但对中国经济的影响相对较小，因为仍有一些有利条件支持中国经济平稳增长。可支配收入的持续增加，将继续保证消费成为稳定的增长动力。在数字经济和共享经济的带动下，服务业也将继续稳步扩张，经济结构继续优化。减税和适度宽松的货币政策的实施，也有助于抵消经济下行压力。

五、亚洲开发银行

亚太地区经济：经济增长前景良好，但存在下行风险。预计除高收入经济体外，亚洲地区 2018 年和 2019 年的经济增长率分别为 6.0% 和 5.8%。地区经济存在下行风险，主要原因是随着美国货币政策正常化、国际贸易冲突升级，债务水平上升，亚太地区金融脆弱性暴露。

中国经济：保持正常运行。预计 2019 年中国 GDP 增长 6.3%。虽然需求增长放缓和不利的贸易环境产生了负面影响，但供给侧改革、服务业强劲增长以及较为宽松的货币和财政支持将使中国经济保持正常运行（见表 3）。

表 3 亚洲开发银行对中国及主要发达经济体的经济预测

单位：%

年份	2018	2019
中国	6.6	6.3
美国	2.9	2.5
欧元区	2.0	1.9
日本	0.8	1.0

六、瑞士联合银行集团

全球经济：趋紧的货币是当前最大的挑战。预计 2019 年全球经济增长 3.6%。瑞士联合银行集团认为 2019 年将处于当前经济周期的末端，美国经济将受到财政刺激效应衰减和更高利率水平的抑制，欧元区内需将不足以抵消出口增长放缓，并且随着全球经济增长放缓，全球金融和商品市场也将表现疲软。然而好的一面是，在当前消费、投资和就业增长的数据下，2019 年萧条出现的概率并不大。

中国经济：最大的经济下行压力将来自贸易摩擦。预计 2019 年中国 GDP 增长 6.0%。2018 年去杠杆等国内政策是拖累经济增长放缓的主因，而 2019 年最大的下行压力将来自于美国加征关税和与贸易摩擦相关的不确定性。未来几个月，贸易摩擦的冲击将逐步显现，预计 2019 年全年净出口的减少将拖累 GDP 增速 0.5 个百分点。预计 2019 年基建投资增速将明显反弹，但房地产和制造业投资转弱；消费受到收入增速放缓、房地产销售下跌以及部分出口相关行业失业的影响而增长放缓。预计中国政府会继续加码政策力度，从而部分抵消经济下行压力（见表 4）。

表 4 瑞士联合银行集团对全球及中国经济的预测

单位：%

年份	2018	2019
全球	3.8	3.6
中国	6.5	6.0

七、美国摩根斯坦利

全球经济：发达市场和新兴市场可能出现逆转。预计 2019 年全球经济增长 3.6%。摩根斯坦利认为，2019 年的全球经济形势将会出现转折：美国经济和其他发达经济体的增长可能放缓，而新兴市场将重新进入快速增长期。2019 年，发达国家面临的主要问题包括：劳动力市场趋紧、财政刺激力度减弱、货币宽松环境缺失。除此之外，美国面临利率和工资上涨可能导致企业信贷风险上升，贸易摩擦也将产生较大影响的问题；欧洲面临通货膨胀上升及开始加息的问题；日本面临消费税上调可能会拖累经济增长和导致通货膨胀的问题。2019 年将是量化宽松政策转变为定量紧缩政策的决定性一年，新兴市场将恢复其作为全球经济增长引擎的角色。

中国经济：总体增速将放缓。预计 2019 年中国经济增长 6.3%。本轮经济增长放缓的时间窗口将是 2018 年第三季度至 2019 年第一季度，预计 2019 年第二季度后，积极宏观调控政策将全面发力，特别是大力支持民营经济和进行基础设施建设。预计增值税将下调 2%~3%，2019 年财政赤字将从 2018 年的 3.3% 上升到 4%，同时地方债发行将从 2018 年的 1.35 万亿元增加到 2019 年的 2 万亿元。中国经济仍将"软着陆"，并继续沿着向高收入国家迈进的目标前行。

八、日本野村证券

全球经济：经济增长放缓但保持稳定。预计 2019 年全球经济增长 3.7%，低于 2018 年的 3.9%。发达国家面临的有利因素包括：一是油价下跌；二是美国工资增长强劲带动对消费的支撑；三是欧元区、美国仍然较为宽松的财政政策。不利因素包括：一是美国财政刺激措施的减弱，货币政策收紧；二是美国中期选举后政治不确定性增大；三是英国"脱欧"和意大利债务危机加大欧洲风险。野村证券较为看好亚洲经济，认为经济增长加速放缓与房地产市场调整相互作用带来的增长下行压力将逐渐化解，到 2019 年下半年亚洲经济将触底反弹，重新成为全球经济无可争议的"火车头"。

中国经济：先降后升，下半年出现反弹。预计 2019 年中国经济增长 6.0%。2019 年上半年，中国经济状况将较为艰难，一些负面影响同步出现，包括信贷下降周期和汽车销售下降周期将持续至 2019 年上半年，中美贸易摩擦以及中小城市房地产市场繁荣结束等。预计 2019 年第二季度经济增速将放缓至 5.7%。经济减速将促使政府出台更多宽松政策，但野村证券认为以信贷投放和基建投资为主的传统刺激政策的空间有限，2019 年的关键政策举措是调整城镇化战略，包括控制房价和增加大城市的土地供应，让市场在决定城市化和房地产发展方面发挥主导作用（见表 5）。

表5　日本野村证券对全球及中美经济的预测

单位：%

年份	2018	2019
全球	3.9	3.7
美国	2.9	2.4
中国	6.6	6.0

九、德国德意志银行

全球经济：处于稳定阶段。预计2019年全球经济将增长3.6%，略低于2018年的3.8%。近期市场波动和略显疲软的宏观经济数据表明，复苏已趋于平稳。未来几个季度，美国、欧洲和新兴市场的增长将持平，尽管中国经济放缓。美国在2019年出现衰退的可能性不是很大，得益于强劲的国内消费和资本支出，加之减税和财政支出发挥了很大的助推作用，预计到2020年美国经济仍将保持增长，2019年和2020年的经济增速分别为2.7%和2.1%。全球商业周期的延长预示着新兴市场经济体的良好发展，预计新兴市场在2019年和2020年分别增长4.7%和4.8%。鉴于2019年美国经济衰退的可能性较低以及预期的美元疲软，像2018年那样的新兴市场流动性危机似乎不太可能重现。

中国经济：贸易摩擦是主要风险。预计2019年中国经济将增长6.3%。中美贸易摩擦将拖累出口放缓，房地产市场降温也对经济增长构成风险。2018年11月宏观经济活动数据证实了经济活动的负面信号——土地拍卖年环比下降2.7%，汽车销售持续疲软，工业生产年环比下降至5.4%，零售销售增长降至8.1%（2018年10月为8.6%）。预计中国政府将在2019年保持较为宽松的政策基调，会进一步减税和放松对房地产行业的监管。预计2019年中国人民银行将三次下调存款准备金率（每次下调100个基点），但利率不会发生变化（见表6）。

表6　德银对全球及主要经济体的经济预测

单位：%

年份	2018	2019
全球	3.8	3.6
中国	6.6	6.3
美国	2.9	2.7
欧元区	1.9	1.4
日本	0.7	0.7

十、美国高盛

全球经济：全球经济将放缓，但还不会衰退。预计2019年全球经济增速为3.8%，低于2018年的4%。全球经济增速放缓主要是受到美国和中国经济增长放缓的影响，但大多数发达经济体的增长仍高于潜在增长率。其中，发达经济体2019年将减缓至2.2%；新兴市场将放缓至5.2%。G3经济体（美国、欧盟、日本）中，高盛认为美国经济增速将高于发达经济体，但低于全球平均增速，美国2019年GDP增速将放缓至2.6%。欧盟经济体和日本GDP增速预计将达到1.8%和1.2%。

中国经济：货币和财政宽松对冲经济下行压力。中国2017年强劲的经济动能和市场情绪延续到2018年初，但由于2018年上半年信贷增长大幅放缓、金融环境收紧以及外部贸易压力等因素，造成了经济增速在2018年有所放缓。展望2019年，高盛预计，尽管货币和财政政策均处于宽松模式，但由于人口结构、中美贸易摩擦以及在环境、去杠杆和房地产价格等方面存在制约，因此经济增长将有所放缓，预计中国经济增速放缓至6.1%。具体来讲，2019年中国经济将"先抑后扬"，第一季度增速略有放缓，随着经济下行压力增大，政府将实施减税和增加发债，加大财政资金投入，关注固定资产投资，而随着更多政策得到落实，第二季度后经济增速将回升（见表7）。

表7 高盛对全球及主要经济体的经济预测

单位：%

年份	2018	2019
全球	4	3.8
中国	6.6	6.3
美国	2.9	2.6
欧元区	2.1	1.8
日本	1.1	1.2

（张鹏，国家信息中心经济预测部世界经济研究室主任；赵硕刚，国家信息中心经济预测部世界经济研究室副主任；张晓兰，国家信息中心副研究员；王灏晨，国家信息中心助理研究员）

┃国内篇┃

中国经济将呈微幅下滑趋势

娄 峰

一、中国经济仍将运行在合理区间

根据中国社会科学院中国宏观经济季度模型预测，2019 年，我国 GDP 增长率为 6.4%，比上年略微减少 0.2 个百分点。从定性分析上看，这种预测结果与供给侧和需求侧两方面的现实情况相一致。

从供给侧角度来看，决定经济增长的主要因素包括劳动力、资本和全要素生产率。由于我国劳动力供给自 2012 年进入拐点以来逐年持续下滑，近年来全要素生产率增长率维持低位运行；而资本存量增速也随着固定资产投资增速的减弱而下滑，由于以上诸多因素短期内很难显著改变，这意味着 2019 年我国 GDP 潜在增长率依然在适当区间内小幅下滑。

从需求侧角度来看，首先，2019 年我国投资趋于合理和稳定。有利因素主要有：一是国家稳定投资、保持投资增长的意愿加强；二是我国基础设施投资领域仍然较大；三是房地产投资趋于合理和稳定；四是推动合理有效的投资初见成效。从不利因素来看：一是国企投资增长缓慢；二是地方政府的投资机制正发生改变，理顺地方政府的投资机制仍需要一段时间，这期间地方政府主导的投资仍将下滑；三是中美贸易摩擦对投资带来负面影响，中美贸易摩擦以来，市场主体信心不足，国有企业、民营企业、外商投资者持观望态度的情况部分存在。

其次，2019 年我国消费形势相对乐观。一是消费升级促进经济增长；二是个税改革的促进；三是消费体制机制的完善进一步激发居民消费潜力。主要不利因素有：一是家庭负债过高可能会对消费有影响；二是阻碍消费潜力提升的体制机制仍然存在。目前的服务品供给单一，难以满足服务消费的高质化和多元化的需求，对于释放消费潜力有较大的阻碍。

最后，我国出口贸易仍将增长，增速回落。主要有利形势有：一是更加积极主动的开放政策；二是与"一带一路"沿线国家经贸合作逐渐深入；三是出口贸易转型升级效果明显；四是继续释放鼓励出口的制度红利。主要不利因素主要有：一是中美贸易摩擦的影响，根据向美国出口占我国出口的占比来看，中美贸易摩擦对中国经济的直接影响有限，对企业的信心等间接影响可能更深；二是中美两国对市场空间的竞争，这个因素与常规的贸易摩擦有区别，虽然贸易摩擦的本质是对市场空间的竞争，但这种竞争体现在美国对中国进行战略遏制，可能除了常规贸易摩擦的手段之外，还有一些非贸易措施的限制。对于处于全球产业链中低端的中国来说，这对出口的影响仍然存在。

通过经济先行指数来判断经济运行趋势，是国际学术界进行经济预测的方法之一，根据中国社会科学院数量经济与技术经济研究所的中国经济先行指数（该指数由 21 个子指标构成），2018 年下半年至 2019 年上半年，我国的经济增速呈现微幅平稳下滑的发展趋势，具体指标预测见表 1。总之，中国经济增速将在新常态下运行在合理区间，就业、物价保持基本稳定，中国经济不会发生"硬着陆"。

表 1　2019 年国民经济主要指标预测

指标名称	2019 年预测值
1. 总量	
GDP 增长率（%）	6.4
2. 产业	
第一产业增加值增长率（%）	3.3
第二产业增加值增长率（%）	5.6
第三产业增加值增长率（%）	7.5
第一产业对 GDP 增长的拉动（百分点）	0.2
第二产业对 GDP 增长的拉动（百分点）	2.2
第三产业对 GDP 增长的拉动（百分点）	4.0
第一产业贡献率（%）	3.1
第二产业贡献率（%）	34.3
第三产业贡献率（%）	62.5
3. 投资	
全社会固定资产投资（亿元）	814060
名义增长率（%）	5.6
实际增长率（%）	0.38
房地产固定资产投资（亿元）	127804
房地产固定资产投资名义增长率（%）	6.3
基础设施固定资产投资（亿元）	196102
基础设施固定资产投资名义增长率（%）	7.8
制造业固定资产投资（亿元）	219984
制造业固定资产投资名义增长率（%）	5.3
民间固定资产投资（亿元）	437936
民间固定资产投资名义增长率（%）	5.7

指标名称	2019 年预测值
4. 消费	
社会消费品零售总额（亿元）	433158
名义增长率（%）	8.4
实际增长率（%）	6.0
城镇社会消费品零售总额（亿元）	370443
名义增长率（%）	8.2
农村社会消费品零售总额（亿元）	62714
名义增长率（%）	9.5
5. 外贸	
进口总额（亿美元）	25049
进口增长率（%）	13.2
出口总额（亿美元）	26875
出口增长率（%）	5.6
货物贸易顺差（亿美元）	1826
6. 价格	
工业出厂品价格指数上涨率（%）	2.6
居民消费价格指数上涨率（%）	2.5
核心 CPI 上涨率（%）	2.2
投资品价格指数上涨率（%）	5.2
GDP 平减指数（%）	3.0
7. 居民收入	
城镇居民人均可支配收入实际增长率（%）	5.4
农村居民人均纯收入实际增长率（%）	6.3
8. 财政收支	
财政收入（亿元）	198151
财政收入增长率（%）	6.6
财政支出（亿元）	232729
财政支出增长率（%）	6.9
财政赤字（亿元）	−34579
9. 货币金融	
新增贷款（亿元）	176692

指标名称	2019 年预测值
居民储蓄存款余额（亿元）	743258
居民储蓄存款余额增长率（%）	7.2
M_2（亿元）	1980628
M_2 增长率（%）	8.2
各项贷款余额（亿元）	1535704
各项贷款余额增长率（%）	13.0
社会融资总额（亿元）	200489

二、加强稳健货币政策和审慎监管政策相机抉择和逆周期作用

继续创新并综合运用货币信贷政策工具，稳定流动性合理增长，防范流动性风险。2018 年前三季度，反映流动性的（新口径）货币供给 M_2、信贷和（新口径）社会融资存量增速都有所放缓。分析新口径社会融资存量增速，可以发现其中信托贷款、非金融企业股票融资的增速显著下滑，而统计的地方政府专项债券、存款类金融机构资产支持证券融资增速显著。在影子银行、互联网金融、资管和理财业务、区块链和人工智能等金融创新背景下，商业银行传统的流动性渠道受到冲击，也对货币信贷政策工具创新提出了要求。反映流动性的货币供给 M_2、信贷和社会融资存量增速的放缓，一方面反映广义货币信贷政策流动性管理日常化便利化，货币流通速度加快、经济增长对货币供给和信贷的依赖程度降低；另一方面则可能反映金融监管和金融去杠杆的总量性过调。

在金融市场深化和金融创新快速发展的背景下，综合运用各种货币信贷政策工具有效调控流动性合理增长，需要加强稳健货币政策和审慎监管政策的相机抉择性，即要进一步增强货币信贷政策的前瞻性、应变性，相机抉择实施总量政策向结构政策的转换，既通过总量政策工具引导流动性合理增长，防范流动性风险，又适时转换进行结构性去杠杆，从而避免过度使用总量性政策工具一刀切进行去杠杆，影响流动性的合理增长。

综合运用货币信贷政策和审慎监管政策的结构性工具，引导金融配置精准滴灌和服务实体经济。近年来，伴随着影子银行、互联网金融、资管和理财业务等金融创新和金融市场深化，我国金融体系的资产负债结构和盈利模式发生了许多重大变化，金融资源在金融体系内配置流转，社会融资和投资结构受到金融资源配置结构的制约，金融市场与实体经济发展相分割。将宏观审慎监管引入货币政策框架，着力健全货币

政策与宏观审慎监管的内在协调框架，是近年来发达经济体为保持物价稳定和金融稳定平衡而探索的一个理论和政策前沿。发挥货币信贷政策和审慎监管政策的结构性功能，需要加快完善金融市场结构和政策工具基础。

由于金融配置具有顺周期特点，在经济波动的收缩阶段倾向于支持低风险实体，因此，综合运用货币信贷政策和审慎监管政策的结构性工具，引导金融配置、服务实体经济，就要不仅支持金融机构参与政府融资担保基金、战略性新兴产业和创新产业基金，更要通过股权融资支持、再贷款和再贴现、创业板包容性等工具定向支持小微企业和民营企业，实施普惠金融定向精准加大对"三农"的金融支持和脱贫攻坚。同时，还要探索对银行不盲目停贷、抽贷的激励机制。

结合资本市场制度建设完善金融结构，疏通货币信贷政策传导机制。金融结构不同，货币信贷政策传导机制和效率不同，审慎监管和风险防范的机制和效率也有所区别。我国金融结构基本上仍然是一个以银行为主体的金融结构，影子银行、同业和资管通道等金融杠杆的主体是银行体系，银行信贷等间接融资仍然是企业融资的一个主渠道。这意味着货币信贷政策的传导、审慎监管政策的实施更多地要借助银行体系发挥作用，我国资本市场和直接融资的发展制约着货币信贷政策的传导机制和效率。

我国近年来资本市场的强幅波动和高金融杠杆表明，我国资本市场发展存在重大制度和结构性问题。坚持市场化取向，加快完善资本市场基本制度，发挥资本市场功能，不仅是完善金融结构的内在要求，也是疏通货币信贷政策传导机制的必由途径。发挥稳健货币政策和审慎监管的逆周期作用，需要结合资本市场制度建设完善金融结构，疏通货币信贷传导机制。

三、保持积极的财政政策，提高针对性和有效性

在美国贸易保护主义抬头，国内经济增长率下行，企业经营面临更多困难的情况下，我国仍需要采取积极的财政政策刺激经济。一方面需要适度扩大赤字规模；另一方面需要增加财政政策针对性，增强政策效果的有效性。

以减税降费为核心，保持财政政策积极性。面临国内外经济不利因素，考虑到减轻企业负担、调整经济结构、促进高新产业发展等财政政策目标，建议 2019 年适度增加赤字规模，保持财政政策的积极性。在财政政策工具的选择上，在保持一定财政投入力度和支出强度的同时，需要将积极财政政策的主要着力点放在加大减税降费力度、降低实体经济成本上，减少增加政府消费和投资等直接扩大总需求的政策工具使用。这一方面是将减轻企业负担、调整经济结构、促进创新企业和小微企业发展的政策落到实处的实际需要，另一方面我国在公共支出达到一定规模之后，继续增加支出对经济带来的边际效果也会有所下降。

提高财政政策针对性和有效性。切实降低科技创新企业，小微企业，先进制造业、现代服务业等重点行业的税费负担，增强企业竞争力和发展后劲。尤其需要避免我国

推进各项税制改革导致企业实际税费负担不降反升的情况。鼓励企业进行科技研发活动，促进我国企业从规模化向质量效益性转型升级。通过财政担保贷款贴息、国家融资担保基金等多种方式解决小微企业、初创企业融资困难。优化财政支出结构，确保对供给侧结构性改革、脱贫攻坚、生态环保、教育、国防等领域和重点项目支持力度，严控一般性支出和"三公"经费，打破财政支出结构固化，压减高增长时期支出标准过高、承诺过多的不合理支出，更多地保证基本公共服务和重点民生支出，提升经济发展质量和效益。

四、防范化解地方政府债务风险

防范化解地方政府债务风险已成为财政政策需要重点考虑的问题。在当前经济增速下降的背景下，由于扩张性财政政策的使用、供给侧结构性改革的推进、人口老龄化加剧等原因导致财政开支的刚性增长，地方财政收支缺口增大趋势导致地方政府债务增加，财政风险上升。

防范和化解地方债务风险需要采取综合措施。在制度上需要通过建立完备的债务问责机制降低地方政府借债冲动，降低债务增速。地方政府的财政预算软约束刺激了地方政府过度负债，而将债务风险留给上级和下任政府的冲动。债务问责制度的引入可以打破预算软约束，消除刚性兑付的预期，从而减少公共风险。通过将地方债务风险业绩与政绩考核、新增债券分配相联系，可以使地方政府在举债时更加谨慎地权衡财政支出的风险和收益。同时，建立对债务风险的终身问责制，以及对违法违规融资的金融机构一并问责的制度，可以让举债责任更多由行为者自己承担。

在财政政策实施上，需要协调中央与地方的财权和事权，中央上收部分事权和支出责任，减轻地方财政压力。发挥市场的决定性作用，减少政府过多的产业政策干预经济活动对市场公平竞争的妨碍。优化财政支出结构，减少不合理财政支出项目，降低财政负担。在地方债发行上，需要更加提升市场化水平。加快建设政府信用评级体系，及时披露政府财务信息，客观、公正、专业地揭示地方债风险情况。打破目前银行间市场和交易所市场分割状况，建立统一、完备、高效、流动性强的二级市场。

五、落实高质量发展要求，推动制造业转型升级

优化改善制造业发展环境，推动制造业供给侧改革，全面提升制造业发展后劲。近年来，中国制造业投资增速快速下滑。产生这一趋势性投资萎缩的原因主要有两点：一是从供给上来看，低端产品产能过剩与高端产品供给能力不足造成投资增长后劲乏力；二是从需求上来看，内需增长不足和外需拓展受限导致制造业市场预期不明。

对此，要以提升制造业发展后劲为切入点。一方面，要推动制造业供给侧改革，增强高品质、高复杂性、高附加值制造产品的供给能力，加快制造业从粗放型、数量

型的中低端制造向集约型、质量型的高端制造转变。另一方面，要拓展制造业市场空间，以提升中高端制造业竞争力为主线加快国际产业分工定位调整，以国内消费升级为契机推动制造业向高质量发展转型。

因此，我国应从供给和需求两方面加快优化改善制造业发展的国内外环境。在贸易保护主义加剧、逆全球化回潮的国际大背景下，中国要以"一带一路"建设为重点形成全面开放新格局，深化与沿线国家产业合作，强化与欧洲、拉美国家的科学技术合作，进一步扩大开放范围、加深开放层次、创新开放方式，以更高层次对外开放经济对冲外贸出口下行压力，为推动中国制造"走出去"创造良好的国际环境。我国制造业迈向高质量发展轨道需要进行一系列法治建设，要切实发挥法治的引领、规范和保障作用，靠良法善治稳定和提升企业投资预期，要加快政府职能转变，推动理顺政府和市场、社会的关系，加强企业家财产保护制度建设，推进制造业现代企业制度建设，高度重视制造领域知识产权保护与应用，为企业家投身制造领域营造良好的法治环境。

制造业是国家综合实力和国际竞争力的重要体现，要鼓励倡导以制造业为根基，强化制造业在产业体系中的中心地位，推动社会各界对制造业重要性形成高度共识，促进各类资源向制造领域高度汇聚和合理配置，进一步挤压稳定性差和投机性强的虚拟经济空间，健全正向激励机制，激发和增强制造领域供给者与需求者信心，弘扬工匠精神对制造业水平提升的巨大贡献，切实提高制造业一线工程师、工人薪资待遇和社会地位，为制造业全面发展营造良好的社会环境。

高端制造业发展有力夯实我国消费升级的供给基础，要遏制并挤压资产泡沫，促进社会资源流向实体经济，继续放宽限制、有序扩大开放不同制造领域，进一步降低企业税负负担，有效拓宽企业盈利空间，加大服务业和高端制造业等领域外商投资力度，鼓励企业强化自主品牌产品和服务的供给创新，为制造业企业营商创造良好的市场环境。

完善制造业创新生态系统，增强制造业创新能力建设，引领驱动制造业转型升级。近几年，美国、德国、日本等传统制造业强国在物联网、智能制造、数字化车间等领域正在形成新优势，而我国高技术虽然有所发展，但整体占比仍较低，且技术与传统制造强国之间仍有较大差距，大而不强、缺核少芯、产能过剩是我国制造业亟待突破的困境。高端制造薄弱与低端制造禁锢是中国制造业遭遇的现实困境，而高端制造突破和低端制造淘汰都不能一蹴而就，需要提升制造业基础能力、把握先进制造方向。

在新的国际国内形势下，破解中国制造业困境的关键是加快完善制造业科技创新生态系统。一是构建新型制造业创新平台，提高科技成果转化率；二是构建制造业创新网络，提高制造领域开放协同性；三是构建制造业新型产业链，增强创新要素整合程度。

推动构建靶向人才培养和引进机制，聚焦制造业核心技术攻关。改革开放40年来，我国制造业实现了"从无到有"的巨大飞跃，建立了门类齐全、独立完整、基础完善的制造业产业体系。当前，中国制造业处于"从有到强"的关键阶段，即要实现从中低端制造领域向高端制造领域转变。然而，核心技术受制于人成为中国制造业转型升级的最大隐患，直接影响制造业发展士气，打击制造业固定资产投资信心。2018年7月，根据工信部对全国30多家大型企业130多种关键基础材料调研结果显示，52%的关键材料、95%的高端专用芯片、70%以上的智能终端处理器等制造业必需核心元器件仍然依赖进口。在我国制造业转型的关键阶段，要集中我国不同区域不同产业的研发能量，攻克关乎制造业核心竞争力且具有较强带动性的关键核心技术，打破发达国家的技术垄断，抢占先进制造业制高点。

因此，需要加快完善市场经济下新型举国体制：一是充分发挥市场在资源配置中的决定性作用；二是构建靶向人才机制，补齐核心技术短板；三是推动新一代信息技术与制造业深度融合，加快推进制造业服务化转型；四是协调区域间产业布局，塑造不同区域竞争优势。

（娄峰，中国社会科学院数量经济与技术经济研究所经济系统研究室主任、研究员）

力促中国经济平稳运行中实现高质量发展

杜飞轮　刘雪燕

当前经济发展的内外部环境已发生较大变化，经济运行中的内外部风险因素有所增加，部分领域长期积累的深层次结构性矛盾显现，短期经济平稳运行面临考验和挑战。应加快出台应对形势重大变化的政策体系，着力解决最突出、最直接、最关键的几个问题，在力促经济平稳运行中实现高质量发展。

一、经济在紧平衡中延续稳中有进态势

2018 年，我国经济在紧平衡中延续总体平稳、稳中有进发展态势，经济结构持续改善，发展动能稳中提质，经济效益总体较好。

宏观动力基本稳定。一是经济增长稳定在合理区间内。GDP 增长已连续 12 个季度保持在 6.7%~6.9%，预计全年经济增长仍可望稳定在合理区间内。二是价格总水平温和可控，2018 年前 11 个月居民消费价格（CPI）和工业生产者出厂价格（PPI）分别上涨 2.1% 和 3.8%。三是就业形势基本平稳，2018 年 11 月全国城镇调查失业率为 4.8%，前 11 个月全国城镇新增就业 1293 万人，较上年同期增加 13 万人。四是国际收支基本平衡，2018 年前 11 个月货物顺差大幅收窄 21.1%，人民币对美元汇率小幅贬值，外汇储备规模稳定在 3 万亿美元以上。

发展动能稳中趋优。一是产业结构持续优化，内需引领经济增长。2018 年前三个季度，第三产业增加值占 GDP 的比重达 53.1%，比上年同期提高 0.3 个百分点，服务业对经济增长的贡献率达 60.8%；最终消费支出和资本形成对经济增长的贡献率达到 109.8%。二是居民消费持续升级，投资对优化供给结构的关键性作用不断显现。2018 年 1~11 月，全国网上零售额增长 24.1%；生态保护和环境治理业投资、农业投资、社会领域投资（包括教育、卫生、文化体育和娱乐投资）同比分别增长 42.0%、12.51% 和 12.6%。三是供给体系质量继续改善，新旧动能加快接续转换。2018 年前 11 个月，新兴服务业增长迅猛，信息传输软件和信息技术服务业、租赁和商务服务业分别增长 35%、10% 以上，高技术产业和装备制造业增加值分别增长 10.8% 和 6.5%，在规模以上工业的比重分别比上年同期提高 1.4 个和 0.3 个百分点。

微观活力总体较好。一是市场主体保持较快增长，2018 年 1~11 月，新登记企业数量日均 1.81 万户。二是企业生产成本下降、杠杆率趋降、经济效益提高。2018 年 1~10 月，规模以上工业企业每百元主营业务收入中的成本费用同比下降 0.25 元；企业资产

负债率同比降低 0.5 个百分点；规模以上工业企业利润总额增长 13.6%；企业主营业务收入利润率同比提高 0.24 个百分点。三是企业生产经营活动保持扩张。2018 年 11 月，综合 PMI 产出指数为 52.8%，特别是非制造业商务活动指数连续 26 个月保持在 53% 以上的较高景气区间。

二、经济运行中存在的主要问题及风险

经济运行稳中有变、变中有忧，供需双向收缩，多领域分化局面再现，经济增长趋缓压力加大。

外部环境总体变差，不确定性风险冲击较大。一方面，全球经济同步复苏进程接近尾声。发达经济体普遍面临经济景气下行，资本市场调整压力增大；新兴经济体资本外流加剧，一些相对脆弱的国家已出现汇率大幅贬值，债务危机已经显露。政治事件激化经济矛盾的情况不断增多，大宗商品价格加剧波动，全球贸易、市场投资呈收缩趋势，市场信心有所减弱。世界主要经济体经济增长和政策分化，全球经济增长总体趋缓压力明显增大。另一方面，中美经贸摩擦引发不确定性风险上升。美国摒弃多边贸易体系和自由贸易规则，从 2018 年 3 月开始频频对我施压，先后宣布对我国 500 亿美元、2000 亿美元的出口美国商品加征 25% 和 10% 的关税，重点打击我国本土企业主导的高技术制造业，以遏制我国产业向全球价值链的高端环节攀升。中美经贸摩擦反复变化中持续发酵，短期市场预期发生改变，既扰乱我国经济发展秩序，也影响我国主动扩大开放进程，已然成为影响我国经济发展最大的外部风险。

内需增长空间收紧，经济增长趋缓压力增加。2018 年前 11 个月，全社会固定资产投资和社会消费品零售总额分别较上年同期放缓 1.3 个和 1.2 个百分点，表明内需增长中枢仍在持续下移。投资增长大幅回落的主因是，受去杠杆、严控地方政府债务（特别是隐形债务）和规范清理 PPP 项目影响，许多地方出现了基础设施投资负增长的情况。消费减速既有汽车等大类商品消费收缩的原因，也有高端产品供给不足的影响，但更重要的是居民持续增收困难、购房支出增加对商品消费的挤出效应。2018 年第一季度，居民人均可支配收入实际增长 6.6%，较上年同期放慢 0.9 个百分点。

金融和房地产市场绷紧，调整压力不断加大。一是信贷市场流动性风险上升。金融去杠杆导致金融机构流动性大幅收缩，信用派生趋于弱化，对结构性存款、同业存单等主动负债的依赖程度加大，商业银行负债成本持续攀升并逐渐向贷款传导。资管新规要求非标业务回表，但表外业务向表内转移受到信贷额度、风险资本、统一授信和不良贷款率的诸多限制，既加大了商业银行经营难度，也弱化了其支持实体经济发展的能力。2018 年以来，银行间人民币市场同业拆借和质押式债券回购月加权平均利率总体呈上升趋势，部分商业银行对公投放贷款指导价较基准利率上浮 20% 以上。二是债券市场信用风险增多。国内信用债市场集中违约现象明显增多，截至 2018 年 11 月 5 日，已有 33 家新增违约主体，除违约外还有少量企业出现了债务逾期和兑付风险。

三是股市调整幅度不断扩大。2018 年上半年上证综指从 3587 点一路下行，累计下跌幅度接近 30%，居全球股市跌幅之首。股市运行完全背离经济基本面，且悲观情绪持续。

资金等要素供应吃紧，企业困难程度加深。长期以来形成的融资难融资贵、人工成本上升、隐性成本增加、社保等负担过重的压力尚未缓解，2018 年以来原材料和环保成本继续上升，货币紧缩效应加速向微观主体传导，成本压力成为困扰企业生产经营的最主要问题。2018 年 11 月末，广义货币 M$_2$ 增长 8%，持续保持低位运行，社会融资规模存量增长 9.9%，较上年同期回落 2.6 个百分点。实体企业反映的生产成本上升、应收账款拖欠增多、资金紧张、销售困难、亏损扩面等问题变得更加显性化、普遍化。由此推升就业风险，造成就业总量下降，结构矛盾加大，一些地区失业率上升、部分群体就业困难，劳动关系不和谐等因素增多。

三、经济增长稳中趋缓

2019 年，我国经济发展仍存在基本面好、韧性强、潜力大等诸多有利条件，但经济运行的困难、矛盾和问题增多，短期宏观动力和微观活力不足，经济增长或将稳中趋缓。

（一）从有利条件看，推动经济继续走稳的积极因素主要是服务经济、消费经济和温和的通胀水平

服务业稳定增长，继续发挥经济增长主引擎作用。新兴服务持续旺盛，生产性服务业配合制造业转型升级，人民日益增长的美好生活需要不断拓展"幸福产业"发展空间，互联网+服务、设备生命周期管理等新兴服务业加速成长。

消费升级持续加快，经济稳定器功能总体不减。基本生活品类消费增长稳中有升，互联网+消费保持蓬勃发展，居民在交通通信、教育文化娱乐、医疗保健等改善型、服务性消费方面的人均支出增长较快，个性化及比较注重个人体验的产品的消费需求增长迅猛。

价格水平温和可控，为经济平稳运行创造了有利环境。农产品总体供应充足为消费价格基本稳定创造了条件，工业品和服务领域新涨价因素不多，生产资料价格和国际大宗商品终端需求基本相对稳定，居民消费价格和工业生产者出厂价格涨跌空间非常有限。

（二）从不利因素看，导致经济增长趋缓的负面影响主要是中美经贸摩擦、市场风险和供需动能不足

全球经济增长趋缓预期和中美经贸摩擦风险及外需紧缩效应更加明显。一是世界贸易组织预测，2019 年全球货物贸易量增速由 4% 下调至 3.7%。主要发达经济体加息、缩表、减税等政策调整外溢效应进一步显现，对国际资本流动、跨国投资、大宗商品

价格和全球金融市场等产生多重影响。二是中美经贸摩擦短期有所缓和但并未结束，仍是制约我国经济平稳运行的主要因素。中美两国在 G20 峰会期间达成暂停互征新的关税的重要共识，并就强制技术转让、知识产权保护等开展谈判，短期内化解市场担忧情绪，但仍存在一些不确定性影响。从当前看，中美开启新一轮谈判有望就结构性改革等问题达成协议，但短期内很难就涉及中方核心利益的高技术产业发展等方面达成一致，也不可能从根本上解决贸易不平衡问题。因此，美国仍有可能对从我国进口的商品提高关税和继续采取投资限制、技术封锁、人才交流中断等多种方式对我国进行施压。这种不确定性和不稳定性影响直接表现为，扰乱市场预期，干扰我国经济运行秩序，造成投资消费信心下降、金融市场动荡，进而增大经济增长趋缓风险，影响我国经济转型升级的进程。

国内主要市场多重潜在风险交织叠加，经济系统的稳定性面临较大考验。一是虽然金融机构流动性总体充裕，但偏紧的信用环境，货币传导机制不畅，信贷市场活水难以高效地导入实体经济。二是股权质押等问题亟待妥善解决，股市悲观情绪依然较重，上市公司业绩增长放缓，横盘整理或持续低迷状态的概率较大，市场难有明显起色。三是债市在打破刚性兑付后，一些发债主体既面临到期债务偿付问题，也面临新增债券发行难问题，可能引发资金链断裂、连锁违约风险。四是贸易顺差减少甚至出现逆差的可能性上升，人民币汇率双向浮动的基础面临松动，汇率贬值风险上升，或将引发资本流出、金融动荡等风险。五是房地产在调控政策不放松的背景下，商品房市场需求和销售面积已现萎缩，预期变化导致短期市场波动风险增大。此外，严控地方新增债务特别是隐性债务的情况下，地方政府化解存量债务压力较大，平台公司面临"举债无门、续借无望、转型无路"，不能到期偿债的点发式风险可能进一步扩散。

供需增长动能不足，引发经济波动的因素增多。从供给侧看，支柱产业难有显著改善。汽车市场经过近几年的高速增长，已从增量市场向存量市场转换，据中国汽车工业协会预计，2019 年车市销量同比下滑 10% 以上，进入周期性低谷。房地产市场预期转向，地产行业保持较高增长的难度加大。从需求侧看，投资、消费继续承压。基础设施投资领域，随着国家对地方政府举债融资、购买服务等行为的进一步规范，以及伴随土地交易市场降温而带来的土地出让收入减少，地方政府投资能力将继续下滑。工业投资领域，高新技术产业占比仍较低，增速较快但难以对投资形成支撑，以广东省为例，目前高技术制造业投资占总投资比重仅为 5.6%，而传统实体经济回报率过低，企业投资意愿不强。且随着出口增速的下降，以及企业技能环保改造浪潮的基本结束，制造业投资增速可能明显回落。房地产投资领域，房地产宏观调控大概率不会放松，加之统计调整因素导致的土地购置费增速的下降，这也意味着房地产投资增速的温和回落。课题组通过与主要房企座谈，各龙头房企均表示，2019 年投资整体谨慎，投资额将视市场环境而定，基本遵循以销定产原则。居民消费领域，受高房价"挤压效应"影响，家庭消费趋势性回落，且 2018 年以来北上广深等主要城市住房租赁价格快速上涨，进一步抑制消费动能释放，数据显示，珠三角九市租金上涨 10%~30%，深圳市房租收入比已超五成，广州市也接近四成。与此同时，汽车消费领域 2019 年难有改观，石油制品类消费或有减速，消费领域 2019 年面临回落压力。

综合上述因素测算，正常情况下，若中美经贸摩擦得以缓和，国内市场不发生局部性风险，保持政策力度不变，预计 2019 年 GDP 增长 6.3% 左右，CPI 涨幅 2.5% 左右。若中美经贸摩擦继续升级，国内市场风险管控失当，经济增长将面临较大减速风险。

四、政策建议

要坚持稳中求进的工作总基调，深化供给侧结构性改革，抵御外部风险和防范内部风险叠加影响相结合，按照中央经济工作会议提出的工作方向，稳就业、稳金融、稳外贸、稳外资、稳预期，切实护稳经济基本盘面，加紧制定应对经济增长趋缓的政策体系，出台一批重大改革、重大政策和重大工程，着力解决最直接、最突出、最关键的问题。

（一）稳增长，努力确保经济运行不失势

一是要进一步加强减税降费力度。加快增值税简并税率步伐，尽早实现三档并两档，同时针对具有财政承受能力地区的重点行业、重点企业，实施增值税留抵税额退税政策。与此同时，尽快降低企业特别是中小企业缴存社保的比例，确保总体上不增加企业负担。

二是提高预算赤字规模，扩大地方政府专项债券发行规模，增发中长期建设国债，加大对三大攻坚战和补短板支出力度。要支持京津冀协同发展、长江经济带等重大战略以及精准扶贫、生态环保、棚户区改造等重点领域，优先用于在建项目平稳建设。

（二）防风险，着力维护经济体系稳定性

正确认识把握风险源头和性质，做好情景分析和应对预案，防范风险对经济平稳运行带来不利影响。

一方面，有效应对化解中美经贸摩擦风险，可针对不同类型的出口产业开展分类指导。一是对于可替代性强、成本敏感型的加工制造业和劳动密集型产业，要大力帮助企业降低综合成本，降低出口通关费用和时间，支持企业尽量保住已有市场份额。二是对于具备一定市场竞争优势、发展速度较快的中高端制造业，依托企业产品自身优势，帮助其开拓多元化市场。三是对于具备重要战略意义，可重塑国际竞争格局的战略性新兴产业，短期内应着力支持企业寻找替代产品，中长期则需针对"卡脖子"的关键核心技术，加快布局一批科技重大专项，加强基础研究的广度和深度，为上述产业发展提供长期稳定的有效支撑。

另一方面，要加强对经济运行情况的监督和研究，找出引发经济快速回落的主要原因和问题障碍，全面排查和梳理重大风险领域及其风险点位，防范处置国内市场风险。一是鼓励地方政府管理的基金、私募股权基金等帮助具有较好发展前景的公司纾解股票质押次生风险；积极稳妥推进科创板，强化注册制风险管理。二是强化对影子银行和互联网金融的监管，分类处置高风险金融机构，完善逆周期、跨市场系统性金融风险的早期识别预警、事中监测控制和事后救助处置等机制。三是出台防范化解地方政府隐性债务风险实施意见，在严控新增债务、严禁违法违规举债担保的前提下，适度扩大规范举债规模。

（三）促改革，坚定不移推进高质量发展

一是推进服务业"二次开放"，加快电信、文化等领域开放进程，放宽教育、医疗外资股比限制，取消养老机构设立许可，推进民办大学建设试点。

二是推动民营经济发展，出台产权、物权保护具体措施，研究建立因政策调整导致企业合法权益受损的补偿救济机制，推动简化小微企业创立程序、减免相关费用、放宽经营场所限制等政策实施。

三是推进要素市场化改革攻坚。加快户籍制度改革；扩大农业集体经营性建设用地入市范围，实现与城市建设用地同等入市、同权同价；完善资源型产品定价机制，推动土地、排污权、用能等资源要素自由交易和市场化配置。

四是深化收入分配体制改革。落实基本工作标准政策调整机制，完善公务员地区附加津贴制度和奖金制度，建立机关事业单位工资保障制度，完善中央企业经营管理人员股权激励办法，开展土地经营权入股发展农业产业化经营试点。

五是深入实施创新驱动发展战略。制定新一轮研发投入加计扣除政策，扩大加计扣除范围，调整企业会计制度，专列研发投入科目；设立技术改造专项资金，重点支持传统行业技术升级、环保改造和核心零部件国产化。

六是改革完善统计与核算体系。我国现行统计制度已无法适应新时代经济发展需要，建议进一步完善服务业统计，加强对数字经济的统计监测，支持有条件的地区先行先试，更加全面真实地反映经济转型升级成效。

表 1 为 2019 年主要经济指标预测。

表 1　2019 年主要经济指标预测

单位：%

指标	2019 年
GDP	6.3
工业增加值	5.8
服务业	7.3
社会消费品零售总额	9.0

续表

指标	2019 年
固定资产投资	5.5
CPI	2.5
PPI	1.5

（杜飞轮，中国宏观经济研究院经济研究所研究室主任、研究员；刘雪燕，中国宏观经济研究院经济研究所研究室副主任、研究员）

中国经济处于新常态新阶段的关键期

刘元春

当今世界面临百年未有之大变局，中国发展处于重要的战略机遇期。当前内外部压力和问题的暴露决定了中国大改革的窗口期已经全面出现，2019 年中国必将踏上改革开放的新征程。2019 年也必定成为中国摆脱新常态低迷期、走向高质量发展模式的关键一年。

世界经济结构与秩序的裂变期、中国经济结构转换的关键期、深层次问题的累积释放期以及中国新一轮大改革的推行期，决定了中国宏观经济的历史方位与国际方位，这也决定了 2019 年经济运行的模式可能发生变化。

一、经济在稳中有变中呈现持续回缓态势

在保持经济社会大局稳定的情况下，2018 年世界经济结构的裂变、市场情绪的巨变、微观基础的变异、经济政策的叠加错配以及结构性体制性问题进一步的集中暴露，改变了中国宏观经济 2016 年以来"稳中向好"的运行趋势，宏观经济核心指标在"稳中有变"中呈现"持续回缓"的态势，下行压力持续加大。这说明中国宏观经济既没有"触底企稳"，也没有步入稳定复苏的"新周期"，反而在内部"攻坚战"与外部"贸易摩擦"的叠加中全面步入中国经济新常态的新阶段。

核心 CPI 的小幅回落、GDP 平减指数的下降以及产出缺口由正转负，说明 2018 年中国经济增长回落的因素兼具周期性波动和趋势性下滑的特性，中国经济增速回落还没有触及底部，"L 型触底论"和"新周期论"并不成立。

"美国退群"和中美贸易摩擦的爆发不仅宣告了中国外部环境的质变，同时也说明后危机时代世界经济结构与秩序已经发生裂变。这种变化是当前中国宏观经济运行出现"超预期回缓"的关键。中国宏观经济外部环境的动荡与冲突的常态化意味着中国宏观经济运行步入新阶段，中国开放战略及其管控模式必须作出调整。

中国宏观经济步入新阶段的核心标志不仅在于各类宏观数据改变了 2016 年以来的稳中向好态势，更为重要的是反映在市场社会情绪的剧烈波动。这些市场情绪的剧烈变化不仅集中体现了市场主体对于当前中国经济状况的担忧，更为重要的是对未来面临的战略问题及其应对措施的疑虑。短期宏观经济政策微调难以起到稳信心的作用。

与以往不同的是，在各类宏观参数回落和市场情绪变化的背后隐藏着更为重要的

变化，就是中国经济的微观基础和三大经济主体的行为模式已经发生了变异。一是企业家在生存空间挤压下行为模式开始发生巨大变化，设备工器具投资和扩建新建投资持续低迷，真实投资意愿始终没有出现明显的好转，投资反弹的基础并不牢靠；二是消费者在房地产去库存中债务率大幅度上升，居民净储蓄余额开始出现下降，消费基础受到严重削弱；三是在层层行政督导和持续管控下，一些地方政府官员不仅没有出现传统的换届效应，反而出现了新型的为官不为的现象。这些微观基础的变化以及微观主体行为模式的变异意味着当前很多参数的下滑不是短期波动，而是中期趋势性回落，短期宏观调控政策难以在短期改变这些微观主体的行为模式。

系统性金融风险虽然总体可控，但债务水平的高筑、盈利能力的下降、结构性体制性问题的回旋空间大幅度缩小、未来不确定性的提升以及悲观情绪的蔓延，都决定了不同领域的短板效应将加速显化，局部风险将在汇市、股市、债市、房市及其他金融市场持续释放。

二、宏观经济运行大逻辑

必须看到，我国发展拥有足够的韧性、巨大的潜力，经济长期向好的态势不会改变。

2019 年是中国经济新常态新阶段的关键一年。一是经济增速换挡还没有结束，中国经济阶段性底部还没有呈现；二是结构调整远没有结束，结构性调整刚刚触及到本质性问题；三是新旧动能转化没有结束，政府扶持型新动能向市场型新动能转换刚刚开始，新动能难以在短期中撑起中国宏观经济的基石，宏观投资收益难以在短期得到根本性逆转；四是在各种内外压力的挤压下，关键性与基础性改革的各种条件已经具备，新一轮改革开放以及第二轮供给侧结构性改革的窗口期已经全面出现。

世界结构的裂变决定了即使中美贸易谈判取得阶段性和解，世界经济周期整体性的回落、全球金融周期的持续错位、中美摩擦在其他领域的展开也决定了 2019 年中国外部环境将面临持续恶化的风险。2019 年中国出口增速的回落、贸易顺差的大幅度下降、人民币汇率贬值承压以及局部外向型产业和区域出现明显回落将是大概率事件。近期中美贸易谈判的高度不确定性也决定了 2019 年宏观经济参数恶化的幅度具有不确定性。

2019 年将面临经济下行周期与金融下行周期的重叠，外需回落与内需疲软的重叠，大开放、大调整与大改革的重叠，盈利能力下降与抗风险能力下降的重叠。这决定了2019 年下行压力将持续强化。

问题倒逼改革。2019 年将以中美摩擦和解、改革开放 40 周年纪念大会为契机，在开放、深层次结构性问题以及系统性金融风险的倒逼下，全面开启新一轮全面改革开放浪潮和第二轮供给侧结构性改革。这将重构中国经济市场主体的信心，逆转当前预期悲观的颓势。

2018 年各类市场情绪的剧烈波动提前释放了各种悲观情绪，自第三季度以来"六稳政策"的出台和落实将在短期有效对冲 2019 年经济下行压力，新阶段供给侧结构性改革以及新一轮改革开放高潮的掀起，决定了 2019 年市场信心将得到有效逆转，宏观经济下行的幅度可能比很多市场主体预期的要好。正如中央经济工作会议指出，我国经济运行主要矛盾仍然是供给侧结构性的，必须坚持以供给侧结构性改革为主线不动摇，更多采取改革的办法，更多运用市场化、法治化手段，在"巩固、增强、提升、畅通"八个字上下功夫。当前所面临的经济持续下滑的压力难以简单依靠短期稳增长政策得到有效缓解。外部环境的恶化、市场情绪的波动、微观基础的变异、深层次结构性问题和风险的累积以及宏观经济政策体系的扭曲，都需要中国利用新一轮全方位改革开放和新一轮供给侧结构性改革来进行化解和对冲。

三、宏观经济预测与近期表现

根据上述定性判断，设定系列参数，利用中国人民大学中国宏观经济分析与预测模型——CMAFM 模型，对 2019 年核心宏观经济指标预测如下：全年实际 GDP 增速为 6.3%，比 2018 年下滑 0.3 个百分点，由于 GDP 平减指数下降为 2.8%，名义 GDP 增速为 9.2%，较 2018 年下滑 0.6 个百分点。投资增速持续下滑的趋势有所缓和，但疲软的态势难以根本扭转，预计全年投资增速为 5.9%。消费快速下滑的局面有望缓解，但深层次问题短期内难以根除，预计全年消费增速为 9.0%。外部环境可能会继续恶化，预计全年出口增速为 6.1%，进口增速为 16.1%，贸易顺差为 994 亿美元，实现基本平衡。随着内外供需平衡的进一步调整，2019 年价格水平总体保持较为温和的状态。预计全年 CPI 上涨 2.4%，PPI 上涨 3.4%，GDP 平减指数涨幅为 2.8%（见表 1）。

表 1　2019 年主要经济指标预测

指标	2019 年
GDP（%）	6.3
固定资产投资（%）	5.9
社会消费品零售总额	9.0
出口（%）	6.1
进口（%）	16.1
贸易顺差（亿美元）	994
CPI（%）	2.4
PPI（%）	3.4

这些预测数据进一步表明，2019 年上半年宏观经济的短期下行压力依然较大，特

别是近期经济形势出现的一些值得高度关注的新变化，可能意味着负向产出缺口开始扩大，宏观政策需要再调整和再定位。正因如此，中央经济工作会议指出，宏观政策要强化逆周期调节，继续实施积极的财政政策和稳健的货币政策，稳定总需求。积极的财政政策要加力提效，实施更大规模的减税降费，稳健的货币政策要松紧适度，保持流动性合理充裕。结构性政策要强化体制机制建设，坚持向改革要动力，深化国资国企、财税金融、土地、市场准入、社会管理等领域改革。社会政策要强化兜底保障功能。

第一，消费和出口等终端需求加快下滑。2018 年 11 月，社会消费品零售总额名义增速仅为 8.1%，较上年同期增速回落 2.1 个百分点，实际增速只有 5.8%，较上年同期回落 3.0 个百分点，限额以上消费品零售总额名义同比增速仅为 2.1%。消费是个慢变量，如此持续大幅的回落说明经济的消费基础发生了重大变化。特别是在本轮房地产去库存中居民债务率大幅攀升导致消费基础受到严重削弱，尤其是房地产信贷调控政策忽视了市场主体的应对策略调整，居民通过消费贷变相加杠杆将"长期贷款短期化"，反而加剧了短期风险和对消费的"挤出效应"。与此同时，外贸回落也开始显现。2018 年 11 月季调后以美元计价的出口增速大幅回落至 5.7%，较 10 月下滑 7.7 个百分点，进口增速为 2.7%，较 10 月回落 13 个百分点。进出口增速的大幅下滑，显示"抢出口"效应充分显现后，外贸增速的真实回落。实际上，2018 年全球商品贸易增速较上年大幅回落超过 1 个百分点，中国不可能持续"独善其身"。

第二，制造业 PMI 跌入临界点以下，民间制造业反弹高点已现。2018 年制造业增长平稳，带动民间投资增速回升至 8.7%，增速显著高于国有控股企业。但随着出口增速的放缓、制造业去库存周期的开启以及民企债务风险加大，民间制造业生产和投资面临较大下行压力。2018 年 12 月制造业 PMI 大幅跌至临界点以下，显示制造业景气度明显减弱。目前在 PMI 的 5 个分类指数中，除生产指数和供应商配送时间指数略高于临界点以外，新订单指数、原材料库存指数和从业人员指数均低于临界点，表明制造业企业产品订货量和用工量有所减少、原材料库存降幅有所扩大。从 PMI 的相关指标看，新出口订单、进口、采购量、主要原材料购进价格、出厂价格均已陆续进入收缩区间。

第三，各类价格指数全面出现环比负增长，工业利润增长由正转负，面临通缩的压力加大。2018 年 11 月 CPI、食品 CPI、非食品 CPI 环比分别下跌 0.3 个、1.2 个和 0.1 个百分点，PPI、生产资料 PPI 环比下跌 0.2 个和 0.3 个百分点。在 30 个细分工业行业中，环比价格出现下跌的行业数由 2018 年 10 月的 4 个激增至 11 月的 12 个，其中 6 个出现同比下跌。与此相一致的是，2018 年 11 月规模以上工业企业利润总额同比增速由正转负，从 10 月的增长 3.6% 转为下降 1.8%。

第四，财政收入跌幅扩大，财政平衡压力加大。自 2018 年 10 月财政收入出现负增长，11 月公共财政收入、中央财政收入、税收收入同比分别负增长 5.4%、14.8% 和 8.3%，不仅连续 2 个月负增长，而且下跌幅度扩大，跌幅较 10 月分别提高 2.3 个、

7.7 个和 3.2 个百分点。这意味着短期财政收入下行压力依然较大，积极财政政策的空间受到一定限制。

第五，金融内生性紧缩压力加大。一是前端利率与后端利率走势分化。虽然货币政策边际宽松，市场流动性有所改善，但向"宽信用"的传导机制并不畅通，市场风险偏好有所下降，信用利差处于 2015 年以来的高位。尽管 10 年期国债收益率从上年初的 3.9% 降至目前的 3.3% 左右，但是金融机构一般贷款利率则从 5.8% 持续上升到第三季度的 6.2%。二是不同所有制企业利差分化。上年民营企业信用利差上升近两个百分点，显著国企的变化。随着目前中美利差收窄至零附近，在人民币贬值压力下，进一步降息的空间有限，只能加快提升货币向信用的传导效率。三是货币发行和创造的分化。受外汇占款余额持续下降等因素影响，M_0 和 M_1 增速较快回落至 2.8% 和 1.5%，因此尽管货币乘数已达到 6 倍以上的历史最高位，M_2 增速却持续低位运行，已经连续 7 个季度低于名义 GDP 增速，成为总需求不足的原因之一。

四、对 2019 年经济工作的政策建议

针对我国经济运行主要矛盾和短期下行压力，中央经济工作会议对 2019 年经济工作已经做出具体部署，提出要全面正确把握宏观政策、结构性政策、社会政策取向，确保经济运行在合理区间。包括要实施好积极的财政政策和稳健的货币政策，实施就业优先政策，推动更大规模减税、更明显降费，有效缓解企业融资难融资贵问题等。根据中央经济工作会议精神，本文提出如下政策建议。

必须清楚认识中国经济的历史方位和国际方位，防止出现战略性的误判以及随之而来的工具选择的错误。一是 2018 年中美贸易摩擦的全面爆发标志着世界经济结构和秩序进入裂变期，大国之间的博弈进入冲突期，这需要我们进行国际战略调整和重构。二是 2018 年中国经济的"稳中有变"与"持续下行"标志着"L 型触底论"和"新周期论"已经破产，中国经济结构转换的关键期、深层次问题的累积释放期和中国改革的新窗口期决定了中国新常态全面步入了新阶段，这要求我们必须全面开启第二轮全方位改革开放和第二轮供给侧结构性改革来解决我们面临的深层次结构性与体制性问题。

全新思考世界结构裂变期中国的战略选择。当前和未来一段时期，中国面临全球结构裂变而不是简单的分化。外部风险的恶化具有趋势性、阶段性与结构性的特征。像过去 20 多年那样的全球政治经济平稳期已经过去，未来一段时期冲突、摩擦、重构将是常态。一是要用深化改革和高水平开放来应对世界结构裂变带来的短期挑战，特别是在中美贸易摩擦中要以自由主义对抗新保护主义、用多边和双边主义对抗孤立主义、用新合作对抗新冷战；二是在坚持以新开放应对挑战的同时，必须认识到裂变期世界经济的各种基本参数发生根本性变化决定了我们不可能重返过去的战略路径，必须重构新开放发展的实施路径，对于中短期面临的问题要有战术安排。

必须认识到目前很多宏观经济问题不仅难以用宏观调控政策加以解决，同时很多问题本身就是持续使用宏观调控和行政管控的产物，我们不能用宏观政策调节和行政管控来应对基础性利益冲突和制度扭曲所产生的问题，基础性、全局性改革依然是解决目前结构转型时期各类深层次问题的关键。2018~2019 年，外部环境的恶化、内部问题的暴露以及改革主体的绩效恶化为大改革提供了绝佳的窗口期，我们必须顺势而为，利用改革开放 40 周年之际，以构建高标准市场经济体系为目标，推出新一轮改革开放和供给侧结构性改革。

要以改革的精神来全面梳理和定位中国 2019 年的宏观经济政策。一是要在短期宏观经济政策调控、中期经济增长政策、转型期结构性改革和基础性改革进行分类，防止各类政策在目标配置、工具选择上出现错配，避免出现市场工具行政化、总量政策结构化、行政举措长期化、宏观调控泛化等问题；二是宏观经济政策要定位于配合"大改革、新开放"，为新一轮改革开放创造必要的宏观经济环境，强化底线管理、全面缓和各种短期冲击；三是要正视改革疏导宏观经济政策传递机制、改革完善宏观经济政策体系需要一个过程，需要基础性改革的到位，因此在短期政策调整时必须前瞻性地考虑目前大改革、大调整带来的宏观经济政策效率弱化、外溢性以及合成谬误等问题，避免宏观调控在"过"与"不及"之间摇摆，进而成为加剧宏观经济波动的核心原因之一。

第一，"稳增长"依然要定位于底线管理，必须清晰区分周期性波动与趋势性变化之间的差别，科学制定宏观经济短期增长目标和底线管理的界限。从目前产出缺口由正转负的变化来看，稳增长力度需要加强，但 0.02% 的缺口意味着短期需求管理的力度不宜过大，而必须容忍 2019 年 0.2~0.3 个百分点的趋势性下滑。但如果经济增速回落到 6%，就业缺口将达到 300 万左右，对于宏观经济稳定及创造良好改革环境不利。因此，2019 年经济增长目标取 6.3% 较为适宜。

第二，在储蓄率持续下滑的新时期，"稳消费"对于宏观经济的稳定和健康发展的重要性远大于"稳投资"。必须高度重视目前消费增速下滑的内在原因，巩固中国 3 亿中产阶层的消费基础是工作的重点。适度容忍投资增速的回落，提升投资收益率是降低债务率和杠杆率的核心，2019 年基建投资增速不宜超过 6%。

第三，要充分重视各类宏观经济政策在调控不同政策目标上的功能差异，同时充分考虑大改革与大调整时期各类宏观政策传递机制的变异，防止政策错配与合成谬误的泛滥。

第四，财政政策要更加积极有效，在进一步扩大财政赤字的基础上，强化积极财政政策的定向宽松。考虑到 2019 年内忧外困和大改革的特殊性，公共财政赤字率可以达到 3.0% 左右。

第五，货币政策应根据内外部环境变化及时作出调整，稳健的货币政策的内涵要发生变化。高度关注各类金融指标内生性的收缩、M_0 和 M_1 增速的持续回落、货币供应增速与名义 GDP 的匹配性、美联储政策调整以及美国金融市场的异变。建议 2019 年

M_2 增速恢复到名义 GDP 增速的水平，达到 9.0%~9.5%。

第六，高度关注房地产市场的变异，特别是 2019 年上半年房地产开发投资行为的变化和三四线城市房价的波动。建议对于正常房地产建安投资的资金供应可以适度放开，房地产贷款控制必须区分需求端和供给端，适度放开房地产开发投资贷款、持续控制房地产抵押贷款，这对于市场动态供求平衡十分重要。

第七，进一步从体制机制上促进创新创业活动，但应当吸取以往在新兴产业、创新活动中的教训，正视大规模创新创业所带来的阶段性成本。

（刘元春，中国人民大学副校长、教授）

以结构性改革推动中国经济高质量发展

田国强　黄晓东　宫　健

展望 2019 年，中国经济仍将展现增长韧性，课题组预计全年实际同比增速约为 6.4%，与 2018 年的年度增速预测值 6.6% 相比略有下降。2019 年第一至第四季度的预期增长率分别为 6.3%、6.4%、6.5% 和 6.5%，在此基础上全年 GDP 实际增速为 6.4%，经校正后的实际增速为 6.1% 左右（见表 1）。

表 1　上海财经大学高等研究院对中国各主要经济指标增速的预测

单位：%

	2019Q1	2019Q2	2019Q3	2019Q4	2019 全年
GDP	6.3	6.4	6.5	6.5	6.4
校正 GDP	6.0	6.1	6.2	6.2	6.1
投资	6.5	6.9	6.8	6.9	6.9
消费	7.9	7.6	7.3	7.7	7.6
出口	3.8	2.7	2.3	-0.1	2.2
进口	7.1	5.6	3.9	6.8	5.9
CPI	1.7	1.8	1.9	1.9	1.8
PPI	2.5	2.5	1.3	-0.1	1.6
GDP 平减指数	2.1	2.2	1.6	1.1	1.7

资料来源：CEIC、Wind、上海财经大学高等研究院。

一、经济政策制定需要重点关注的环节

（一）家庭债务负担加重、结构分化，抑制居民消费增长

课题组自 2017 年中期报告开始，就已针对家庭债务累积的风险提出预警。在 2018 年中期报告中，分省数据也支持了家庭负债率提升对消费的挤出。回顾 2018 年，受房地产市场降温的影响，居民中长期债务新增额较 2017 年有所下降，并且从长期来看，长期债务占新增贷款总额的比例也呈下降趋势：2018 年 11 月居民户新增中长期贷款 4391 亿元，虽然比上年同期规模扩大 200 多亿元，但仍比年初降低了近 1500 亿元；截

至 11 月的累计新增额也比上年同期减少 3000 多亿元。与中长期贷款新增额的平稳下降不同，除了部分月份（4 月与 7 月）出现短暂回调外，居民短期贷款新增额一直呈现上升趋势，2018 年 11 月，居民户当月新增人民币短期贷款 2169 亿元，累计新增 2.25 万亿元，比上年同期增加 4400 多亿元，累计新增额已经接近中长期贷款新增额的近一半，并呈现继续增长态势。

另外，主导长期债务增长的是消费贷款的增加。由于中长期贷款中的消费贷款更多是住房抵押贷款，故而可判断出，从 2016 年初开始，伴随着房地产市场的升温，家庭部门在 3 年间积累了超过 20 万亿元的房贷，导致大量家庭的财富与房产绑定。目前的制度下，我国房地产市场尚不支持房屋净值贷款，因此房产的资本效应难以得到有效体现。这就造成房价上升时，家庭不能利用房屋增值部分获取抵押贷款，但新增房贷产生的还款流却在侵蚀家庭的资产，自然就会挤出家庭的消费。放大到宏观层面，家庭债务对流动性的侵蚀、对总需求的挤出，恐怕将成为未来棘手的结构性问题（见图 1）。

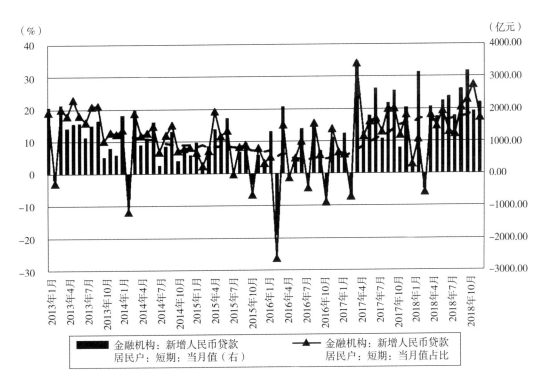

图 1　新增人民币家庭短期贷款增速

资料来源：上海财经大学高等研究院、Wind 数据库。

除了债务规模整体攀升外，家庭债务积累速度的区域差异化程度也是提高的。截止到 2018 年 11 月，已经有 11 个省份超过全国 66.5% 的平均水平，更有 9 个省份的杠杆率超过 70%。同课题组的前几次报告相比，2018 年虽然北京、新疆、河北以及辽宁等省份和自治区的杠杆率有所降低，但大部分省区市的杠杆率均出现不同程度提高：同上年第三季度相比，江苏的杠杆率提高了 17%，浙江提高了 13%，海南也提高了近10%；同 2018 年第一季度相比，更是有多个省份的杠杆率升幅超过五个百分点（见图2）。在家庭债务增速放缓的情况下，家庭杠杆率的提高也说明家庭储蓄的增速还要低于债务的增速。在劳动力市场可能面临震荡的情况下，中国家庭储蓄的降低会使家庭抵御并度过不确定风险期的能力大大减弱。

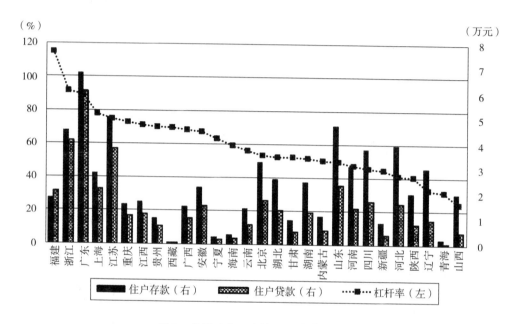

图 2　各省（市、自治区）家庭杠杆率

资料来源：中国人民银行、国家统计局、上海财经大学高等研究院。

（二）"僵尸企业"拖累经济增长

自 2015 年第四季度"供给侧结构性改革"与"三去一降一补"提出以来，我国非金融部门的杠杆率一度稳步下降。然而，2018 年起，杠杆率又出现反弹。至第二季度末，非金融部门的总负债率（总债务余额与 GDP 比值）为 205.5%，较 2017 年第四季度升高了 10.2 个百分点；非金融企业部门的债务总额为 134.3 万亿元，总债务率为155.1%，较 2017 年第四季度升高了 8.2 个百分点。

课题组针对高输入、低产出的负债企业——"僵尸企业"——进行分析后发现，"僵尸企业"占据的资源增加会带来失业率的上涨，进而导致 GDP 增速下降。模型回归结果显示，平均而言，"僵尸企业"占据的资源每升高 1 个百分点，意味着 GDP 增速下降 0.06 个百分点，按 2017 年末我国 GDP 总量 82.7 万亿元的规模换算，当年 GDP将下降约 5 万亿元，仅略低于浙江省 2017 年的 GDP 总量。

课题组认为，造成这一负面影响的主要原因是"僵尸企业"造成的资源错配。分区域来看，在中部和东北等经济欠发达区域，"僵尸企业"占据资源越多的省份，劳动参与率越低。"僵尸企业"还会对区域协调发展造成扭曲：在中部和东北地区，"僵尸企业"占据资源更多的省份，人口流出更加严重；在东部地区，"僵尸企业"占据资源更多的省份，人口流入数量更少。

（三）"去杠杆"与"控风险"对金融系统稳定性构成挑战

自 2018 年 2 月，M_1 与 M_2 增速之间持续 28 个月的剪刀差已完全消失，而且双双走低的 M_2 与 M_1 增速之间的差距正持续扩大。M_2 增长放缓也影响了社会融资，使得 2018 年新增社会融资总量大幅下降。最新口径下，社会融资规模存量为 199.3 万亿元，同比增长 9.9%，而可比口径下，社会融资规模存量的增速则下降到了 8.5%，为 2014 年以来的最低水平。

商业银行方面，2017 年以来的金融系统去杠杆和强监管的效应仍在持续，对我国金融系统的稳定运行带来挑战，其间银行不良贷款比例再次上升，债券市场违约事件剧增，股票市场萎靡难振。课题组分析发现，商业银行受到个体性冲击时，工、农、中、建四大国有银行的风险溢出率已超过 30%，继续维持在历次评估峰值；受到系统性冲击时，五大国有商业银行抗击系统性风险的能力虽然依然强于其他银行，但优势正在缩小。

课题组通过匹配 2007~2017 年 151 家中国商业银行年度数据和经济政策不确定性指数数据，分析了经济政策不确定性对银行风险承担的影响和作用渠道。研究结果表明，政策不确定性增加将显著提高银行风险承担水平，并且国有商业银行和股份制商业银行对不确定性的反应比较平淡，城市和农村商业银行的反应较为强烈。课题组还发现，政策不确定性提升将显著降低银行利息收入，进而刺激银行主动承担风险业务，不利于金融系统稳定。

（四）汇率"保7"压力尚未消弭，贸易摩擦前景未定

2018 年以来，外汇储备从年初的 3.16 万亿美元降至 11 月的 3.06 万亿美元，缩减规模达千亿美元。人民币汇率中间价从 2018 年 4 月初的 6.28 贬至 2018 年 11 月底的 6.95，连续 7 个月下降，其变动幅度和波动率均为"8·11"汇改之后最大的一年。然而，随着 G20 峰会上中美贸易摩擦的缓和，人民币汇率反弹至 6.9 以内并维持至年末。2018 年 2 月，随着我国跨境资本流动趋于平衡，中国前期采取的宏观审慎政策全部恢复中性，透露出央行希望人民币/美元汇率和跨境资本流动双向波动。然而，随着美元指数 4 月中旬后重新走强，人民币再度趋向贬值，加大了资本外流的风险。为了缓解人民币贬值压力，中国人民银行通过舆论引导、调整远期售汇外汇风险准备金率、重启逆周期因子、在香港发行央行票据等手段，适度对冲贬值方向的顺周期情绪，调节离岸人民币市场流动性，稳定市场预期，以保持人民币汇率在合理均衡水平上的基本稳定。

课题组判断，2019 年中美两国在贸易、投资、科技与知识产权方面的分歧与争端仍然存在，贸易摩擦大概率会持续，且重点将向上述方面分散。外部环境的诸多变化也可能影响贸易摩擦的走向。首先，全球经济复苏停滞，增速预期下调，外部需求降低；发达经济体中，美、欧、日、韩等国家或地区 2018 年经济表现不尽如人意；新兴经济体受中美贸易摩擦影响，整体增速相比 2017 年同期有所下降。其次，课题组利用收益率曲线斜率和剩余债券溢价等金融指标测得美国未来 12 个月发生衰退的可能性在 0.2 和 0.4。衰退一旦实际发生，一方面将通过影响外需拖累我国进出口，进一步恶化可能出现的贸易逆差；另一方面将通过影响美元指数影响汇率，或对人民币的贬值形成对冲。最后，部分劳动密集型制造业向东南亚地区转移，致使局部地区出口也面临萎缩，危及企业生存和当地的就业稳定。

二、以中长期结构性改革推动经济高质量发展

高质量发展是应对内外部复杂局面的一把总钥匙，要从解决新时代社会经济主要矛盾和经济发展中所面临的深层次问题的角度出发，来正确认识和准确把握高质量发展的内在要求。

立足中国自身来看，民营经济是推动高质量发展的重要主体，无论是实现效率驱动、创新驱动发展，满足人民美好生活需要，还是构建现代化经济体系，都离不开一个共同的前提就是民营经济的大发展。在改革开放以来中国经济的大发展中，民营经济对中国经济的贡献无论在产值还是就业方面都是巨大的，对改善人民生活水平起到了重要作用。同时，一个现代化的市场经济体系应该是所有制中立、竞争中性的，在这一体系之下的技术创新由于风险大的原因，也基本要靠民企，因此应充分发挥好民企在中国从要素驱动向效率驱动乃至创新驱动转型中的重要作用，让市场在资源配置中发挥决定性作用，更好地发挥政府的作用。

当前，除了国际贸易摩擦所带来的外部不确定性和风险因素之外，我国民营经济发展也正面临一些内部政策瓶颈、体制障碍，处于负重前行状态，导致中国经济整体的内在活力严重不足，民间投资增速从 2012 年初的 30.9% 历史高点降至目前的个位数增幅。对于这一发展困局，不能仅停留在要改的层面，还要明确怎么改、谁去改，这需要短期货币、财政政策调整与中长期结构性体制改革双管齐下加以突破，尤其是需要对金融体制、财政体制以及地方政府官员考核晋升体系进行结构性改革，促进金融部门和实体经济良性循环，提高金融运行和信贷配置效率，打破民企融资难和地方债务高企关联困境，促进中央政府与地方政府激励相容，营造为促进民营经济发展而竞争的良性局面。只有这样，市场化改革和经济全球化开放才能真正走向深入。

第一，加强政策协调，促进财政政策与货币政策有效配合，解决民营企业税费负担重和融资贵的问题。首先，积极的财政政策要真正积极起来，但是不能依靠类似2008 年那样的大规模经济刺激，那样的财政支出规模不可持续，也非常低效，会带来

大量的过剩产能和高企债务。这样，财政支出的重心应从基础设施投资逐渐转向引导支持创新和人力资本提升，转向弥补社会政策和民生的短板，为下一步经济增长储备强劲动能。并且，应注重以收入端的实质性减税代替扩大政府支出的传统手段，让企业尤其是民营中小企业以及广大居民切实减轻税收负担，激发微观经济主体的活力，刺激投资和消费需求的可持续增长，构筑强大的国内市场。

与此同时，货币政策要松紧适度，"去杠杆"应逐步转向"稳杠杆"，同时，中国的货币供应量增速与 GDP 增速正逐渐脱节，利率对经济增长的影响则显著上升。当前防风险的结构性任务，也与以前防通胀的数量性目标有所不同。因此，货币政策框架应该随之从数量型的调控货币供给转向价格型的利率调整，实行面向中小民营企业的定向降息或全面降息，降低实体经济融资成本。欧美国家在这一轮经济复苏过程中，一个很重要的政策手段就是采用了零利率或低利率，而在中国资本回报率已经从 2008 年的 10% 左右降到 3% 左右的情况下，中国的利率水平依然维持在一个较高水平，这显然不利于中国企业在经济增长下行区间的良性发展。

第二，深化金融体制改革，促进金融部门和实体经济良性循环，打破民企融资难和地方债务高企关联困境。近年来，我国民企融资难、融资贵以及地方债务高企等诸多经济问题集中出现，表明当前经济问题的关联性日趋紧密，对其成因的探究也不应机械地拘泥于某一经济部门或环节，而应注重各问题之间的动态联动机制。

金融运行效率下降会推高金融系统自身的融资成本，导致民营企业融资贵和实体经济产出的下降；而在我国当前的财政分权制度和以经济增长为标准的政绩考核体制下，地方政府会通过举债融资的方式增加对经济体的补贴力度。数值模拟表明，金融运行效率下降 1% 导致地方债务规模增加 2.01%，并且金融体系的信贷配置效率下降会使得信贷资源错配加剧，导致民营企业融资难和资本的回报率及其效率的下降，从而进一步加剧金融运行效率对地方债务的影响。

反事实分析显示，由金融运行低效率导致的经济下行，依靠"债务驱动"发展的治理模式是不可行的；增加"债务驱动"的力度短期内可以在一定程度上缓释经济下行压力；但从长期来看，"债务驱动"发展的方式无异于饮鸩止渴，会加剧金融运行效率下降，造成经济状况进一步恶化。福利分析则表明，金融运行效率下降 1% 造成整个经济体的福利损失为 0.52%，并且信贷配置效率越低，金融运行效率下降造成的福利损失越大。因此，需要通过深化金融体制改革，破除问题背后的制度性根源，以市场化为导向提升金融运行效率和信贷配置效率，才是解决融资难以及地方债务问题的治本之道。当然，地方债务问题也跟后面要提及的财政体制结构性问题相关。

第三，深化财政体制改革，促进中央政府与地方政府激励相容，营造为促进民营经济发展而竞争的良性局面。财政是国家治理的基础。分税制改革后，财权上移、中央财政收入占比提升成为我国政府间财政关系的一个明显特点，这也是 1994 年这场改革主导者的初衷之一。从大的趋势来看，这与我国推进政府职能转变背景下实现基本公共服务均等化的要求是相适应的，与各国强调中央税权约束地方税权的税权治理共性也是一致的。但是，这也带来一个问题，即地方财权压缩而支出责任却不断增加。面对自上而下不断累加的任务和指标，地方政府只能靠大搞土地财政和增加收费项目，来填补缺口，偏离了现代公共财政的发展轨道。所以，财税体制改革不能仅仅是分钱了事，必须触及更深层次的事权和财权的结构性再分配，不能将地方事权压得过重而财权统得过死。从而，一方面要对中央和地方的事权和支出责任划分作出科学合理的法律性制度安排，另一方面要赋予地方一定的相对独立税权。

同时，也要进一步优化地方政府官员考核晋升体系，激励引导地方从债务驱动发展模式转向民企驱动发展模式。对于中国现有政府治理框架而言，一个激励相容的治理体系应该能够发挥好中央与地方的两个积极性，以使中央和地方在求解各自目标函数的过程中实现社会经济整体福利的改进，而民营经济的发展则是中央和地方的一个共同目标。在 2018 年 11 月 1 日召开的民营经济座谈会上，中央对我国民营经济的重要地位和作用给予了充分肯定，对当前民营经济发展遇到的困难和问题也给出了基本判断，提出要大力支持民营企业发展壮大。这一会议召开之后，各省区市陆续出台了关于促进民营经济健康发展的各类政策意见，形成了一种为促进民营经济发展而竞争的良性局面。这是一个值得肯定的趋势，但关键是政策要落地，否则民营经济所遇到的困难和问题得不到真正解决，那样中国经济增长的内生动力将会被严重削弱。

（田国强，上海财经大学经济学院院长、高等研究院院长；黄晓东，上海财经大学高等研究院常务副院长；宫健，上海财经大学高等研究院博士后）

中国经济增速将呈前低后稳态势

连 平　周昆平　唐建伟　鄂永健

无论从供给侧还是从需求侧来看，2019 年经济都存在下行压力。宏观政策对经济的作用将从 2018 年的抑制转为 2019 年的支撑和托底，2019 年经济增长或将呈现前低后稳态势。

一、内外需求同时减弱，增长步伐继续放缓

外需走弱导致出口放缓压力较大。2018 年出口增长较好，但存在明显的应激式"抢出口"增长特征，一方面透支了 2019 年的需求，另一方面抬高了同比基数。在保护主义抬头、美国经济增速可能放缓和部分发达经济体政策不确定环境下，全球经济复苏放缓，2019 年外需走弱，压力加大。中美贸易摩擦存在不确定性，未来中美摩擦可能不限于贸易领域，美国可能会从知识产权保护、投资准入限制、司法监督管理、体制性改革等多方面对中国发难。2019 年美国经济增长放缓，对外强硬的措施可能难以延续，有助于中美贸易摩擦缓和。受外需环境不确定性影响，目前已经出现出口订单显著减少。2019 年出口增速将明显下降，预计在 5% 左右。如果中美贸易谈判取得成果，不排除出口状况改善的可能，那么出口增速可能在 8% 左右。进口鼓励政策持续见效，我国将进一步削减进口关税，降低制度性成本，扩大进口空间。受需求走弱以及高基数的影响，2019 年进口高增速可能难以延续，但仍能实现 10% 左右的进口增长。货物贸易顺差将进一步收窄，预计为 3000 亿美元，经常项目可能出现逆差。

基建投资加快步伐将对投资增速起到托底作用。2018 年基建大幅度回落，主要原因在于去杠杆见效、强监管落地、地方债务管控加强、PPP 项目全面清查、环保力度加大、财政赤字率调低等宏观政策的叠加效应。2019 年宏观政策明显转向，着力点在于加大基建投资力度。加大基础设施等领域补短板力度，较大幅度增加地方政府专项债券规模，确保重要基建项目资金来源。加快 5G 通信、工业互联网、物联网等新型基础设施建设，加大城际交通、物流、市政基础设施等投资力度，补齐农村基础设施和公共服务设施建设短板，基建项目执行进度会明显加快。PPP 项目库清理整顿之后，将规范有序推进 PPP 项目高质量发展，在补短板上发挥更大作用。预计 2019 年基建投资增长 10%，成为拉动投资的关键力量。在过去几年限产作用下，高能耗制造业投资形成低基数，2018 年出现修复式增长。2019 年基数效应减弱，制造业盈利增速已趋回落，将难以支撑制造业投资继续较快增长。受外需环境影响，与出口相关的制造业投

资预期较弱。民间投资意愿下降，扩大生产投资显得非常谨慎，将影响制造业投资增长。预计2019年制造业投资增速下降到4%，高技术制造业投资增长较快。房地产调控政策难以大幅放松，房价上涨势头得到遏制，房企资金来源压力仍然存在。随着土地购置款项支出减少，房地产开发投资增速将明显回落，预计增长3%~5%。综合判断，2019年基建投资力度加大，房地产开发投资和制造业投资增长可能放缓，固定资产投资约增长5.8%。

消费增长稳中略缓。2019年宏观政策将持续大力扩大内需，重要工作是促进消费增长。随着消费促进政策释放效力，服务业开放程度的提升，下调和取消部分消费品进口关税，个税改革稳步推进，将为消费增长提供新的动能。消费增长仍有以下三个制约因素。一是近年来居民按揭贷款快速增长导致居民部门杠杆水平上升，抑制居民的消费支出能力，形成挤出效应。二是房地产和汽车两大消费需求仍将受到基数及政策的抑制。商品房销售放缓对后续装潢、家具、家电等消费带来的影响将在2019年集中体现。随着车辆保有量上升，汽车消费高增长时期已过，汽车类消费已经持续负增长，2019年仍将在低位徘徊。三是股票市场调整和理财产品收益率下降将影响居民财产性收入的增长，不利于消费增长。2019年消费增速可能在8.7%左右。三大需求中消费增长相对较快，对经济增长的贡献率或将超过75%。

全年经济增速可能前低后稳。从生产供给侧来看，经济结构转型时期传统生产动能减弱，劳动力供给持续下滑，劳动力成本、地价成本、自然资源成本都在持续上升，并且环保约束压力加重，全要素生产率增长率将在低位运行。从需求侧来看，三大需求整体趋于减弱，2019年出口增速和货物贸易顺差可能明显回落，与出口相关的制造业投资增速也将放缓。基建投资将明显反弹回升，但难以对冲房地产开发投资和制造业投资下行。预计2019年经济增速可能在6.3%左右。面对这一局面，宏观政策已经开始逆向调节，且力度在不断加大。宏观政策对经济运行的作用将从2018年的适度抑控转为2019年的支撑和托底。2019年经济下行压力主要体现在上半年。随着宏观政策效果显现，下半年经济运行将趋好转，全年经济增速可能前降后稳。

2019年仍然存在和可能出现一系列有利于经济运行的因素。虽然2019年经济下行压力较大，或将出现短期波动。但从长期来看我国经济基本面是好的，高质量发展的条件在不断改善。2019年依然存在和可能出现六个方面的积极因素。一是外部压力可能减小，中美贸易摩擦可能得到缓解，发达经济体政策溢出效应也将在美联储加息进入尾声后减弱。二是政策偏松调节有助于经济增长，2019年经济工作将从优化提升供给端、扩大增强需求端、扎实推进区域协调、深入推进改革开放等方面展开，确保经济运行在合理区间。三是产业出清带来高质量发展动力，过去几年去产能、去库存、去杠杆、降成本、补短板五大任务逐渐取得成效，部分行业已经出现恢复性增长。四是技术创新带来新兴产业崛起，我国科技研发能力逐渐增强，越来越多领域逐渐接近或达到全球前列。科创板有望成为科技进步的重要推动力。五是区域协调发展带来产业联动效应，经济带状发展、城市群发展和乡村振兴战略落地，将提供新的经济增长空间，促进投资和消费等内需发展。六是推动改革走深走实带来新的发展机遇，对外开放由商品和要素流动型开放向规则等制度型开放转变，将形成新的经济增长动能。为此，不应对 2019 年经济运行过度悲观。

二、物价水平整体走低，通胀不是主要矛盾

2019 年整体物价上涨动力不足。当前国内外经济形势下主要有三方面因素，分别是输入性通胀、需求拉动和流动性充裕。目前来看，这三方面因素都较弱，2019 年我国物价大幅上涨的可能性较小。国际原油和大宗商品价格已经下行，输入性通胀压力较小；投资需求和消费需求较弱，对物价的拉动作用不强；货币政策将坚持不搞大水漫灌，不存在流动性泛滥进而抬升物价的可能性。

CPI 同比涨幅将有所收窄。核心 CPI 下降反映需求走弱的现实，CPI 的波动中枢下降。2019 年 CPI 翘尾因素平均在 1% 左右，新涨价因素较弱，全年 CPI 平均涨幅可能在 1.8% 左右。

部分月份 PPI 可能出现负增长。2019 年国内需求难以显著走强，需求拉动 PPI 大幅上升的可能性不大。预计 2019 年 PPI 平均涨幅降到 0.5%~1.5%，取中值为 1%，不排除有的月份可能出现负增长。积极政策着力点在于基建投资，可能对相关工业产品带来阶段性拉升，这在一定程度上也可缓解国内工业价格整体陷入通缩的风险。

2019 年中国经济不会出现"滞胀"风险。如前所述，2019 年整体物价不会大幅上涨。当前中国经济正在发生一系列结构性变化，并不具备形成"高通胀"的条件，所以经济中不存在"胀"的风险。但是经济存在下行压力，从某种意义上讲"滞"的风险仍然存在。但这种所谓的"滞"并非是真正意义上的"增长停滞"，而是经济增长明显放缓，对其他风险隐患显性化带来压力。可见，当前经济运行的主要矛盾不是通胀问题，而是需求放缓过快的问题。

三、楼市成交同比负增，开发投资前降后稳

房地产市场成交趋势性下行。预计 2019 年商品房销售面积同比增速约 -5%。其中，一二线城市在政策边际改善之下，市场成交活跃度可能有所提升，销售面积同比可能实现约 0%~5% 的小幅增长；三四线城市由于失去强政策托底且需求被透支，可能重回基本面下行通道，销售面积同比或下降至 -10% 左右。但从中长期看，城镇化使我国依然具备一定的新增住房需求基础。按目前城镇化率每年提高 1.2~1.4 个百分点的速度，未来几年内由城镇化带来的年均新增住房面积为 6 亿~7 亿平方米，在全年销售面积中占比超过 1/3，仍是影响楼市刚需的主要因素。

房价走势依然离不开分化主题。随着成交持续走弱，一二线城市郊区盘和三四线城市房价有望出现松动而下行，缺乏刺激政策"加持"并且在过去一段时间需求被透

支的三四线城市还需要警惕房价下行风险。由于"四限"持续时间较久，政策边际改善后，一二线城市中心区域存在房价补涨的潜在压力。

预计 2019 年房地产开发投资增速将小幅回落，考虑到政策环境的边际改善，其走势可能前降后稳，全年增速 3%~5%。

四、信贷增速稳中有升，M_2 将逐渐企稳反弹

2019 年，金融去杠杆和严监管的影响有所减弱，脱实向虚的表外融资经过 2018 年的连续负增长已经得到大规模调整。随着财政逐渐发力和货币政策引导，企业部门融资可得性将逐步改善，金融支持实体经济的力度也将逐渐增强。预计 2019 年末信贷增速同比将升至 13.5%~14.0%，而社融中表外融资负增长将逐渐收窄并出现反弹。

信贷投向优化进程逐渐加快，信贷增速稳中有升。影响 2019 年信贷增长主要有六个因素。一是经济下行压力依然较大，表外融资持续收缩后，事实上信贷潜在需求一段时期以来都在增强。但信贷增速没有随表外融资收缩而反弹，主要还是贷款定价与信贷需求主体信用风险不匹配，银行因担心风险过高而不愿大幅增加信贷投放。随着政策支持民营和小微企业的力度加大，货币政策定向调控力度持续增加，前期宽信用效果逐渐显现，被压抑的潜在信贷需求就有望被释放出来。二是货币政策会延续当前调控模式，宏观上维持流动性总体合理充裕，常规与定向工具配合，结合窗口指导等方式引导和优化信贷资源配置结构，进一步疏通货币政策传导机制，促进银行加大信贷投放。三是随着多项政策的调整，基建投资将明显发力，成为稳增长的重要手段，基建相关贷款有望获得较快增长。四是楼市成交同比负增，一定程度上传导至开发贷款和居民住房贷款需求，这有利于改善房地产相关贷款在信贷占比中较高的现状。但这部分信贷需求的放缓可能对信贷增速的反弹形成一定拖累，而限制政策松动城市的增多将逐渐释放新的住房贷款需求。五是商业银行为提高资产收益将继续逐步加大对信用卡、消费金融等领域的投放力度，预计个人短期消费贷款有望逐步加快发展。六是若贸易形势恶化，很大程度上会影响到外贸相关企业的生产经营，进一步传导至外贸企业信贷需求；反之则反是。

表外融资收缩步伐逐步放缓，直接融资状况仍须进一步改善。2019 年大概率会延续当前的态势。一是新规实施已经数月，大量不合规表外融资已到期不再续作，表外融资收缩对于社融结构的影响也将逐渐削弱。二是表外业务的收缩已经制约到一些资信等级较低的中小民营企业的融资渠道，增加了其经营压力。监管部门也逐渐意识到表外融资作为重要融资渠道，在一定程度上可以缓解表内融资定价与企业信用风险高企之间的矛盾。三是直接融资仍存改善空间，但短期内企业债融资出现快速明显改善的可能性较小。直接融资市场规模的改善可能贯穿 2019 年全年。四是信贷增速的反弹也会推动社融增速出现不同程度的反弹。综合预计，2019 年社融增速可能达到 12%，全年社融增量在 22.5 万亿元左右。

M_2 增速将企稳反弹。在经济下行压力较大的背景下，货币当局将在不搞"大水漫灌"的情况下，适度增加流动性配合积极财政政策稳定经济增长。在信贷增速逐渐上行、外汇占款小幅下降、财政支出增速反弹的态势下，M_2 增速 2019 年将逐渐回升。预计 2019 年 M_2 增速将为 8.5% ~ 10%。影响 M_2 增速的因素仍然来自四个方面：一是货币政策将延续当前稳健基调，并保持宏观流动性处于合理充裕状态；二是央行定向调控政策将继续围绕增强信贷支持实体经济力度展开，13% 之上的信贷增速将是 2019 年 M_2 增速的主要支撑；三是 2019 年财政支出力度可能较 2018 年有所改善，基建投资已经出现反弹迹象；四是如果美国经济增长放缓和加息进入尾声，可能在一定程度上削弱跨境资金流动对国内流动性产生的压力。

银行间市场流动性维持合理充裕。2019 年央行维持国内宏观流动性合理充裕十分必要，但又必须避免"大水漫灌"式的政策。预计 2019 年 DR007 中枢会较 2018 年底小幅下行至 2.5%。

五、国际收支趋向平衡，人民币贬值压力减轻

2019 年，中国经济下行压力进一步加大，经济增速继续放缓，货币政策将保持稳健偏松，金融市场对外开放稳步推进；中美贸易局势存在很大不确定性，美国经济运行存在下行压力，美联储本轮加息可能接近尾声。在此背景下，我国经常账户可能录得小幅逆差，跨境资金流动形势有望保持总体稳定，但资金流出压力仍不容忽视。随着我国经常账户顺差明显收窄甚至出现逆差，资本和金融账户顺差也可能收窄，我国国际收支顺差规模逐渐下降并趋向基本平衡。中国经济对外资吸引力依然较强，直接投资将保持一定规模顺差。主要受中国金融市场继续加快对外开放的影响，证券投资和其他投资项有望保持净流入，但人民币汇率波动对其有一定影响。在美联储继续小幅加息、国内货币政策稳健偏松、国际收支顺差收窄和经济运行下行压力增大的背景下，人民币仍有贬值压力。如果中美贸易形势缓解，美联储加息步伐放缓，人民币贬值压力将会明显减轻，不排除出现阶段性升值的可能性。

六、宏观政策更加积极，稳增长力度将加大

积极的财政政策加力提效。2019 年将切实落实积极的财政政策，着力提振市场信心，更好地发挥积极财政政策促进经济增长的作用。预计财政赤字率可能从 2018 年的 2.6% 调升至 3%，适度扩大财政支出规模。在增加财政赤字额度的同时，优化财政支出结构，盘活财政存量资金，金融机构财政存款余额超过 5 万亿元。积极财政政策重点在于支持基建和补短板薄弱领域，对重点投资项目要求保障项目资金需求。在地方政府隐性债务的约束下，地方政府专项债规模将大幅增长，2018 年为 1.35 万亿元，2019 年在 2 万亿元左右，将带动基建投资增长加快。国家将实施更大规模的减税降费，

2019 年减税将达 1.5 万亿元左右，减轻市场主体税负，激发经济增长活力。2019 年将推进结构性减税，加大财税优惠和税收返还力度，大幅度降低零售业、中小微生产企业的整体税负。推进增值税改革，下调增值税税率，扩大高技术产业投资支出、科技创新研发费用的税前抵扣优惠，还可能探讨企业所得税率的下调。未来将加快个税起征点改革和扩大抵扣项目落地实施，降低工薪阶层税负，提升居民消费能力。

稳健货币政策边际定向放松，监管弹性进一步增强。2019 年货币政策将以"稳货币、增信用"的方式去配合"宽财政、促投资"。2019 年存准率仍有进一步下调的可能，但幅度和频率会小于 2018 年。存准率存在两大继续下调的理由：一是经济仍有下行压力，需要金融加大力度给予支持，尤其是在非信贷融资推进存在一定瓶颈的情况下，信贷适度加快投放步伐可能性较大，这就需要银行负债端保持良好的状态；二是 2019 年外汇占款可能处在较低水平，因此需要通过存准率的下降来适度增加市场流动性。但为了避免"大水漫灌"，在流动性已基本达成合理充裕的条件下，存准率不可能持续大幅下调。在美联储 2019 年仍有可能加息 1~2 次、美国对华遏制政策进一步推进的情况下，人民币汇率和资本流动性依然有可能承受压力，此时降息则有可能增大这种压力。从中美利差看，一年期国债收益率已经倒挂，即使不降息，其他利率也可能走向倒挂。若再降息则可能会进一步增加相应的压力。降低国内融资成本可以采取的举措不少，包括定向降准，增加低成本的信贷，在保持市场流动性的同时降低市场利率水平等。

未来央行可能继续运用各种工具引导流动性的流向配置和期限配置等，并将常规政策工具与结构性流动性管理工具相组合。"定向松动"应该是 2019 年货币政策工具组合的操作方向，定向降准+货币市场工具调整将是基本的工具组合。流动性管理工具更加灵活，监管弹性将进一步增强。未来在稳健的货币政策框架下，央行可能进一步提升组合型政策工具对于市场的传导效率，从流量、流向以及期限等多个维度有效进行"滴灌"，防止"大水漫灌"。2019 年，当出现流动性偏紧状况时，央行仍会采取类似降准置换 MLF 的方法实施流动性定向支持。同时，央行等相关监管部门完全可能进一步将涉及相关行业的监管指标弹性"定向增强"，以配合定向支持的政策导向（见表 1）。

表 1　2019 年主要经济指标预测

指标	2019 年
GDP（%）；实际	6.3
CPI（%）	1.8
PPI（%）	1
城镇固定资产投资（%）	5.8
社会消费品零售总额（%）	8.7
工业增加值（%）	5.7

续表

指标	2019 年
出口额（%）	5
进口额（%）	10
贸易顺差（亿美元）	3000
M_0（%）	9.5
新增贷款（万亿元人民币，实体经济）	18.5
社会融资规模（万亿元人民币）	22.5
利率（一年期存款利率）	1.5
外汇占款变动（亿元）	−2500

数据来源：Wind、交通银行金融研究中心。

（连平，交通银行首席经济学家；周昆平，交通银行金融研究中心首席研究员；唐建伟，交通银行金融研究中心首席研究员；鄂永健，交通银行金融研究中心首席金融分析师）

宏观政策篇

积极财政政策加力与提效不可偏废

白景明

中央经济工作会议明确提出，2019 年继续实施积极的财政政策时要加力提效。这是党中央在深化对做好新形势下经济工作的规律性认识的基础上作出的确保经济发展行稳致远的重大决策。

一、为什么要继续实施积极财政政策

2009 年起我国开始实施新一轮积极的财政政策。这一轮积极的财政政策有三大特征：一是时间长，截至 2018 年为期已十年。二是大规模减税降费，累计近 6 万亿元，特别是 2018 年一年减税 1.3 万亿元，相当于 2013~2017 年累计减税额 30%。三是一般公共预算赤字额激增。2009 年赤字额跳升至 428%，为 9500 亿元，2018 年增至 23800 亿元。从 2013 年起，赤字增长率超过 M_2 和贷款增长率，2013 年赤字增长率甚至超出贷款增长率和 M_2 增长率两倍。2016 年情况相近（见图 1）。在这种背景下，2019 年将继续实施积极的财政政策，而且还要加力提效。缘何于此？

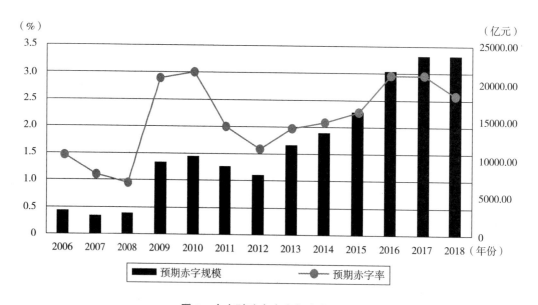

图 1 中央财政赤字率与赤字规模

（一）社会主义市场经济进入了新的发展阶段

我国 20 世纪 90 年代初提出发展社会主义市场经济。其后逐步建立了完备的市场体系，市场化程度不断提高。目前我国的商品市场、资金市场、资本市场、产权市场、房地产市场等规模均位居世界前列。2010 年起我国成为全球第二大经济体。在市场经济形成过程中，资本加速积累。目前，私人资本提供的 GDP（包括外商独资企业）占比已达 70% 左右，提供的就业占到 80% 左右，提供的税收也超过了 50%。同时，私人资本在一些行业中成为了主力军，如互联网产业、房地产行业、商业、服务业、轻工业、农产品加工业等。这使市场的资源配置功能逐步从起基础性作用转到起决定性作用。然而要看到，市场体系形成后，市场配置资源自身的缺陷逐步凸显，市场发育又遇到了诸多制度障碍，突出点如垄断集团限制竞争、要素流动成本上升、管制过多、区域封锁等。这种格局客观要求政府运用政策手段维护竞争、降低成本、释放需求。税收既是要素流动的成本，又是要素生成的成本，同时也是政府总体宏观政策取向的标识。制定税收政策必须考虑市场主体的要求，不考虑其要求，资本就可能外流，或者出现企业投资积极性锐减，接踵而至的将是就业萎缩。

近年来，市场主体一直在呼吁减税，政府也确实在不断加大减税力度。但市场主体仍觉得不解渴。原因何在？主要是社会保障缴费率居全球高位抬高了企业综合负担率。这在当前社会平均利润率不断下降的背景下，使企业的利润空间逐渐收窄，尤其是中小微企业，甚至低于贷款利率。因此，2019 年必须通过更大规模的减税来拉低市场主体综合负担水平。这是一种综合平衡而非简单的短期应急之策，事关经济能否可持续发展。

市场经济必然导致收入分配差距拉大，形成不同的收入阶层，甚至出现利益固化、收入阶层传承。目前，中国经济运行中的突出问题是个人收入集中率上升速度超过经济增长率，因而基尼系数值已超过警戒线。因此，政府必须加大收入分配调节力度，其中最重要的措施是通过加快实施基本公共服务均等化战略来托高低收入阶层生活水平并保障中等收入阶层生活质量提升。所以，2019 年仍要加大基本公共服务投入。同时，全面推进个人所得税改革，把减轻个人直接税负担列为新的减税重点，进而增强中等收入阶层消费能力。这实质上是落实托低扩中的收入分配政策的配套政策，优化收入分配市场化格局，让支撑经济动能转换的主干群体获得更多的增长利益。

（二）经济发展进入了新阶段

1978～2018 年我国经济保持了 40 年年均 9.5% 的增速，同期全球经济增长率年均仅为 2.9%。这在世界经济史上是一个奇迹。"二战"后日本经济高速增长，也只是保持了十年年均 11% 的增速。尤为突出的是 2000 年我国 GDP 达 10 万亿元后，经济增速不减，到 2017 年已经达到了 82 万亿元，17 年的时间增长了七倍。

然而要看到，经济发展具有周期性。我国经济基本上是每十年为一个周期（见图 2）。

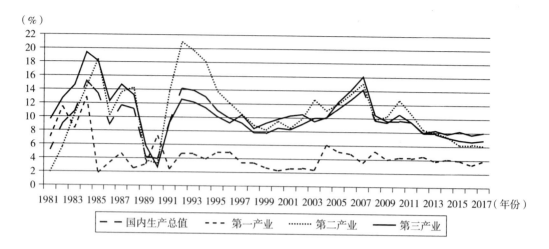

图 2　中国经济指数变化

资料来源：Wind 数据库，中国财政科学研究院。

　　图 2 表明，总体来看，改革开放以来经济波动幅度呈递减趋势。2000 年后，周期时间拉长，头十年相对稳定，年均增速高达 10%。2012 年后，经济增长率在 7% 左右，稳定了七年。同一数值稳定时间如此之长是改革开放 40 年中首例。这表明中国经济稳定性增强，同时也证明中国经济已进入增速换挡期。需要承认，换挡期并不意味着衰退期。因为 2012 年后消费物价、城镇就业人员平均实际工资、农民纯收入、就业人数等指标值都是上升的，而且收入类指标增速总体高过经济增长率。此外，还应看到，GDP 总额超过 5 万亿美元后还能保持年均 6% 增速的在全球只有中国一个国家。

　　经济增速换挡虽然属于正常的经济规模收缩，但也是经济运行过程中多年积累下来的结构性矛盾的显现。进一步说，中国经济增长在进入换挡期的同时又进入了结构调整阵痛期。这种阵痛有四大突出表现：一是供求总量要找寻新的平衡点；二是供给结构要依需求结构变动自主调整；三是市场主体要承担加大研发投入带来的资金周转成本；四是市场主体和个人都要找寻新的利益增长点。

　　在社会主义市场经济条件下，虽然市场对资源配置起决定性作用，但也要更好地发挥政府作用。就现阶段而言，更好地发挥政府作用就是要充分利用政策手段降低结构调整成本、优化结构调整环境、化解结构调整风险。2019 年中国经济依然处于换挡期和结构调整期，机遇和挑战并存，要爬坡过坎，既要接续过往有效投资，又要开启新的要素配置和要素流动局面以推进动能转换。同时，还要继续化解重大风险。为此，必须持续扩张财政支出，运用赤字增量来提升当期总需求，承接产出扩张、压低部分产品产量下跌率。加大如基础设施、公共设施等资本性支出起的就是这种作用；较大幅度增加专项债的意义也在于此。必须针对初创型企业创新企业实行结构性减税，通过大力度加计扣除政策来激励企业走技术创新型发展道路，通过继续加大中央对贫困落后地区的转移支付刺激形成新的区域间企业和个人优势互补格局。

（三）国际经济发展进入新阶段

20世纪90年代以后，国际经济结构开始发生重大转变，新兴经济体份额上升。2017年全球经济总量为80万亿美元，以中国为首的新兴经济体占比上升了近10个百分点，中国达到了12万亿美元，占比14%。新兴经济体的产出能力、产出水平、技术水平都在提升，单是中国的一些工农业产品量，如煤炭、手机、彩电、谷物、蔬菜等占全球总量比重就超过30%，中国货物进出口总额占全球比重已达11%。这对发达经济体形成了强烈制衡。此时，以美国为首的发达经济体，开始联合遏制中国。遏制中国就是遏制新兴经济体，所以出现了贸易摩擦、减税竞争和汇率波动。目前，欧洲也在研究如何应对美国降低企业所得税税率对欧洲的影响。贸易摩擦影响全球要素自由流动，首先挑战的是我国的关税政策。由于美国发起贸易摩擦，导致对美国的关税要向上调整，这会增加部分企业进口货物成本。但是我国仍要推动全球贸易自由化。为此，2019年要继续降低关税平均税率水平。美国降低企业所得税税率，其他国家都在跟进。中国经济对外依存度近40%，在全球属高水平。税收是要素流动的成本，其他国家减税就是在降低本国要素国际流动成本，我国如果不继续减税，就会削弱本国企业的国际竞争力。所以，2019年必须再度加大减税力度。

总之，我们认识财政政策，要分清楚是什么样的环境使我们做出什么样的选择。财政是国家治理的基础和重要支柱。我们要从政治站位、全局站位出发认识财政政策的使命及其与经济发展的内在逻辑关系。

二、积极财政政策如何加力提效

加力提效是相辅相成的两个方面。加力是指再度提升减税增支强度；提效是指找准政策发力点并管好、用好资金。两者的互补性将化解高强度减税增支带来的财政收支矛盾，体现的是新时代稳中求进的经济工作总基调，表明积极的财政政策要在防范和化解重大风险的前提下实施逆经济周期调节。

（一）加力不是无边界"放水"

相比发达经济体，我国财政政策超强扩张的突出表现是减税力度大。2018年减税额占税收总额比重达8%，2019年实施更大规模减税意味着减税总额要超过2018年且相对强度还要提高。但要看到，减税不是简单地减收，而是有针对性地调节企业和个人的经济行为。2019年将把普惠式减税和结构性减税有机结合起来。普惠式减税的含义是扩大减税覆盖面，具体讲就是从过去侧重给企业减税扩大到给个人减税。要通过深化增值税改革减轻供给侧特别是实体企业税收负担为供给侧改革铺路，为所有企业加大结构调整输血；通过个人所得税改革大幅度、大面积减轻消费者负担，为需求扩张打基础。两项数千亿量级的长效性减税，最终会形成总供求更高水平对接进而实现逆周期调节。结构性减税主要包括动态调整进口关税税率水平、加大针对小微企业和科技型初创企业税收政策支持力度等措施。对小微企业和科创企业减税意在充分发挥小微企业就业吸容功能，让更多的人有事干、干好事。调整进口关税税率水平意在减轻消费者部分进口商品购买负担，满足多层次消费偏好，同时培育创新能力，扶持新动能由小变大、由弱变好。

进一步分析，前几年推进的"营改增"属于普惠式减税，所有行业不同规模的企业都得到了减税红利，2018 年又把四档税率归并为三档，从 5 月 1 日起还将 17% 和11% 两档税率分别下调了一个百分点。这些措施使减税实际规模超出了预期。2019 年深化增值税改革关键是增加所有企业的进项税额抵扣额，减少高征低扣现象。由于制造业增值税占增值税总额比重近 40%，增值税减税对制造业转型升级的刺激力可说居各行业之首。另外，由于增值税本质上是消费课税，深化增值税改革、减轻企业增值税负担最终是在降低消费者负担。其中最为直接的是日用工业消费品和农产品加工制作以及生活服务业增值税负担下降对消费者购买力的强化。由于最终消费环节增值税占增值税总额比重在 20% 左右，深化增值税改革对消费扩张的激励将仅次于对制造业发展的激励。2019 年个人所得税改革全面落实。此次改革有提高综合所得费用减除额、拉大七档税率级距和设立专项附加扣除三大减税点，预计减税额高达数千亿元。这种减税力度远超当期美国特朗普的减税计划和过去里根、小布什的减税计划。需要指出，本轮个人所得税改革专项附加扣除具有精准发力典型价值，突出体现了税收政策与民生政策要托底的发展理念紧密衔接。比如养老扣除，体现的是支撑人口老龄化政策的作用。再如教育扣除，体现的是对科教兴国战略的支撑。显然，这些普惠性减税不仅要实现短期逆周期调节，而且要减缓长周期振幅。

扩张支出将把规模扩张和支出结构调整有机结合起来。2019 年继续扩张支出意在通过适度增加总需求反推供给扩张。但扩张支出不走大幅提高赤字率道路，而是走通过加大支出结构调整力度放大支出逆周期调节效应的道路。具体讲，就是"有保有压"。"保"是指以继续加大扶贫、社保、教育、环保、医疗卫生等投入来提升民生保障水平，以继续增加中央对地方转移支付促进区域财力均衡来加快推进基本公共服务均等化，以不断增加科技创新和化解产能过剩以及基础设施建设投入来助力结构调整。"压"是指通过主动调减一般性支出来压低公共产品供给成本。显然，这种扩张是增强人民获得感的扩张。

进一步说，2019 年的支出扩张本质上是结构性扩张。这种扩张的基调是在防范和化解重大风险的前提下有针对性地扩张支出。扩张的特点是资本性支出和消费性支出同时增加推动总供求扩张。具体表现在以交通运输、公共设施、环保工程等支出的扩张推动全社会投资增长，以扶贫、社保、医疗卫生等投入的增长推动全社会消费增长，两相对接起来形成结构性逆周期调节效应。

（二）提效重在制度建设

我国虽然是全球第二大经济体，财政收支规模同样位居全球第二，但中国的人均

GDP 和人均财政收支却位居全球中下等水平。从公众的公共福利预期值和经济运行调节难度两个角度看，我国的财政收支矛盾还处于渐强期。尤其要注意，在 14 亿人的人口大国实现基本的公共服务均等化会把财政支出推到急剧扩张道路上去。显然，加力与提效并举是规避财政风险加速膨胀的长效机制。

提效指提高资金使用效率和使用效益，本质上是另一种形式的加力。因为高效使用资金就是在抵补减税带来减收的同时增强支出增量的边际效益。具体要落实五大改革任务：一是加快推进全面实施预算绩效管理；二是加快扶贫资金动态监控机制建设，切实用好、用实扶贫资金；三是探索建立支出政策评估体系，全面认识支出的微观和宏观效应，为建立专项资金退出机制和地方政府债务风险评估机制建设创造条件；四是盘活财政存量资金；五是优化四本预算之间的协调关系。

具体分析，提效先要做好支出政策评估工作。因为支出政策决定财政资金总体配置格局。支出政策评估首先要评估理财观念。当前最重要的是扭转各项事业齐头并进大发展引领支出政策的理财观念。换言之，必须树立从财政收入可能性边界出发去框定支出扩张观念，绝不能再认为只有想不到的事没有筹措不到的资金。要坚决贯彻党的十九大报告提出的民生保障要量力而行、尽力而为的理财观念。

提效必须完善预算管理基本制度，其中至关重要的有三点：一是加快支出标准体系建设，压低成本性支出标准，调整民生保障项目支出标准结构，控制资本性项目支出标准上移；二是加快完善财政支出方式，加快推进政府购买服务支出方式全面落地，把养人、养机构改为养事，降低公共产品供给成本；三是坚决建立专项资金退出机制，打破支出固化格局。

（白景明，中国财政科学研究院副院长、研究员）

稳健货币政策应提高科学性与技术性

邹平座

2019 年，中国经济的各种不确定因素会进一步增加，宏观经济风险大于 2018 年，如果没有良好的应对之策，会增大发生系统性经济与金融风险的概率。改革与开放措施要更加谨慎，防止制度触发的经济与金融风险。

2019 年是选择年也是转折年。无论是全球经济还是中国经济都面临重大选择。西方自由主义民主和经济模型暴露重大缺陷，贸易保护主义抬头，全球价值链正在撕裂。中国经济面临理论、制度、技术诸多方面的桎梏与困难。同时，全球发生科技革命，科技革命将引起经济基础的变革，人类社会向科学社会迈进。科技革命与价值革命所引起的社会变革，将使原有的商品经济向数字经济过渡，使得人类社会的主要矛盾明显转向人与自然之间关系的协调和优化。这将是百年转折。

一、需要重点关注的经济指标

消费增速继续下滑，作为创新型平台消费出现大幅度下降。2018 年 1~12 月，社会消费品零售总额名义和实际同比增速分别为 9.0% 和 6.9%，与 2017 年同期相比分别下滑 1.2 个和 2.3 个百分点。占社会消费品零售总额中约 1/4 的网上消费，受网民规模的增速放缓以及 2017 年的基数效应的影响，其 2018 年同比增速（23.9%）较 2017 年同期下滑 8.3%。

基建投资大幅下滑，流动性陷阱风险加大。2018 年，主要受基建投资大幅下滑拖累，全社会固定资产投资累计增速较 2017 年进一步下降，2018 年 1~12 月同比增长仅为 5.9%，远低于 2017 年的增速。

货物贸易顺差继续下降，服务贸易逆差继续扩大，2018 年经常账户收支将基本平衡。2018 年 1~12 月，全国进出口稳定增长。其中，进口增速快于出口增速，贸易顺差为 23303 亿元，比上年收窄 18.3%。

价格基本平稳，但是在财政、金融双宽松的背景下，2019 年通胀压力仍然存在。2018 年价格总体比较平稳，处于合理区间，不会对货币政策产生影响。2018 年全年居民消费价格比上年上涨 2.1%，处于温和上涨区间，低于 3% 左右的预期目标。

金融去杠杆的影响持续，实体经济融资需求疲弱，中国经济整体上已经陷入"紧缩性陷阱"。自 2018 年 2 月起，狭义货币（M_1）与广义货币（M_2）增速之间持续 28 个月的剪刀差已完全消失，而且 M_2 与 M_1 增速之间的差距正持续扩大，究其原因是自

2017 年以来的金融系统去杠杆以及强监管对货币供应的影响仍在持续。

家庭债务结构分化继续加剧，放大家庭不敢消费心理。

外储下降，人民币汇率波动增大。2019 年，汇率风险增大，并伴随开放受阻损失和资本市场价值大规模外溢的风险。2018 年以来，外汇储备规模下降，从年初的 3.16 万亿美元降至 12 月的 3.07 万亿美元。

企业流动性风险持续累积。在经历了 2017 年的短暂下降后，企业的杠杆率在 2017 年再次上升约 2 个百分点，去杠杆工作出现反复。企业杠杆率的反弹，说明企业债务累积速度再次加快，2017 年非金融上市企业的债务增速高达 32%，为 2014 年以来的峰值。

调控持续施压，楼市普遍降温，由于隐性失业人数大幅度增加和土地制度的不平衡性加剧，房地产风险加大，断供潮出现，美国式次贷危机风险加大。自中央房地产持续调控政策以及表态坚决遏制房价上涨以来，各地楼市普遍降温。

银行系统稳定性仍未明显改善。2018 年以来，国际政治经济环境发生深刻变化，国内经济下行压力加大。此外，2017 年以来的金融系统去杠杆和强监管的效应仍在持续。这些都对我国金融系统的稳定运行带来较大挑战，使得我国商业银行的不良贷款比例再次上升，债券市场违约事件剧增以及股票市场大跌。

外部风险叠加，对外贸易面临较大下行压力。主要外部风险体现为：一是外部需求缩减，全球经济增长放缓，增速预期下调。二是中美贸易摩擦将成为主导 2019 年进出口增长的关键因素。三是经常账户顺差基本结束，汇率和外汇储备承压。

二、中国经济和金融面临风险

中国经济克服了重重困难，消除了道道艰险，取得了举世瞩目的成就。但是，中国经济和金融还面临较大风险。

第一，认清和识别理论和制度风险，消除意识形态领域的内外障碍，探索全人类的共同理想和价值诉求，建立科学的世界命运共同体。

西方世界的新自由主义价值体系正在暴露各种问题，在理论上存在主观性和科学性的问题；在实践中，既不能预测危机，也不能治理危机。推广向南美、非洲、中东、南亚、俄罗斯的案例中，一地狼烟，基本以破产告终；而苏联式的计划经济理论早已以失败结束。马克思的劳动价值论需要不断地创新和发展。特别是对价值的复杂劳动的计量问题始终没有解决，反而以平均社会必要劳动时间这个价值定义导致平均主义倾向。

中国人民在改革开放和经济实践中，在中华文明的基础上，充分学习和吸收西方经济理论的精华与技术，结合中国国情，突破性地发展了马克思的价值理论，形成了或正在形成一系列重要的理论和思想。中国要实现经济崛起，必须有伟大的文明与思想作为基石。所以，要发挥全体人民的智慧，解放思想，找到真正的"诺亚方舟"。

科学与文明是我们解决一切问题的手段，也是人类永恒不变的主题。中国共产党提出的科学发展道路，为中国经济理论与实践指明了方向。科学发展是面向全球性科技革命的正确选择。把科学精神、科学的民主、科学的自由，作为我们人类共同的价值观，有利于中国在全球竞争中统一思想，团结大多数，形成普世价值观。

中国应当以科技革命为动力，建立科学的价值理论，推动价值革命，建立科学社会。充分利用科技革命带来的大数据、互联网、信息化、智能化等先进技术，推动经济学理论与实践的改造，把经济学变成一门真正的科学。可以说，以往世界经济和中国经济出现的各种问题的一个深层次原因是，经济学还不是一门科学。

本轮科技革命浪潮是人类一个重要的转折。人类社会的矛盾不再是阶级矛盾，人与人的关系不再是划分历史的依据。人与自然的关系在过去、现在和未来都是历史的主角和主线。我们需要重新划分社会、定义社会，也需要重新划分历史与定义历史。中国与美国、美国与中东等没有根本的利益冲突，单就人与自然的关系而言，永远是统一和协调的。中国与西方国家没有意识形态的冲突，而是共同处理好与地球宇宙的关系。在浩瀚的宇宙之中，在伟大的自然面前，人与人的关系是微不足道的。

中国既不能走封闭僵化的老路，也不能走改旗易帜的邪路，而是要创新出一条科学发展之路。习近平总书记提出国家科学治理体系，发展数字经济，建设数字世界，建立世界命运共同体等重要论断，是对党的科学性的系统化和具体化，是对科技革命时代中国道路选择的科学认识。

第二，防止对 M_2/GDP 这个重要指标误判的风险，研究科学的信息化大数据宏观动态调控体系，加强对中国经济特殊性研究，防止政府失灵和市场失灵。

宏观调控的误区及进一步误导的可能。中国在宏观面上，也存在着较为严重的"政府失灵"问题，这种失灵产生于"统计失真"，即政府所知的信息远远少于市场上的信息，容易引起决策失误。由于市场机制不健全，干扰因素多，信息不充分与不对称问题比较严重，市场失灵现象也比较严重。产生这种失灵的原因有以下几点：

中国的经济结构不同于其他国家，存在大量的内部交易，这种内部交易掩盖了GDP 的真实性。中国是以家庭为基础，由此逐步发展为集体企业以及国企、央企。这些企业存在着大量的内部交易。以家庭为例，儿子帮父亲打工，一般来说儿子是没有报酬的，所以这种内部交易掩盖了 GDP 的真实性。

市场化程度决定中国经济指标的差异，中国有大量的无形资产、集体资产还没有市场化，无法形成GDP。中国的 GDP 和 CPI 与常规性市场经济国家不同，不具有可比性。

中国的产权制度使很多生产资料与生活资料不可交易，比如中国的土地与矿山是国有的，所有权不能参与流转，使得中国的 GDP 与其他国家无法准确地比较。

政府生产了大量的公共物品。由于国家的性质，在过去的五六年间，政府生产了价值50 万亿元的公共物品，这部分物品占中国经济相当大的比重，但这些公共物品只进行了投资，却没有产生消费，这就导致了投资与消费失衡，使中国经济结构中这两者的结构扭曲了，从而导致经济数据失真。这些都显示出国际通用的 GDP 标准无法反映中国的市场。

庞大的政府开支与社会性开支，挤压实体经济，同时形成政府的低效，损害生产力，进一步导致实体经济的空心化，形成收入性 GDP 与产出性 GDP 的非对称性，而政府的大量补贴又形成市场 CPI 与实际 CPI 的非对称性，不但影响统计的真实性，也不断加剧社会矛盾，影响生产力的发展和经济结构的不平衡。

中国的统计制度是从传统的计划经济过渡而来，在中国复杂的经济结构中，很多灰色经济无法在统计中反映出来，很容易产生统计失真问题。

目前，中国的 M_2 达 160 万亿元，表面看是货币超发。但从 M_3 或货币层次考察，情况完全不同。美国的 M_3 达到 600 多万亿元人民币，是中国的 3 倍多，日本达 400 多万亿元人民币，是中国的 2 倍多。从 M_3 以上的层次考察，美国的货币供给更多。中国的货币问题不是数量问题，主要是结构和效率问题。

第三，正确认识和评估房地产业在国民经济中的地位和作用，防止妖魔化房地产，防范房地产调控风险。

当前，中国经济中的很多问题都集中在房地产行业。要科学地认识、把握和评估房地产对经济和社会的地位和重要意义。

房地产是最大的投资，也是最大的消费，是国计民生最重要的行业，房地产整个产业链占据国民经济一半以上。妖魔化房地产业无疑就是妖魔化中国经济。现在的房地产调控措施包括：限售、限价、限购、限贷。房地产是经济的龙头，龙头被强行按住，经济如何发展？市场经济的倒退和问题在房地产业集中显现，取消土地拍卖、集体土地入市、机关单位分房、国有企业分房等行为正在远离市场规律，潜伏巨大的腐败风险和金融风险。

首先要真正实现房地产市场的健康稳定协调发展，不能简单刺破房地产泡沫，而要增加人们的有效收入，不断改善人们的居住条件。取消各种限购、限价、限贷等违背市场规律的行政措施，同时，增加政府稳定与调节房价的能力。决不能走房地产改革的回头路，土地供应要继续实行市场拍卖制。其次要建立政府房地产政策性调控体系和健康的符合市场规律的市场体系，两个池子既相互独立，又有机统一。两个不同池子的房子一定要明确产权，不能互相买卖。最后要推动房地产行业转型升级，优化结构。房地产行业转型发展空间巨大，它是改善人民生活最重要的途径，人民的美好生活要通过房子来实现。

第四，正确认识中国经济特征是超市场的市场经济模式，进一步加强对市场经济规律的研究与把握，运用现代信息技术，走创新发展的科学道路。

中国经济发展模式可以归纳为超市场的市场经济，主要表现为以下几点：一是这种经济制度首先是市场经济，遵循价值规律，主要由市场配置资源。二是充分发挥信息技术在市场中的作用，实现市场功能建设的"弯道超车"。市场的重要功能在于发现信息与价格，互联网的快速发展，使市场自发的秩序被互联网超越。三是充分发挥政府+市场的正向作用，克服市场的有限性和外部依赖性。所以，中国应当充分利用世界科技革命的大势，推动政府科学化水平，把政府的大部分职能与信息化、智能化、大数据、云计算、区块链结合起来。改变现有的金字塔式层级体制，把重要业务与职能外包给大型科技公司和信息公司。推动区块链技术在社会治理方面的应用，充分发挥区块链去信任化、去中心化、共识机制、共享机制的重要作用，逐步形成一个科学民主的治理体系。四是建立央企（国企）+市场经济模式。央企与国企是一个有效的政府管理经济、克服市场局限性和市场失灵的重要工具。中国的央企与国企（以下统称国企），有着更为重要的历史使命。它是中国防范危机的保障，也是中国参与全球价值链竞争的核心竞争力。中国由于历史原因，在全球价值链上人口多，差异大，发展落后。要超常规地加快价值链的修复、维护和发展，需要国企这种特殊价值链。

国企的目标函数不同于民企。国企在时间上追求可持续发展，在空间上追求市场、社会、自然的统一均衡发展，区域性均衡发展、人与人的均衡发展、城乡均衡发展、全球均衡发展。但是，国企还存在腐败和治理体系问题。因此，必须建立科学的国有企业治理体系。一是推动国企的信息化管理与智能化管理，使得国企在透明的制度框架下运行。二是创新管理制度，试点合伙制管理与通证管理，把区块链技术引入国企改革。三是把国企管理与个人价值管理结合起来，建立价值的科学配置模型。中国超市场的市场经济体系是中国奇迹的重要原因。特别是在目前全球竞争加剧的情况下，正确认识这种经济制度的重要意义，对于中国的发展至关重要。

第五，做好、做大、做强资本市场，防控资本市场价值外溢的巨大风险。通过资本市场推动经济转型和改革，解决中国经济中的若干重大问题。

资本市场的健康稳定发展对于中国改革开放十分重要。在过去的十年中，中国经济一个最大的问题就是没有把资本市场搞好。原因是多方面的，有制度因素，也有监管原因；有宏观调控的原因，也有微观基础的原因。总之，近几年来各种因素叠加起来，使资本市场失效，市场价格与实体经济背离。资本市场是国民经济的心脏。这个心脏失效，可想而知，实体经济自然会遭遇各种各样的困难和风险。

一是由于很多上市公司跌破了净资产，如果外资大举收购，中国改革开放的成果将转移给海外资本，重蹈苏联的覆辙（苏联是把国企按净资产一元一股分给个人，而我们现在是净资产一元一股都不到，几大银行全部跌破净资产）。二是金融结构进一步恶化，资本市场整合资源、优化资源配置的功能消失。三是中小企业融资难、融资贵问题更加突出。

很多人认为资本市场处于低位更安全、更踏实，是去杠杆的必然结果。殊不知，当一个国家经济的心脏停止跳动时，风险更大。所以，要在科学监管的基础上，加大对资本市场的扶持力度，使上证指数达到4000点以上，才能基本上使价值回归。发挥资本市场在国企改革、兼并重组、经济转型、科技革命、精准扶贫、资源配置、国际竞争等方面的重要功能。

第六，稳步推进供给侧结构性改革，在"三去一降一补"的基础上，推进"三优

"一提一增"，防止制度性变革和运动式监管对经济变量形成巨大冲击的风险。

过去几年中，供给侧结构性改革取得了一定成果。从 2019 年开始，应该在过去"三去一降一补"的基础上，转向优化产能、优化库存、优化杠杆、提质增效。实现这些目标要有好的资本市场和房地产市场，要有健康的市场制度，不能简单通过一系列运动式监管破坏市场机制。

首先是优化产能，包括优化产能结构、提高产能质量、提高产能的国际竞争力。坚决淘汰落后产能和高污染、高能耗产能，大力发展环保产业和创新产业。

其次是优化库存，包括增加有效库存，压缩无效库存。库存是货币稳定与金融稳定的重要基础。对于国计民生的重要储备物资要给予保障，对于企业生产的重要原料库存要合理支持。

最后是优化杠杆，包括优化杠杆结构、提高杠杆质量与效率。对于一些过度衍生和炒作，潜伏重大金融风险的杠杆一定要严加防范。对于那些好的、有效的杠杆还要大力提高。当前，要发挥资本市场的杠杆作用，推动兼并重组，把中国经济重整一遍，通过资金纽带使优秀的生产力要素向中小企业流动，盘活资产存量，这是化解当前各种经济困难的重要抓手。

第七，正确把握宏观经济的复杂局面，充分运用现代互联网技术，树立"技术为王"的宏观调控理念，防范通胀与通缩的交叉性风险。

未来的国际竞争是思想的竞争、智慧的竞争、制度的竞争和技术的竞争。面对复杂多变的宏观经济金融形势，经济政策与货币政策的难度会不断加大。实践证明，在原有西方经济学理论下，在原有"摸石头"模式下，都不能有效解决经济金融中的一系列复杂问题。要在本轮科技革命的推动下，建立科学的价值理论体系，充分利用现代信息技术、大数据技术和智能化技术，建立宏观经济学的科学理论体系、精准的宏观调控体系和技术体系。把市场运营与宏观调控结合起来，把顶层设计与微观科技企业结合起来，让腾讯、阿里巴巴、百度、中国平安这些科技公司、科技金融企业参与到国家宏观调控中来。

总之，在货币政策方面，要紧紧抓住科学治理体系的建设，提高货币政策的科学性与技术性。2019 年要重点配合以上七条，继续实施稳健的货币政策，建立现代化、信息化、动态化货币政策模型，做好货币政策的"双支柱"，优化产能、优化库存、优化杠杆，支持资本市场和房地产市场健康稳定发展，大力支持实体经济。

（邹平座，中国人民银行金融研究所首席研究员）

推动产业政策向普惠化与功能性转变

黄汉权

从 2016 年的"张林"（张维迎和林毅夫）之辩，到 2018 年 3 月美国公布对华 301 调查报告对我国产业政策的指责，两年多来，产业政策话题一直没有离开公众视野。"张林"之辩引发了学术界关于"要不要产业政策"的大讨论，美国的指责虽然夸大其词，但也重新点燃了国内各界对"要什么样产业政策"的再思考。目前，中美两国正在就贸易摩擦开展磋商，希望在 90 天内达成双方都能接受的协议，产业政策是绕不开的议题。

近年来，按照"使市场在资源配置中起决定性作用，更好发挥政府作用"的要求，我国产业政策已经发生了较大调整，正在从选择性产业政策为主转向功能性产业政策为主，但仍存在不少问题。2018 年底召开的中央经济工作会议提出"结构性政策要强化体制机制建设。强化竞争政策的基础性地位，创造公平竞争的制度环境"。这为新时期产业政策调整完善提供了基本遵循。

展望 2019 年及今后一个时期，"变"是产业政策的主基调，调整的方向将更加市场化，与国际规则的融合性将进一步增强。

一、新时期对产业政策调整提出新要求

我国是世界上实施产业政策较多的国家之一。产业政策对推动中国工业快速发展（见图 1）、造就制造业世界第一大国地位发挥了积极作用（见图 2），但也带来了产能过剩、政策寻租等问题。虽然近年来我国产业政策不断调整优化，但仍有不完善的地方，特别是随着中国经济从高速增长阶段转向高质量发展阶段，产业发展模式从跟跑模仿逐步走向"无人区"探索创新，产业政策的功能定位和作用模式与以往相比将明显不同。要从我国发展历史方位变化、处理好政府和市场关系、回应国际社会关切等多维视角，正确把握新时期对产业政策调整的新要求。

一是处理好政府和市场关系是产业政策调整的核心。我国以往的产业政策是作为对计划经济的改革举措提出来的，理论依据由于市场功能不足、市场机制不完善，需要通过产业政策替代计划手段配置资源要素。由于产业政策既不否认政府对资源要素的配置权，也不排除政府对经济发展的主导权，对于改革开放初期计划经济面临退出而市场经济尚未建立起来的我国来说，不失为一种好的政策选择。但随着我国社会主义市场经济体制的建立和逐步完善，以往产业政策的实施依据正在丧失，加上政策实施带来的一些问题和弊端，产业政策被自由派学者视为市场经济体制的对立而广受批判。

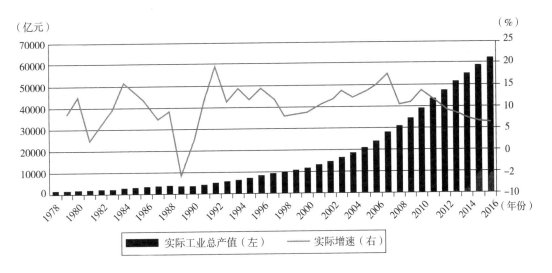

图 1　改革开放后我国实际工业总产值及其增速

注：实际工业总产值＝名义工业总产值／工业生产者出厂价格指数，以 1978 年为基期。

资料来源：中华人民共和国国家统计局. 中国统计年鉴［M］. 北京：中国统计出版社，2017.

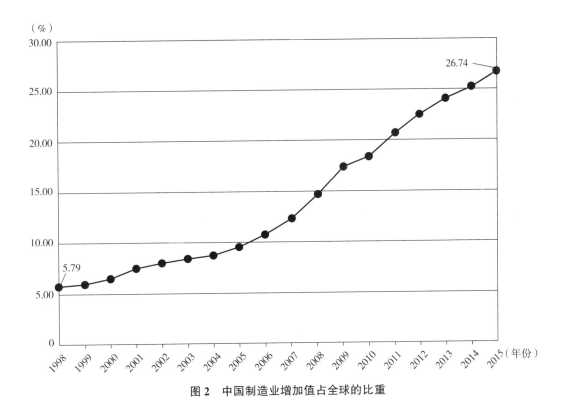

图 2　中国制造业增加值占全球的比重

资料来源：世界银行。

调整完善产业政策势在必行。党的十八届三中全会提出"使市场在资源配置中起决定性作用和更好发挥政府作用",党的十九大报告进一步强调这个论断。2018 年底召开的中央经济工作会议指出,要切实转变政府职能,大幅减少政府对资源的直接配置,强化事中事后监管,凡是市场能自主调节的就让市场来调节,凡是企业能干的就让企业干。这些论述为正确处理政府与市场关系、发挥好"两个作用"指明了方向,成为新时期调整产业政策的主要依据。

成功实现经济腾飞、迈入高收入国家行列的日本、韩国等国家的经验也表明,一个良好的政府与市场的关系不是非此即彼、相互对立的关系,而是互为补充、相得益彰的关系。也就是说,一方面主要依靠市场配置资源、通过市场力量推动经济发展,另一方面也要发挥政府作用弥补"市场失灵"、实现帕累托最优。基于以上认识,今后产业政策应聚焦于"市场失灵"领域,避免"越位"误伤市场公平竞争。

二是强化功能性产业政策是必然选择。产业政策有两种模式,即选择性产业政策和功能性产业政策。选择性产业政策有特定指向,是对特定产业和企业实施差别化举措的产业政策。功能性产业政策也有特定目标,但面向所有产业和企业。改革开放初期,我国主要以选择性产业政策为主。原因是,作为后发追赶国家,我国在一度处于短缺经济阶段,很多产业才起步,只要对标发达国家的产业结构,选择相似的产业给予倾斜性政策支持推动,获得成功的概率就比较大,可以加快追赶进程。回过头来看,这种政策模式确实取得了成效,使我国短期内摆脱交通运输、电信、能源等基础设施领域瓶颈制约,在不同时期培育了不同的主导产业,推动了产业结构升级,但是也付出了一定的代价。随着我国经济从高速增长阶段转向高质量发展阶段,产业迈向中高端水平,可对标的产业范围缩小,部分领域甚至进入"无人区",选择产业和技术路径的难度加大,只有通过企业家在市场上反复试错,才能确定哪些产业和技术是有前景的。在这种情况下,由于政府在产业和技术选择方面并不比市场具有更多信息和判断优势,如果仍坚持以选择性产业政策为主,失败的概率会越来越大。因此,要减少选择性产业政策的应用,更多地让企业家根据自己的判断选择产业、技术路径和商业模式。

三是回应西方国家关切是我国产业政策必须面对的现实。美国对中国发起贸易摩擦的理由之一,是指责中国推行产业政策扭曲市场、造成不公平竞争,并特别指出中国对高技术企业提供了包括补贴在内的各种支持,使美国企业处于不利竞争地位。除美国外,一些西方国家也对中国的产业政策颇有微词,认为它有损基于公平竞争的自由贸易。对于西方的批评声音,国内多数人认为,产业政策是一国主权范围内的事情,他国无权指责。虽然世界贸易组织没有明令禁止不允许成员国实施产业政策,但在《补贴与反补贴措施协定》和《与贸易有关的投资措施协定》中,对任何财政对特定产业和企业的直接或间接支持,哪些属于禁止性补贴,哪些属于可诉性补贴(即可以在有限的规模内实施),都有明确规定。这意味着一国产业政策的实施,在支持方式手段上必须遵守上述规定。否则,就会被世界贸易组织成员拿来作为反补贴和反倾销的把柄,而且,如果存在对竞争性领域过多的财政支持或补贴,也会影响对该国是否属于市场经济国家地位的判断。我国目前就遇到这种情况，美国、欧盟、日本等都以此为由，拒不承认中国的市场经济国家地位。在世界经济深度融合和相互依赖的今天，作为经济体量世界第二、制造业增加值和货物贸易第一且拥有持续多年贸易顺差的大国，我国国内政策的实施对世界经济和贸易是有溢出效应的。因此，世界贸易组织成员特别是西方发达国家，对中国的产业政策给予高度关注。这就要求我国今后实施的产业政策，要综合考虑西方国家的关切，接受国际规则特别是世贸组织规则约束，否则，就会授人以柄。

二、推动产业政策由差异化、选择性向普惠化、功能性转变

2018年11月1日，习近平总书记在民营企业座谈会上提出，要推进产业政策由差异化、选择性向普惠化、功能性转变，清理违反公平、开放、透明市场规则的政策文件。可见，普惠性、功能性将成为我国产业政策最本质的"标签"。其实，这些年来，伴随着改革开放的深化，我国也在不断调整优化产业政策，初步形成了以功能性产业政策为主的政策框架，具体表现在以下方面：

一是政策模式从选择性产业政策为主转向功能性产业政策为主。日、韩等国家的发展经验表明，后发工业化国家在追赶阶段普遍实施选择性产业政策为主的政策模式，到了工业化中后期，就逐步转换到以功能性产业政策为主（见表1）。我国于2010年前后进入工业化中后期，继续实施选择性产业政策获得成功的概率越来越小，而且也与党的十八届三中全会提出的"使市场在资源配置中起决定性作用和更好发挥政府作用"的要求不符。正是认识到这些问题，近年来，我国主动调整以往以"选产业、定项目"为核心的选择性产业政策，着力构建以弥补"市场失灵"为特征的功能性产业政策模式。如2014年，国务院印发的"关于促进市场公平竞争维护市场正常秩序的若干意见"（国发〔2014〕20号），提出"着力解决市场体系不完善、政府干预过多和监管不到位问题"。2016年，《关于在市场体系建设中建立公平竞争审查制度的意见》，要求建立公平竞争审查制度，防止出台新的限制竞争的政策措施。

表1　日本产业政策调整的过程

时期	经济复兴时期（1945~1960年）	高速增长时期（1960~1973年）	稳定增长时期（1973~1985年）	经济结构调整时期（1985~1990年）	20世纪90年代以后
主要政策	《机械工业振兴临时措施法》《企业合理化促进法》和钢铁、煤炭、造船等工业合理化计划	《关于产业结构的长期展望》《中小企业基本法》《石油工业法》《电气事业法》等	《七十年代展望》《产业结构的长期展望》《八十年代通产政策展望》《特定萧条产业稳定临时措施法》等	《80年代通商产业政策展望》《面向21世纪产业社会长期设想》	《面向21世纪的日本经济结构改革思路》《经济结构改革行动计划》《产业再生法》

续表

时期	经济复兴时期（1945~1960 年）	高速增长时期（1960~1973 年）	稳定增长时期（1973~1985 年）	经济结构调整时期（1985~1990 年）	20 世纪 90 年代以后
产业政策重点	注重制造业整体的生产合理化以及钢铁、化学、电力等重化工业发展	应对贸易和资本自由化、确立能源综合对策、强化国际产业竞争力	产业政策开始转型，充分利用市场机制，提出衰退产业扶持、控制公害、中小企业扶持政策	重视对经济和能源安全的保障，走技术立国之路，提高生活品质与产业相互依存等方面	更加注重知识技术密集型产业发展，着力培育新的经济增长点
实施手段	倾斜生产，政府直接在原材料、金融贷款、补助金、进口物资等方面进行分配	通过"官民协调"等方式推进企业兼并重组等产业政策实施	实施手段开始转型，由资源集中分配给基干产业转为技术研发补贴和特定产业税收、金融优惠措施，展望手段等	以产业发展展望、立法等手段为主	以信息指导为主

资料来源：作者根据有关资料整理。

二是政策目标从支持产能扩张转向支持质量提升。在经济高速增长阶段，特别是短缺经济时期，我国产业政策的主要目标是做大产业规模，弥补国内供给不足缺口，同时通过融入全球供应链壮大劳动密集型产品和中低端产品出口部门。全球金融危机特别是 21 世纪第二个十年以来，我国中低端产品市场大多已经饱和，部分行业甚至出现严重产能过剩，而中高端产品供给却严重不足。在这种情况下，继续坚持以往的产业政策显然不合时宜。为此，我国产业政策目标逐步从注重量的扩张转向质的提升，聚焦于通过支持创新研发和技术进步提升产品和服务质量，促进产业迈向中高端水平，加快推动产业结构升级，更好地满足国内消费者不断升级的市场需求。

三是政策对象从支持国有企业、大企业为主转向一视同仁对待各类所有制、各种规模企业。以往的产业政策强调"抓大放小"，重视国企、忽视民企，造成不公平竞争。党的十八届三中全会通过的《中共中央关于全面深化改革若干重大问题的决定》提出了"两个不动摇"，并强调"保证各种所有制经济依法平等使用生产要素、公开公平公正参与市场竞争、同等受到法律保护"。按照这个要求，我国产业政策的支持对象，逐渐从支持国有企业、大企业为主向支持各类所有制、各种规模企业转变，努力保障各类市场主体在市场准入、要素获得、审批许可、经营运行、招投标等方面公平竞争。特别是在税收优惠、项目资金支持等方面，不把企业规模、所有制作为前提条件，不给企业贴上所有制、规模标签，只要符合条件，不管民营、国企、外企，都有机会申请和获得政策支持，力求做到"英雄不问出处"。在赋予外资企业公平待遇方面，从2018年开始，在全国范围内全面实施了负面清单加准入前国民待遇的管理制度。

四是政策手段从行政手段为主转向行政、市场、法治手段并重。近年来，随着"放管服"改革深入推进，我国政府职能得到很大转变，政府对产业发展的干预明显减少，产业政策中大量带有行政化色彩的事前审批等准入型管理事项被取消或调整，代之以事中事后监管和能耗、环保、质量、安全等指标的硬约束，同时，适应服务型政府建设需要，政府也更加注重主动为企业服务。但是，一些产业政策在实施过程中，为了追求立竿见影的效果，仍采取"一刀切"的行政手段，如钢铁、煤炭去产能，虽然短期内取得显著成效，但也付出了很大代价。为此，2018年底的中央经济工作会议要求，更多采取改革的办法，更多运用市场化、法治化手段，推进供给侧结构性改革。这意味着我国产业政策的手段措施将发生变化，以往选择性补贴、投资补助等不公平措施，将逐步被普惠性减税、产业基金股权投资、政府市场采购、消费者补贴等手段所替代，避免破坏市场公平竞争。

五是政策制定从有限参与向透明操作转变。以往产业政策在制定过程中，主要由政府官员、专家和行业协会参与，政策不能体现所有利益相关者的诉求，导致政策可操作性差。近年来，随着国家提出决策科学化、民主化的相关要求，我国逐步建立了由中央和地方政府（部门）、行业协会、研究机构、企业和公众共同参与的产业政策制定机制，力求国家出台的政策能充分反映所有利益相关者的诉求。同时，产业政策评估走向常态化，第三方独立评估机制逐步完善，评估结果成为产业政策调整的重要依据，有利于提高产业政策的精准度和有效性。

三、加快构建"市场友好型"产业政策体系

按照2018年底召开的中央经济工作会议精神，对标经济高质量发展目标，紧扣建设创新驱动、协同发展的现代产业体系的方向，结合新时代新形势新要求，今后一个时期，我国产业政策调整的思路是，回归弥补"市场失灵"本源，维护"竞争性政策在经济政策体系中的基础性地位"，加快构建"市场友好型"产业政策体系，聚焦竞争前领域发力，支持重点逐步从生产端转向消费者，支持方式更加注重与就业民生挂钩，确定国企"竞争中立"的原则，最大限度避免损害市场公平竞争。为此，财税、金融、技术、贸易等政策也要相应进行调整。

一是继续调整完善产业政策模式。一方面，要优化选择性产业政策。虽然选择性产业有很多问题，但不能完全没有。选择性产业政策要"瘦身"，减少数量和收缩范围，从一般竞争性领域退出，聚焦于战略性领域、国家安全领域和"卡脖子"技术领域等。另一方面，要强化功能性产业政策。加大对科技研发、专业化人力资本、外部性强的基础设施以及信息不对称等领域支持力度。从产业环节看，要抓两头、放中间，即支持前端研发设计和后端市场培育，把中间的生产制造环节交给市场。从产业周期

来看，主要抓产业起步期和衰退期，对起步期的产业扶上马、送一程，促进其快速增长；对衰退期的产业加快其转型，把资源腾出来用于发展有前景的产业。

二是完善信息性产业政策编制机制。按照严格界定，我国在很多领域实施的产业规划和政策，并不是真正意义上的产业政策，有人称之为信息性产业政策。这些领域市场化程度非常高，即使出台了规划和政策，政府也没有真金白银支持和强制性的管制措施。相反，由于规划和政策中写了一些涉及财税、金融、投资、土地等貌似支持政策但又落不了地的内容，往往被西方国家误解为中国政府对很多产业都给予了支持和补贴。但是，这些规划具有信息指引和指导方向的作用，是受行业内企业欢迎的。合理的办法是，政府尽量减少制定和实施竞争性领域的产业规划和政策，把这一职能交给行业协会或权威研究机构，由它们来制定和发布信息性产业政策，降低企业的信息搜寻成本，帮助投资者进行决策和投资。

三是改进技术创新支持政策。近年来，我国创新能力提升显著，在2018年世界知识产权组织公布的排名中，我国从2017年的23名跃升到17名。这与我国加大研发投入和实施创新激励政策高度相关。下一步要重点在以下方面继续完善创新支持政策。其一，把研发投入所得税累计抵扣政策范围，从目前的高技术企业扩展到所有科技型企业和中小企业。其二，加大政府对基础研究的投入力度，鼓励和支持企业提高基础研究支出比例，增强我国基础创新、原始创新能力。其三，改革科研成果评价和经费使用制度，激发广大科研人员的积极性。其四，处理好自主创新或技术自主化和国际科技合作的关系，消除西方对其技术被排除在中国市场之外的担心。

四是深化以产融合作为重点的金融体制改革。产业发展离不开金融支持，服务实体经济是金融的天职，金融和产业是共生共荣关系。在选择性产业政策的背景下，金融部门往往被要求对国家产业政策明确鼓励的产业给予支持，这既违背了金融机构的合规性和风控原则，也容易导致受鼓励的产业出现投资"潮涌"现象，带来过度竞争和产能过剩，而不被鼓励或者受到限制的行业的企业（即使是好企业）得不到贷款，转型升级缺乏金融支持。在推动产业政策向普惠性、功能性转变的过程中，要充分尊重金融机构运行的自主性和独立性，确保金融机构按照商业规律开展业务，根据企业资信和经营情况提供融资服务。同时，以金融体系结构调整优化为重点深化金融体制改革，发展民营银行和社区银行，壮大资本市场和创业投资，着力提高面向民营企业、中小企业和科技型企业的金融供给。

五是改革进出口贸易政策。按照从贸易大国迈向贸易强国、变"大进大出"为"优进优出"的要求，改革进出口贸易政策。首先，完善出口退税政策，重点支持附加值高的产品走出去，通过优化产品出口结构推动产业结构优化升级。其次，逐步降低国内短缺的消费品进口关税，促进高端消费回流，满足人民群众对美好生活的需要。最后，调整进口替代政策，虽然我国没有明确的进口替代政策，但在一些行业实施了设备和产品供应本地化率目标，类似于进口替代政策。尽管我们可以拿西方国家的高技术产品出口管制作为实施进口替代政策的理由，但也不能随心所欲，因为这样做很容易受到西方国家的批评和报复。要慎提进口替代政策，如确实需要，也应保持在国际规则许可和接受的范围内。

六是调整产业组织政策。好的产业组织结构是在市场竞争基础上形成的。在我国，由于过去过多的行政干预，在电信、石油石化、电力等管制领域基本形成寡头垄断格局，而在非管制领域由于同质化发展，往往出现过度竞争。这是一种典型的政府干预导致的资源错配。由于各国资源禀赋和发展阶段不同，全球没有一个统一的标配、绝对好的产业组织结构。因此，政府应减少人为设定产业集中度、"拉郎配"推动企业合并重组等做法，而是通过放开市场准入、支持基于公平竞争的优胜劣汰、鼓励兼并重组等市场化手段推动产业组织结构优化。同时，政府应更多聚焦打击垄断，消除行政壁垒和地方保护，加快构建统一开放、竞争有序的全国市场，为产业组织结构优化，提高创造良好的宏观环境。

（黄汉权，中国宏观经济研究院产业经济与技术经济研究所所长、研究员）

区域政策应着力于差别化和长效化方向

孙久文　夏　添

2018 年既是我国宏观经济发展和社会转型的重要节点，更是我国区域经济成熟和空间格局重塑的历史转折。在改革开放 40 年的发展基础上，我国区域经济基本保持着"胡焕庸线"分割下的"大分散、小集聚"格局。2017 年以来，我国迎来经济社会发展的新时代，主要矛盾的转变、现代化经济体系的提出、高质量发展的目标以及区域协调发展战略的顶层化都说明了这一特征。同时，2018 年也是区域经济政策体系重构的一年，共建"一带一路"成为构建人类命运共同体的空间方案，京津冀协同发展、长江经济带和粤港澳大湾区成为新三大空间战略，这样既体现海陆统筹的发展思维，又平衡了经济重心南移与对外开放北拓的两大趋势。2019 年作为空间战略转变后的政策消化期，必然着力于区域政策分层化、差别化和长效化。

一、改革开放 40 年区域政策回顾与 2018 年区域经济发展情况

改革开放以来，我国区域经济理论发展共经历了四个阶段——区域重点发展、区域中性发展论、区域协调发展战略、全面区域协调发展（见表 1）。其经济地理格局形成的主导力量由地方政府转变为微观市场和服务型政府，地理位置的作用正在衰减，市场融合与空间分工成为新的经济地理关系。在此过程中，中央政府的"T"字形布局战略、"π"形布局战略对于扭转我国海陆关系、加强东中西经济联系起到了至关重要的作用。同时，这些战略也打开了珠三角、长三角、京津冀三大城市群的发展空间，为泛珠三角、泛长三角这样的巨型经济区域奠定基础。

表 1　改革开放以来我国区域经济政策的演进与发展

区域经济政策	推动主体	发展思路	空间性	代表理论	政策结果
区域重点发展（改革开放初期至 20 世纪 80 年代中期）	地方政府	计划经济下地区间基于资源禀赋和技术等级的大尺度排序	非均衡	梯度理论、反梯度理论、东部重点论、战略重点西移论、中部崛起论	三大地带间差距的扩大

区域经济政策	推动主体	发展思路	空间性	代表理论	政策结果
区域中性发展论（20世纪80年代末至90年代初）	中央政府	计划经济下地区间基于交通联系和城镇布局的多尺度开发	具体的均衡	三沿战略、四沿战略、三环区域经济结构、"T"字形布局战略、"π"形布局战略	地带间经济联系加强
区域协调发展战略（20世纪90年代中期至21世纪初）	初级市场（宏观经济市场）	市场经济下地区间基于比较优势和资源环境的地理分工（即专业化与多样化的均衡存在）	均衡与非均衡并存	区域经济协调发展战略、非均衡协调发展战略、沿江经济带以互补互动为中心协调发展战略	短期内抑制区域差距的扩大
全面区域协调发展（21世纪初至今）	市场深化（微观经济市场与服务化转型后的政府）	市场经济下地区间基于市场融合与空间差异的集聚与分散形态（城市群与非城市群）	均衡化与非均衡的空间变形	经济带战略、城市群战略、四大板块战略、海陆统筹战略	原有区域间差距缩小，区域内差异扩大

资料来源：根据权衡. 中国区域经济发展战略理论研究述评［J］. 中国社会科学，1997（6）：45-52. 改编。

21世纪初以来，随着市场主体地位的确立，我国成为全球产业再布局的代表国家，尤其是产业转入式再布局（Relocation-in）。同时，贸易成本的下降直接导致区域内的产业集聚，最终产品与中间产品在同一区域形成共生集聚（Co-agglomeration）。但全球化波动将导致世界范围内生产活动布局的不稳定性，即产业布局的更新。从发展思路来看，增长极、点—轴模式和网络化布局分别概括了改革开放后三个时期的国家城镇分布特征。发展战略的作用之后，原有区域间差距缩小，区域内差异扩大。全球化竞争升级之后的21世纪初，世界级城市群才成为新的空间组织形式。

2011年来，世界经济处于后危机时期的低迷状态，我国经济增速结构性下降，进入经济"新常态"阶段。最近五年，全国GDP增速维持在7%左右。2016年为中国经济"十三五"的开局之年，也是供给侧结构性改革元年。如何通过重塑我国经济地理空间格局来转换动能以实现宏观经济的平稳过渡，成为我国区域经济学界的难题之一（见图1）。

2018年，我国四大板块仍然保持"东部平稳转型、中部快速崛起、西部较快发展、东北逐步复苏"的宏观格局；三大城市群依旧引领我国沿海经济，北京GDP突破3万亿元，万亿规模的城市扩至16个（见图2）。

从图3可以看出，伴随着我国城市经济的宏观扩张，东中西差距逐步缩小（2017年京、沪、粤、苏、鲁、浙等东部发达省市被陕、青、宁、新等西部欠发达省区在

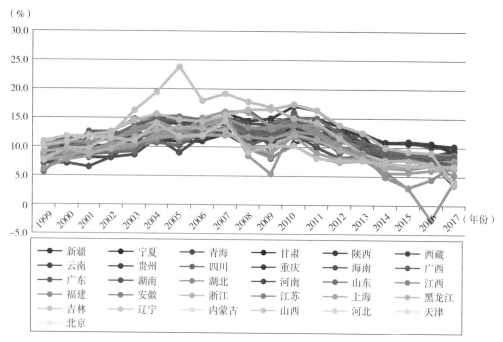

图1 1999~2017 年我国部分省（自治区、直辖市）GDP 增速

资料来源：部分省（自治区、直辖市）2000~2017 年统计年鉴，2017 年经济社会统计公报。

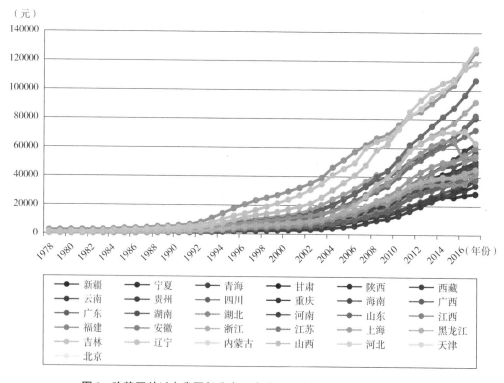

图2 改革开放以来我国部分省（自治区、直辖市）人均 GDP 变动

资料来源：部分省（自治区、直辖市）2000~2017 年统计年鉴，2017 年经济社会统计公报。

GDP 增速上反超），南北分化开始显现（2017 年沪、苏、浙、粤、闽等南方省市与晋、冀、豫、甘、辽等北方省区在人均 GDP 上差距拉大），区域内差距显著存在。忽略区域异质性、重叠泛化并缺乏协调性的发展政策已无法解决这些问题，因此，区域政策体系的重构具有理论空间和现实必要。

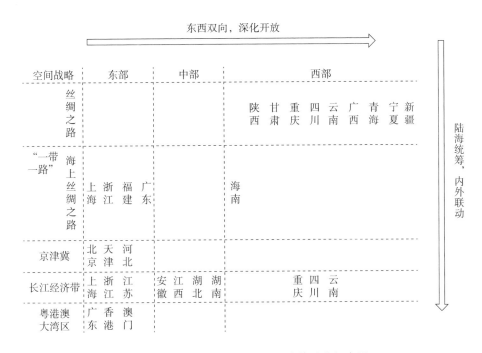

图 3　"一带一路"与"新"三大战略空间布局

二、2019 年区域发展政策展望与趋势预测

2019 年是我国区域经济发展的又一起点。在完成前一阶段的发展任务的同时，也迎来了新的挑战和进行更深层次的改革转型的契机。在新的区域政策体系下，我国区域经济发展将向着均衡化与非均衡并存、区域繁荣融合与化解风险同行，以发展速度换取发展质量和不断优化区域空间结构的新的发展阶段。

（一）区域发展政策体系构建展望

区域经济发展对区域经济政策体系重构的现实需求十分迫切。当前，区域经济政策在顶层设计和多层次发展战略上已大大丰富，2019 年的任务是梳理清楚这些政策的体系关系，并予以细化、深化和长效化，这也是空间平衡机制的逻辑所在，即克服板块之间的发展落差、释放东中西地区之间的梯度势能。

总体上看，面对之前出台的一系列区域战略、政策和规划，2019 年区域经济政策体系应由"四大板块+三大战略+新型城镇化+多级新区"向"顶层设计+三大战略（南北平衡、生态保护）+区域合作+对外开放"转变。

具体而言，以"一带一路"作为实现人类社会共同发展的抓手，正视我国南北经济分化的区域特征，继续以京津冀协同发展和粤港澳大湾区来引领南北经济，以长江作为天然生态屏障来维系东中西一体化基础，形成"东西开放、南北平衡"的发展格局。正如一国从自给自足的封闭经济走向参与国际分工和商品贸易能够改善其福利水平，区域的整体性、多元性和开放性都会推动区域经济发展，并加快实现区域经济一体化（见图3）。

区域发展战略应具有三大特性：融合性、统筹性和协调性。融合性体现在区域发展战略不应成为区域争夺政策、资金红利的主要对象，而是区域合作和开放的机遇与窗口，防止行政区思维的桎梏；统筹性是指区域发展战略从空间上应该囊括发达和欠发达地区，即既支持发达地区的经济效率提升，又保障欠发达地区的经济相对公平，避免过度的区域倾向性；协调性则强调区域发展战略应立足区域优势并能整合区域资源，发挥区域间分工协作的功效。我国"新"三大战略融合了经济带、城市群和广大农村地区，转变二元海陆关系，重新审视经济格局，并能抓住南北经济特征和东西区域优势。2019 年，"新"三大战略的实施应该更侧重于高质量发展，即避免过度依赖GDP 核算的经济绩效，而转向"以人为本"的区域繁荣上来。因此，区域发展战略作为区域政策的第二层级，都未直接使用市场经济的政策工具。

（二）区域发展政策落实展望

区域经济政策体系中包含的众多类型区域规划（城市群规划、板块的五年规划、各类经济区规划、国土规划、具体经济规划、区域合作规划等）、大型基础设施建设计划、区域间经济合作方案和协议以及中央试点的特殊区域建设计划等，这些内容作为区域发展战略的组成部分，着重于区域的发展定位和发展方案，其本质上也是区域发展的一种结构性安排。

2019 年是这些具体的区域经济政策不断落实、完善和提升的一年，在新的区域经济特征之下，需要切实以收入的稳定增长、生产力的转型升级、发展的全面深化以及资源生态的可持续性作为区域发展的主要特征。区域规划的定位、区域合作的分工方案、区域建设的资源投入都应该考虑到这些问题，这也是我国宏观经济高质量发展的空间基础。

2019 年区域政策的完善和提升应该秉持细化、深化和长效化的方向。细化即实践化，包括环境共治的方案、跨界发展的空间构建、区域互助的多方面途径、公共服务的全面均等化以及区域规划编制管理等。深化即市场化，包括了要素流动性的保证、区域分工市场的构建、国际化发展的潜力提升以及区域发展监测与评估问题。长效化即法治化，包括了区域交易平台的构建、区域合作的保障、利益补偿的机制化、差异化调控政策以及区域发展法律法规。

由于过去区域经济的高速增长只是量化经济下的最优路径，偏离质量的发展最终是无根之木。那么如何保障区域经济的发展原动力？一方面，全面构建包括产业、市场、收入分配、城乡区域发展、绿色发展、全面开放的现代化经济体系，大力发展实体经济，以创新驱动发展，积极推动城乡和区域的协调发展，全面深化经济体制改革和对外开放。另一方面，全面构建包括目标、机制、法治、监督的现代化治理体系，保障国家—区域尺度的制度化和法治化，以长效化机制保障区域合作，以动态激励和多维监督来规范市场主体。

我们对2019年的中国区域经济发展有以下几点展望：

第一，创新发展是2019年中国区域经济的主旋律。通过实施京津冀协同发展、长江经济带建设和粤港澳大湾区建设三大国家战略，东部沿海地区的GDP增长速度将会与全国平均速度持平，其中，沿海南部各省市的发展速度会明显地高于全国平均速度。整体经济活动不断向东部沿海地区集聚的区域经济空间结构将会继续强化，随着部分工业向中西部地区转移，服务业不断向沿海地区集聚的趋势将会更加明显，这也对东部地区产业结构的调整和升级提供了主要原动力，由于东部地区是我国面向国际经济贸易的重心所在，保持东部沿海地区经济的强劲发展，是中国经济增长的福音。

第二，优化区域空间结构是2019年区域发展的必然要求。自区域协调发展战略实施以来，东西部区域之间的发展差距呈现出减缓的态势，东西部区域均衡发展开始出现。然而，自进入21世纪第二个十年开始，南北发展差距的出现已经引起人们的重视。2018年北方地区发展乏力，东北地区虽然开始逐步扭转下跌的态势，发展开始出现好的发展苗头，但仍是刚刚触底后的反弹；华北和西北地区危机加深，大部分省区发展速度低于6%已经不可避免。这种江南和西南地区发展强劲而北方疲软的态势，使南北方相对均衡发展的格局被打破。优化区域空间结构，需要从南北发展差距的拉大来着眼出台政策。

第三，东部沿海地区2019年仍然是中国区域经济的重心。从区域发展方式和发展动力来看，东部地区经济增长方式由过去过多依赖外部环境的支撑，向内生性、集约型的增长方式转变。虽然近几年东部地区全社会固定资产投资增速低于其他地区，而且其投资占全国比重也呈现出下降的趋势，但其依然获得了大量的政策资源、劳动力资源和强劲的消费支撑。以中心城市为核心的创新发展，为东部沿海地区的发展撑起一片新的天地。上海、深圳、杭州、广州、苏州等地的发展表明，以高新技术产业、高端服务业为主导的创新核心城市，是2019年中国经济发展的主要支点。

第四，中部地区和西南地区在2019年的区域发展是可以期待的。中部地区的河南2018年的GDP总量将会超过5万亿元，居全国第五位，湖北超过40000亿元，湖南接近40000亿元。安徽和江西受到长三角的带动，发展的态势也很好。西南地区的川、云、贵三省近年来发展速度一直居全国前列，2019年将会继续巩固这一趋势。其中，四川GDP总量将会超过50000亿元，位居全国第六；重庆作为中国最具竞争力的城市之一，2018年的GDP将突破20000亿元大关，西部地区的中心城市的地位将会更加巩固。

第五，东北和西部地区是 2019 年需要重点关注的地区。东北地区触底后反弹，根据 2018 上半年的数据，东北地区黑、吉、辽三省的 GDP 增速都不足 6%。人口减少，加上投资下滑，可以判断 2019 年的反弹仍然动力不足。西北地区 2018 年的发展情况不是很乐观。除了陕西略好，其他省区经济增速都不会超过 6%，有的可能在 3% 左右。随着国际经济环境的恶化，2019 年的西北经济也不应指望有过大的改善。西北地区是我国矿产与能源最富集的地区，国际上依靠资源开发进入富裕经济体的案例很多，所以，西北地区回归比较优势的发展思路，也不失为正确的选择。

第六，2019 年区域发展的总体目标不宜过高。总体来看，根据报道，各省区市对于 2019 年 GDP 增长的目标较 2018 年有所下调。例如，西藏 2019 年 GDP 增速目标为 10% 左右，四川 2019 年 GDP 增长目标是 7.5% 左右，河北 2019 年 GDP 增速目标是 6.5% 左右，均与 2018 年增长目标持平。天津 2019 年 GDP 增速目标为 4.5% 左右，安徽 2019 年 GDP 增长目标为 7.5%~8%；江苏 2019 年 GDP 增速目标为 6.5%，北京 2019 年 GDP 增速目标为 6%~6.5%。上述省市较 2018 年的目标都有下调。

总之，2019~2020 年是中国经济发展的关键之年，也是区域经济的大格局变化之年。只要我们按照中央的区域协调发展战略坚定前行，中国的区域经济发展将前程似锦。

（孙久文，中国人民大学区域与城市经济研究所所长；夏添，中国人民大学区域与城市经济研究所研究员）

需求篇

扩大消费的潜力与难点

苏　剑

一、当前经济形势分析及扩大消费的必要性

当前，中国经济面临着前所未有的下行压力。首先，2018 年经济增速表现出逐渐下滑的态势。其次，价格方面，2018 年第四季度价格增速突然下滑。虽然年末价格增速的突然转变，与国际原油价格大幅下滑的冲击有很大关系，但也难以排除存在需求收缩的可能。因为进出口、消费等相关指标也都同时出现了下滑。最后，其他实体经济数据也都出现了明显的变化。一方面，制造业 PMI 指数、消费增速、进出口增速等分别从 2018 年 9~11 月开始出现下滑，反映出需求收缩的迹象；另一方面，2018 年以来，基建投资增速持续下滑，2018 年 2 月基建投资累计同比增长 16.1%，到 10 月已经降到 3.7%。

国际经济形势也不乐观，而且这种不乐观是一个长期现象，不是一朝一夕就会过去的。贸易摩擦无疑是 2018 年出现，并将持续存在若干年的最大的"灰犀牛"。很多人将当前的中美贸易摩擦视为"黑天鹅"事件，其实不是，它更符合"灰犀牛"的所有特征：大概率，有常被提起但又被忽视的风险。

一方面，中国国内缺乏好的投资机会，投资需求难以大幅扩张；另一方面，没有产品创新，外贸摩擦存在愈演愈烈的可能，外需也存在很大的不确定性。拉动经济增长的"三驾马车"中两驾都在下滑。可见，要想"稳增长"，就只剩下一条路，就是扩大消费。

二、中国经济具有巨大的消费潜力

从历史经验来看，靠"扩大消费"拉动经济增长也是一种趋势。欧美等发达国家也都是先靠粗放式生产、投资拉动经济增长，当经济发展到一定阶段后，消费开始逐渐替代投资成为拉动经济的主要动力。这也是一种必然的趋势。

按照世界银行的分类，人均国民收入在 3896~12055 美元为中等偏上收入国家。根据国家统计局公布的数据，2018 年我国人均 GDP 约为 9900 美元，中国已经进入中上等收入国家的行列。

但这个数字也说明，我国距离发达国家的平均水平还有相当大的距离。因此，只

要中国老百姓的生活水平能赶上发达国家的平均水平，那就意味着中国扩大消费的空间非常大。因此，从需求一边看，中国扩大内需的空间是很大的，在产能过剩的大背景下，这就是中国经济增长的空间。收入和消费之间是互相促进的，因此，对于中国来说，扩大消费的空间就是经济增长的空间，经济增长的空间也就是扩大消费的空间，关键是如何在两者之间形成这样一个良性循环，这就需要出台适当的政策。

三、中国扩大消费的难点

虽然培育国内市场、扩大消费是解决我国经济问题的根本之策，但从我国所面临的错综复杂的国内外环境来看，当前在"扩大消费，培育国内市场"方面仍然面临着一些困难。尤其是体现在供求结构失衡、社保征缴方式调整等方面。

（一）供求结构失衡

消费随收入增长的过程同时也是消费升级的过程。随着收入的增长，虽然各国的具体消费结构的变化速度、表现形式各不相同，但总的趋势是相同的。从美国、日本、韩国的经验来看，随着人均 GDP 的增高，食品、服装、日用品等非耐用品的消费占比在下降，同时家电、汽车等耐用品的比重在上升。另外，服务消费的占比也是随着收入的增长而增长的。

近些年来我国消费市场结构表现出以下三个方面的变化：其一，食品、衣着消费占比下降。从 2013~2017 年城镇居民人均消费性支出占比来看，城镇居民的食品、衣着消费占比均出现了下降。2013 年城镇居民的食品、衣着消费分别占总消费支出的比重为 30%、8%，到了 2017 年则分别降为 29%、7%。其二，居住、服务消费占比上涨。其中，医疗保健、交通和通信、教育文化娱乐服务、其他商品和服务的消费算作服务消费。2014 年，城镇居民居住、服务消费占城镇居民人均消费性支出分别为 22%、33%，到 2017 年分别上涨到 23%、35%。具体来看，居住、医疗保健、教育文化娱乐服务消费占比上涨相对明显，交通和通信消费占比波动相对稳定。其三，代表耐用品的家庭设备用品及服务消费占比，在近些年几乎没有变动。

从 2013 年到 2017 年，我国城镇居民人均可支配收入从 26955 元涨到 36396 元，增长了 35%。综上可见，我国消费结构的变化基本上与国际惯例相符，都是随着收入的增长，一边基本生理需求消费在下降，另一边改善性消费比重在上涨。

这就要求我国的产业结构能跟上消费需求结构的变化。中国消费者在国外大举购物反映的就是中国产业结构和消费需求结构的失衡。

（二）社保征缴方式的调整不利于扩大消费

2018 年 7 月，中共中央办公厅、国务院办公厅印发了《国税地税征管体制改革方案》（以下简称《方案》）明确指出，自 2019 年 1 月 1 日起，基本养老保险费、基本医疗保险费、失业保险费、工伤保险费、生育保险费等各项社会保险费交由税务部门统一征收。真可谓是一石激起千层浪。《方案》一出，立即引发了社会各界的关注。大家的普遍共识是社保征缴的改革将增加企业的成本，与给企业减税降负的初衷相悖。

其实《方案》除了增加企业的成本外，对消费、价格均存在较大的影响。

《方案》对消费的影响有三个影响途径。其一，通过居民可支配收入对消费需求产生直接影响；其二，通过对供给端引致对就业前景产生影响，间接影响消费；其三，通过对供给端影响价格，进一步影响消费。

目前许多企业没有足额缴纳社保费用。我们通过对 3537 家 A 股上市公司的数据（剔除异常数据后）整理发现，只有 134 家公司按正规程序给员工缴纳社会保险，占比不到全部 A 股公司的 4%。上市公司是相对正规、优质的公司。可见，如果方案认真执行，全国受影响的企业、员工的波及面非常广。

如果按工资比例足额上缴社保费用，对于员工来说，将会降低其当前可支配收入，影响其即期消费，不利于当前的扩大消费。对于企业来说，按比例来算，企业的成本也会明显增加，其利润也会显著下滑。很有可能导致部分企业破产关门或大裁员。这一方面，导致失业率的上升，就业、收入的不稳定将直接影响居民的消费；另一方面，无论是大裁员还是企业关门倒闭，都将导致供给减少，物价上涨，消费者的实际收入减少，抑制消费。

四、政策建议

扩大消费是我国经济的一个长期任务。因此，从长期看，我国应该在经济增长和扩大消费之间形成一个良性循环。首先，我国应该设法提高居民可支配收入在 GDP 中的比例；其次，需要提高分配的平均程度，从而从分配的角度提高全国的边际消费倾向；最后，要健全社会保障体系，消除老百姓的后顾之忧及生活中可能存在的不确定性，从而提高边际消费倾向。

仅就 2019 年来说，鉴于当前国内外经济形势与环境问题综合来看，2019 年宏观经济的自然走势很有可能出现"需求、供给双萎缩"的局面。因此，宏观经济政策的总体组合将是积极的财政政策配合稳中偏松的货币政策。

在促进消费的具体措施方面，按照消费结构变化的趋势，我国当前所处的历史阶段以及中央经济工作会议精神等，预计 2019 年有可能在养老、互联网、汽车方面有所推进，促进消费。其一，随着我国老年化社会的步入，养老消费需求的增长将是趋势，推进与此相关的产业、服务的发展，是为了满足日益增长消费需求，是可行的。其二，促进电子商务的发展。当前互联网的出现促进了消费，这也是这个时代所特有的，其仍具有较大的发展空间。其三，培育国内市场、补短板。预计 2019 年汽车消费会有推进。其实 2017 年 8~9 月，社会消费品零售总额中汽车消费的数据，已经间接地反映出汽车消费需求的刚需。

注意通货膨胀风险。2018 年 12 月 CPI 同比增长 1.9%，重回"1"时代，再次引起各界对通缩的担忧。但综合近期形势来看，更应该关注的是"防通胀"。首先，在剔除了国际原油价格波动的影响后，2018 年 12 月的 CPI 增速并不低。还有非洲猪瘟等其他因素的影响，但这些因素在 2019 年后期存在很大的不确定性。其次，积极的财政政策与稳健的货币政策将释放出大量的资金，对 CPI 增速的上涨会起到促进作用。2015 年下半年的频繁降息降准就导致翌年价格增速的上涨。最后，在外贸摩擦、社保征缴改革等问题下，低端供给存在快速收缩的风险，这对物价的稳定、消费市场的稳定是不利的。

（苏剑，北京大学国民经济研究中心主任、教授）

稳投资任务依然相当艰巨

邹晓梅

受多种不利因素的影响，2019 年稳投资的任务依然相当艰巨。需求不足、利润下滑、企业投资意愿下降，制造业投资恐难维持 2018 年以来的复苏态势；在稳投资政策推动下，基础设施建设投资有望显著回升，但是受制于防范地方政府债务风险，基础设施建设投资也难以大幅反弹；受政策调控及地价回落因素影响，房地产开发投资将显著下降。

一、2019 年固定资产投资形势展望

2018 年下半年，由于经济下行压力不断加大，中央投资调控政策出现了明显转向。目前，这些政策的效果已经初显，投资增速开始企稳回升。但是，受多种不利因素影响，2019 年稳投资任务依然相当艰巨。

制造业投资复苏态势恐难持续。与制造业投资增速显著复苏形成鲜明对比的是制造业意向投资增速大幅下滑。2018 年 1~11 月，制造业意向投资增速下降至 4.2%，与上半年相比下降近 20 个百分点，当前制造业投资复苏态势恐难持续。受中美贸易摩擦、经济增速下行、内需不足等因素影响，企业盈利状况恶化，普遍预期比较悲观，加之节能环保改造浪潮告一段落，预计 2019 年制造业投资增速将会下降。2018 年 1~11 月，规模以上工业企业利润同比增长 11.8%，比 1~10 月放缓 1.8 个百分点。新增利润主要集中在石油开采、钢铁、建材等行业，对工业企业利润增长的贡献率达到 76.6%。2018 年 12 月，制造业采购经理指数（PMI）下滑至 49.4%，自 2016 年 8 月以来首次降入枯荣线以下，其中，权重最高的新订单指数和生产指数显著回落。在 PMI 其他相关指标中，新出口订单指数下降至 46.6%，已经连续 7 个月位于枯荣线以下。出厂价格指数和主要原材料购进价格指数分别从 2018 年 10 月的 58% 和 52% 跳水至 44.8% 和 43.3%，预示着 PPI 通缩风险加大（见图 1）。

基础设施建设投资增速有望回升。基础设施投资增速大幅下滑是 2018 年经济增速下行的主要原因。基础设施建设投资增速大幅下滑形成的需求缺口短期内尚无其他产业投资能够填补，经济增长失速的风险恐将加大。随着政府投资调控政策出现转向，2019 年基础设施建设投资有望回升。根据最新中央经济工作会议的精神，"积极的财政政策要加力提效，实施更大规模的减税降费，较大幅度地增加地方政府专项债券规模"，可以预计中央财政对基建投资的支持力度将加大，赤字率破 3 的可能性较大，地

（%）

2018年1~6月　2018年1~7月　2018年1~8月　2018年1~9月　2018年1~10月　2018年1~11月

—— 制造业投资完成额增速　　—— 制造业意向投资增速

图1　制造业投资完成额增速与意向投资增速

方政府专项债券发行规模有望超过 2 万亿元。2018 年 12 月，建筑业 PMI 指数为 62.6%，比 11 月上升 3.3 个百分点，预示着建筑业生产活动有所加快。大中型挖掘机销量回升，PPP 入库项目中进入执行阶段的项目数量显著增加，都预示着基建投资有复苏回升迹象。但是，在当前防范地方债务风险，打击地方政府违规举债，地方政府投融资机制短时间内又难以顺畅的背景下，基建投资恐怕难以大幅反弹。

房地产开发投资增速将大幅下降。2018 年房地产开发投资增长主要是受土地购置费投资支出大幅增长所致，建安工程和设备工器具购置等实物投资增长均为负。受地价涨幅回落、商品房销售面积负增长，以及房地产调控政策从严，房地产企业融资、个人按揭贷款等资金来源受到约束，房地产企业杠杆水平接近风险警戒线等因素影响，2019 年房地产开发投资将显著下降。

综上所述，2019 年固定资产投资增速不太可能实现一个较高水平的增长，在财政发力的政策预期下，预计全年固定资产投资增速将保持在 6% 左右。随着我国经济发展，居民生活水平的提高、思想观念的转变，生育率不断下降，少子化、老龄化问题将日渐突出。劳动人口占比下降，人口抚养比上升，加之社会保障水平不断提高，新生代消费观念转变，储蓄率将呈下降趋势，投资增长面临的约束将越来越大。

二、促进投资平稳增长的政策建议

维持一定速度的经济增长对于深化供给侧结构性改革至关重要。如果经济增长失速，很多问题都会恶化。经济体将陷入"债务—通缩"的恶性循环，债务负担加重，去杠杆、防风险工作功亏一篑，失业率上升牵连出的一系列社会问题也将很快暴露，脱贫攻坚、经济结构调整和经济体制改革等问题更是难以实现。因此，有必要多措并举促进投资平稳增长，防止经济增长失速。

实施积极的财政政策，加大基础设施短板领域投资。当前，我国基础设施建设投资缺口仍然很大，短板仍然较多，中央和地方财政仍然大有作为。一是应适当提高赤字率水平，提高国债发行规模，加大中央财政支持力度。中央财政应当向中西部贫困落后地区、纯公益类或准公益类基础设施投资倾斜。二是加大地方政府"开正门"力度，根据各省债务及资产情况，区分"坏债"和"好债"，大幅度提高财政承受能力较强省份的债务限额，加快地方政府债券发行规模，一般地方政府债券用于支持公益类和准公益类项目，专项债券用于支持经营性较强的项目。三是加快 PPP 项目落地，在经营性较强的基础设施投资领域引入社会资本，做到引资、引智、引技相结合，提高基础设施投资效率，降低财政负担。四是继续推进减税降费工作，通过加速折旧、下调税费、节能补贴等措施，降低企业经营成本，增加企业需求，促进企业投资。

完善货币政策传导机制，引导资金流入实体经济。2018 年以来，央行已经五次降准，并搭配定向降息、扩大合格抵押品范围等措施，旨在引导资金流向中小微企业、绿色经济和"三农"等领域，但是效果并不理想，融资难、融资贵的问题仍未得到实质性改善，这主要是货币政策传导渠道不畅所致。当前，银行手里的流动性资金仍旧比较充裕，但却不愿意或者无法将这些流动性资金转化为对企业、非金融机构的贷款。《资管新规》、"23 号文"等化解金融风险和地方政府隐性债务管理相关政策法规的颁布，打破了银行旧有的信用扩张机制，新的扩张机制尚未建立，导致充裕的流动性难以滋润实体经济，新增社会融资规模负增长。当前货币政策的重点是尽快建立起新的信用创造机制。一是改善银行考核机制，提高对小微企业不良贷款率的容忍程度，提高银行服务小微企业的意愿。放松基层信贷员授信权限。二是加大国债和地方政府一般债券发行力度，当前，我国金融市场已经陷入"流动性陷阱"，应通过提高国债和地方债等无风险资产发行规模，引导资金流入实体经济，可考虑将地方政府融资平台的公益性和准公益性项目形成的债务置换成政府债务。三是保障房地产企业和购房者的合理融资需求。抑制房价应该更多从供给侧入手，诸如从加大人口流入城市的新增住宅用地供给、促进房屋租赁市场发展、改善城市基本公共服务等方面入手。这些方面如果不改善，房价只能是越限越涨，人为扭曲房地产市场。

扩大服务业对民间资本的开放力度，促进供需动态平衡。从发达国家的经验来看，我国目前正处于结构转型时期，工业领域总体供大于求、产能过剩，服务业则供不应求，供给结构与需求结构错配较为明显。我国服务业很多领域尚未对民间资本开放，特别是教育、医疗卫生、养老和通信等领域，使得供给结构的调整滞后于居民消费升级，进一步加剧了经济体的供需错配。总体来讲，私人投资的效率要高于政府投资，因此，应当加快教育、医疗卫生、养老、通信等领域的市场化改革力度，政府的职责是提供基本服务，并加强事中事后监管。扩大民间投资的机会，一来可以避免大量资金流入房地产或者滞留在金融市场，将更多的社会资本引入教育、医疗卫生、养老和通信等社会民生短板领域；二来可以加剧服务业竞争水平，提高服务供给质量，提升经济体活力。

持续深化投融资体制改革，提高投资效率。一是继续理顺地方政府投融资体制机制，严格区分政府投资中的纯公益性项目和经营性项目，厘清政府投资的边界；公益性和准公益性基础设施建设投资，政府要认账和买账。加快中央和地方财税体制改革，财权和事权要匹配，这样才能在规范地方政府投融资的同时，提高地方政府投资的积极性。二是有必要做好地区基础设施投资规划，避免盲目上项目，将有限的资金投向社会民生等短板领域，提高基础设施投资效率。经过十多年的大规模基础设施投资建设，我国基础设施供给水平显著改善，已经从"绝对短缺"转为"相对短缺"，某些地区及领域的基础设施投资已经略显超前，某些地区及地区的基础设施投资却存在显著短板。在这样的背景下，基础设施建设投资投什么、怎么投的问题显得异常重要。三是落实发展多层次的资本市场，我国权益类融资在全部融资中占比不足5%，远低于美国，也显著低于日本和韩国等东亚经济体，且近20年来并没有明显改善，应加快发展权益类产品、专业投资机构以及相关金融基础设施，扩大股权融资的比重。同时，在当前地方政府债券规模迅速扩大的背景下，应当加快完善地方政府债券二级市场，建立起地方政府债券市场和地方政府基础设施建设投融资之间的良性循环。

（邹晓梅，中国宏观经济研究院投资研究所副研究员）

外贸有望实现稳增长

肖新艳

2018 年，全球经济政治形势更加错综复杂，外部环境发生深刻变化。国内经济总体平稳，稳中有进、稳中有变，外贸发展面临新问题、新挑战。在各方努力下，我国对外贸易发展总体平稳，进出口规模创历史新高，货物贸易大国地位进一步巩固。2019 年，我国外贸将有望实现稳定增长，发展质量和效益得到进一步提升。

一、2018 年我国外贸运行特点

2018 年，我国货物贸易进出口总额达 30.51 万亿元，比 2017 年增长 9.7%。其中，出口额为 16.42 万亿元，增长 7.1%；进口额为 14.09 万亿元，增长 12.9%。贸易顺差额为 2.33 万亿元，收窄 18.3%。2018 年，我国外贸运行呈现如下特点：

（一）进出口规模再上新台阶

2018 年，我国进出口规模创历史新高。2005 年，我国进出口首次超过 10 万亿元；2010 年超过 20 万亿元；2018 年再创新高，超过 30 万亿元，比 2017 年的历史高位多 2.7 万亿元。

整体来看，我国外贸实现了平稳增长，这主要得益于以下因素：

一是全球贸易平稳增长。尽管全球经济不稳定、不确定性因素上升，但全球货物贸易仍然实现了较稳定的增长。

二是中国经济运行总体平稳、稳中有进，带动了国内大宗商品和消费品进口需求。2018 年，我国进口原油、天然气、成品油和铜的数量分别增长 10.1%、31.9%、13% 和 12.9%。2018 年，我国进口价格总体上涨 6.1%，其中原油、成品油、天然气和铜分别上涨 30%、20%、22.9% 和 3.2%，对进口增长形成有力拉动。

三是支持外贸稳定增长的政策效应持续显现，有效缓解了企业压力，改善了外贸发展环境，促进了外贸发展。2018 年，我国陆续出台了一系列扩大进口政策措施，主动降低药品、汽车及其零部件、日用消费品等进口关税，我国关税总水平由 2017 年的 9.8% 降至 7.5%，有效促进了进口的增长。在出口方面，2018 年我国两次提高出口退税税率，对相关产品出口起到了明显的推动作用。此外，我国还出台了优化口岸营商环境的政策措施。世界银行发布的《2019 年营商环境报告》显示，我国营商环境排名整体提升了 32 名，现居第 46 位。

四是企业活力迸发，创新能力和开拓市场能力不断提升。2018年，我国有进出口实绩的企业由2017年的43.6万家提升到47万家，市场主体活力进一步提升。随着管理体制改革不断深化、营商环境更加完善，我国新设22个跨境电商综合试验区和6个市场采购贸易方式试点，进一步完善外贸综合服务企业支持政策，外贸新业态新模式保持快速增长，成为外贸发展亮点。

（二）对外贸易结构持续优化

2018年，我国对主要贸易伙伴进出口全面增长。对欧盟、美国和东盟进出口分别增长7.9%、5.7%和11.2%，三者合计占我国进出口总额的41.2%。欧盟继续保持我国最大贸易伙伴和最大进口来源地的地位。中美经贸摩擦对双边贸易影响有限，总体风险可控，美国仍然是中国第二大贸易伙伴。

2018年，我国外贸市场多元化取得了积极进展，在与传统贸易伙伴保持良好增长速度的同时，也积极拓展与全球其他国家和地区的经贸往来，与"一带一路"沿线国家、非洲、拉丁美洲进出口增速分别高出整体3.6个、6.7个和6个百分点。

总之，2018年，对外贸易的国际市场布局、国内区域布局、商品结构、经营主体、贸易方式结构进一步优化。

二、2019年对外贸易形势展望

（一）国际环境

2019年，全球经济增长或将继续有所放缓。世界银行预测，2019年和2020年全球经济增速分别为2.9%和2.8%，均较上次预测调低了0.1个百分点，反映出对全球经济走势的担忧。国际货币基金组织（IMF）最新预测也调低了2019年的全球经济增速预期，从之前的3.9%下调为3.5%。

2019年，美国经济将有望继续增长，但增速有所放缓。IMF预测，2019年美国经济增长2.5%，较上次预测下调了0.2个百分点。世界银行、高盛和摩根士丹利对美国经济走势的判断大体相同，均认为2019年低于2018年，且2020年将继续放缓。美国经济增长动力减弱，但不至于失速；受退出量化宽松及政治不确定性影响，欧元区经济景气和消费者信心受挫。IMF预测，2019年欧元区经济增长1.9%，英国经济增长仅为1.5%；东京奥运会、货币宽松及设备投资增长等因素将大概率支撑日本经济保持相对平稳，维持小幅增长；新兴经济体经济增长受外部环境干扰明显，经济下行压力加大。IMF大幅下调对2019年新兴市场和发展中经济体经济增长预期，预计增速至4.7%。

此外，全球经济还面临全球利益分配失衡、逆全球化抬头、国际贸易体系变动、政治风险增多、全球债务风险可能性上升等诸多不确定、不稳定因素。2019年，我国外贸发展面临的外部环境依然复杂严峻。

（二）国内环境

整体来看，支撑中国经济高质量发展和对外贸易持续健康发展的基本面没有发生根本性改变，但经济运行稳中有变，变中有忧。全球经济见顶回落背景叠加我国经济周期性、结构性问题，给我国经济的运行增加了复杂性、多变性，经济面临下行压力。2018 年底召开的中央经济工作会议正视了我国经济面临的下行压力，表示要善于化危为安、转危为安，提出逆周期调控，强调防范经济风险和"六稳"。2019 年，我国的宏观政策将以对经济的支撑和托底为导向，各部门、各方面会积极应对，有效化解，在稳增长的首要目标下，继续优化提升供给端、扩大增强需求端、扎实推进区域协调、深入推进改革开放，确保经济运行在合理区间，实现中国经济的高质量发展。总体来看，我国外贸发展的基础条件依然是良好而稳定的。之前出台的稳外贸政策措施，效果还将逐步显现。今年可能还会出台相关政策措施，为外贸创造良好的发展环境。

（三）2019 年外贸形势展望

综上所述，2019 年，我国外贸发展面临较大压力，但进出口仍有望保持与 GDP 基本同步的增速，实现稳定增长。从出口看，2018 年 12 月，中国制造业 PMI 为 49.4%，是 2016 年 7 月以来首次位于荣枯线以下，创 2016 年 3 月以来新低；新订单指数为 49.7%，较前一个月下跌 0.7 个百分点，为 2016 年 2 月以来的低点。新出口订单指数为 46.6%，较前一个月下滑 0.4 个百分点，已经连续 7 个月低于临界点，创三年新低，反映外需疲弱、外部需求走弱，加之 2018 年存在"抢出口"的现象，部分预支了 2019年的出口订单，同时抬高了同期基数，出口面临的压力较大；从进口看，稳定外贸特别是鼓励进口的政策效果仍将持续显现。为实现促进贸易平衡、支持国内经济发展，满足国内消费升级需求等诸多目标，我国将进一步削减进口关税，降低制度性成本，扩大进口空间。在国内经济保持稳定的前提下，如果国际大宗商品价格不发生大幅波动，进口有望保持较好增长。

除上述因素外，若中美经贸摩擦得到缓解，对进出口形成利好。但受美国经济见顶回落、下半年美联储加息进入尾声、美国总统大选进入初选阶段等因素影响，不排除中美经贸摩擦出现阶段性缓和后下半年再度升级的风险。要充分重视中美经贸摩擦长期性、严峻性对进出口的影响。

三、政策建议

（一）努力实现外贸稳中提质

专注做自己的事，转外部压力为动力，坚持稳中求进工作总基调，坚持以供给侧结构性改革为主线，贯彻"巩固、增强、提升、畅通"八字方针。稳市场、稳信心、稳预期，培育重点海外市场，推进跨境电商发展，拓展企业发展空间。在税收、金融、便利化等方面为企业减负，支持企业发展。激发微观主体活力，提振市场信心。妥善应对中美经贸摩擦、推进自贸试验区建设和探索自由贸易港。努力推进经贸强国建设，继续深入推进"五个优化"和"三项建设"，推动对外贸易高质量发展。

（二）推动由商品和要素流动型开放向规则等制度型开放转变

在改革开放 40 年的进程中，中国逐渐成为世界商品和生产要素的集散中心。全球产业链的分工模式对产品标准、生产经营、管理模式的一体化提出更高要求，制定统一的高标准国际经贸规则是全球经贸领域关注的焦点和热点。在我国新一轮多方位、深层次、全领域的全面改革开放进程中，我国要推动由商品和要素流动型开放向规则等制度型开放转变，构建全面开放新格局。要在这一进程中，加快对标或者引领制定国际标准、规则和惯例。加快推动相关法律、法规、规章、制度的建立和完善，破除制度型开放的现实障碍。

（三）实现向全球价值链中高端跃升

充分抓住我国在人工智能、5G、新能源汽车、高铁等新兴产业领域快速崛起契机，实现在重点产业向价值链高端的跃升。加快培育以技术、标准、品牌、质量、服务为核心的综合竞争优势，实现新旧动能转换。

（四）继续实施更加积极的进口政策

注重进出口平衡发展，通过继续实施更加积极的进口政策，让世界分享中国发展的机遇。办好第二届中国国际进口博览会，持续打造国际一流博览会。进口更多优质商品、技术和服务，满足企业发展进步需要，满足人民日益增长的美好生活需要，满足国内消费升级的需求。

（肖新艳，商务部研究院外贸研究所副研究员）

重点领域篇

大历史视角下分析中美经贸摩擦

马洪范

如何看待当前的中美经贸摩擦？未来会怎样演变？国际国内众说纷纭，莫衷一是。如果把中美经贸摩擦放在大历史视角下来观察，沿着历史发展的方向和规律去分析，就能够看清楚中美经贸摩擦的现状与未来。

一、特朗普冲击

2016 年 11 月特朗普在美国大选中胜出，强烈冲击了美国和全世界，值得历史学家认真研究。

（一）特氏风格

特朗普的行事和决策有很强的个性化特征，最突出的有两点：第一，在美国国内反"政治正确"。"政治正确"之争的背后，反映的是近半个世纪以来美国社会中自由派和保守派在文化上的较量。特朗普在某种程度上回应了过去 40 多年日渐被忽略的劳工阶层的部分需求，试图改变国内现状。第二，在国际上推行"逆全球化"。坚持"美国优先"，从美国的立场上讲，有一定的合理性；从结局上看，由于违反经济规律，一定实现不了预期目标。

（二）特氏打法

从实际做法看，特朗普和以前的美国总统相比，有三个显著差异：第一，明战。过去的总统们擅长台面上讲好话，背地里捅刀子，那是暗战。特朗普则公开性更强一些，态度非常坦率。第二，全面战。美国利用关税、金融、科技、知识产权、人才等多种手段，甚至动用"台湾牌""南海牌"等，对中国进行全方位遏制。第三，世界战。除中国外，加拿大、墨西哥、德国、法国等也面临与美国的贸易摩擦。美国针对德国、法国等国挑起贸易摩擦，是为了迫使这些国家与美国一道来围攻中国。

历史终将证明，美国不可能实现自己的目标，却打开了潘多拉的盒子。美国不少学者认为，特朗普将成为撕裂美国的首任总统。早在 40 年前，美国社会已经开始被撕裂，但是总统亲自下手把整个社会继续撕裂，特朗普是第一个。更为严重的是，特朗普还将撕裂整个世界，未来充满着极大的不确定性。

二、美国挑起经贸摩擦的影响

美国针对中国挑起经贸摩擦，带来以下三个方面的影响：

（一）对国际贸易的影响

第一，中国对美国的出口将减少。受影响最大的是机械和电子产品，这类产品占中国对美国出口总量的44%；其次是纺织品，占比11%，两项合计约为55%。如果美国对中美贸易总额加征关税，纺织品也会受到影响。

第二，中国从美国的进口将下降。排在第一位的是机械和电子产品，占中国从美国进口总量的23%。20世纪80年代以来，全球产业分工形成一种特殊格局，中国成为世界工厂，很多中间产品来自于发达国家，制成品主要销往发达国家。进口受影响，出口同样受影响，进而形成恶性循环。

第三，中美经贸摩擦持续下去，可能导致全球经济萧条。因为现在经济复苏的基础并不好，新动能、新产业尚未成熟。

（二）对国内产出和社会福利的影响

第一，中美两国同时受损。两国的相关产业企业的产出都会下降，社会福利也会下降。经贸摩擦没有最大的赢家，只有损失较小的一方。

第二，其他国家或受益，或受损。美国不从中国进口，就会从其他国家替代进口，比如越南，可以获益；但又使得一些国家受到牵连而受损，比如日本、韩国受到的负面影响比较大。

（三）引发世界格局的新调整

截至目前，因为美国的影响，澳大利亚的对华政策出现变化和波折。英国表面上听从美国，但骨子里非常痛恨美国。这种一分为二看待英、美关系的观点，非常有代表性。2018年春天，经济合作与发展组织经济部的一名官员来北京访问时讲道，美国的基础教育并不好，医疗保障体系也很差，美国没有像想象的那么强大。美国挑起经贸摩擦，将撬动世界格局变化，要么美国按照自己的意图控制全世界，要么世界按照美国的线路反方向改变。依据历史的经验来判断，后者的可能性更大一些。

三、美国为什么挑起经贸摩擦

社会各界给出的解释很多，但根源只有一个，即中美实力发生了此消彼长的变化。

（一）哈佛大学研究团队对中国的跟踪和评价

2016 年 6 月 3 日，伦敦政治经济学院艾迈德教授来北京访问时指出，哈佛大学研究团队在跟踪研究中国的变化，没有采用 GDP、财政收入等指标，而是自创了一个指标，叫国家生产的复杂度，即用一个国家生产出来的商品出口到国外销售的规模、品种、结构和地域分布，来反映一个国家生产能力的高级化和复杂性程度。

哈佛大学的经济学家为中国绘制了两张图片，图中有很多不同颜色的圆点，每种颜色代表一种产业或产品。圆点越多，颜色越丰富，分布越广泛，这个国家生产的复杂度越高，生产能力越强大。比较发现，20 年间中国发生了巨变。艾迈德教授告诉我们，美国最忌惮中国的，是拥有了一套完整的工业生产能力体系。

（二）工业生产能力的国内集成与国际集群

艾迈德教授还讲到中国高铁和"一带一路"倡议。他说，高铁带来的不仅是交通的便利，最大的改变是工业生产能力在整个国家范围内迅速集群和放大；"一带一路"倡议如果变成现实，中国的工业生产能力将在"一带一路"经济圈内再次集群和放大。这位西方的经济学家认识问题的视角，和马克思高度相似，看到事物的本质，始终不离开工业生产能力，这也是哈佛大学跟踪研究中国的视角。

（三）基于马克思主义原理的判断

马克思把复杂的经济活动抽象成为四个环节：生产、分配、交换、消费。其中，生产决定分配、交换和消费，而分配、交换和消费可以反作用于生产。"四环节论"可以指导我们认清美国挑起经贸摩擦的原因。

从生产上看，中国工业生产总值于 2010 年超过美国。在此前的 114 年，美国始终是世界制造业第一。沿着目前的趋势发展下去，到 2025 年，中国制造业的规模将逼近整个发达国家的总和。从交换上看，中国国际贸易总规模于 2016 年超过美国。从消费上看，中国的消费总额预计 2018 年首次超过美国。综合判断，中国全面超过美国只是个时间问题。这场经贸摩擦没法回避，只能硬碰硬。

需要强调的是，中国的科技研发能力还没有超过美国，分配管理能力也需要提高，这也是我国应对中美经贸摩擦亟待加强和完善的重要方面。

四、美国挑起经贸摩擦的时机选择

美国和中国两个方面的因素，决定了美国在 2018 年 3 月之后挑起经贸摩擦。

（一）美国的因素

20 世纪七八十年代以来，美国制造业掀起离岸潮，导致美国工人失业和工业基地衰退，而美国跨国企业的资本家却在全世界获得了巨额利润。近 20 年来，美国的社会精英不断反思这个问题。奥巴马重振制造业，取得一定的成绩。特朗普则试图重返制造业巅峰。

毋庸置疑，美国政府的选择是正确的。谁控制了制造业，谁就能成为世界霸主。英国取代荷兰，美国取代英国，都是成为世界工厂之后的结果。随着中国制造业规模和能力的提高，美国陷入焦躁和忧虑之中。针对中国挑起经贸摩擦，是美国遏制中国制造的重要举措，但绝不是美国重返制造业巅峰的正确途径。靠打压中国，无法提高美国制造业的竞争力水平。美国走对了路，但入错了门，如不反思自身的弊端，只是一味眼睛向外看，永远不可能重返制造业巅峰。

（二）中国的因素

党的十八大之后，中国发生了一系列变化，美国变得躁动起来。美国部分精英认为，中国进入政治交替期、债务高峰期和矛盾多发期，在多领域问题叠加的情况下，美国向中国施压，促使中国经济恶化、社会动荡和政权不稳，中国就没有能力挑战美国了。

美国的"算盘"打得不错，但成功不了，反而促使中国更清醒、更彻底地反思和根治国内问题。经过近些年来的探索，中国高负债、高投资模式转向高质量发展，出口导向模式转向内需驱动的新方向，社会事业走向共享共富。中国一定能够将美国施加给中国的压力，转化为全面改革开放的动力，还美国一个更加强大的中国。

五、美国能赢吗

面对中美经贸摩擦，中国流行三派观点：一是投降派，中国不可能赢。持这一观点的人，在中美经贸中受益较多，经贸摩擦有损其利益。二是民粹派，干脆好好与美国干一仗，打出个朗朗乾坤。持这一观点的人，与美国经贸没有利益联系。三是观望派，打还是不打，变来变去，没有定力。上述三派观点都不对。熟读历史，熟知历史的规律，便能得出正确的结论。

（一）老大帝国的幻觉

美国是当今世界的老大，从 1945 年持续到现在。老大当久了，会产生幻觉：一是老大可以支配全世界；二是老大从来不会输，打日本、打苏联、打欧盟、打中东，美国都赢了；三是认识不清现实，认不清自己，也认不清别国。当年英国被赶超时，也有这三种幻觉。

（二）美国面临的困境

去看看美国真实的情况，就能够从幻觉里走出来。

第一，谁去制造业企业当工人？美国人就业的第一选择是金融、法律、医生、会计。谁愿意去当工人呢？在德国，这个问题解决得非常好。年轻人优先考虑去职业学校，然后去就业，工作几年后再去读大学、研究生。两次世界大战都没把德国打垮，现在又成为欧洲最强大的国家，因为德国解决了谁去制造业企业当工人的问题。美国则没有，没有多少美国人愿意去当工人。

第二，美国工人的生产效率高吗？2014 年，曹德旺在美国莫瑞恩市投资建厂生产汽车玻璃。2017 年他专门组织美国和中国的工人比赛，试一试谁的生产效率更高。结果表明，美国工人的生产效率仅相当于中国的 50%，而且没有中国工人吃苦。

第三，美国跨国资本集团听白宫的话吗？资本家都在为自己的利益最大化而奋斗，"逆全球化"不可能增加跨国资本的收益率，反而受到大幅损失，他们能受政府的感召变成利他主义者吗？这应该是一个小概率事件。

第四，被撕裂的美国社会能愈合吗？亨廷顿在 2004 年撰文指出，自 20 世纪后半叶以来，拉丁裔移民持续涌入，加上其远高于美国白人和黑人的出生率，长此以往，美国将分裂成两种语言、两种文化的国家。特朗普在总统大选中的崛起，标志着亨廷顿的预言成真。特朗普所要复兴的"美国"，是白人拥有领导权的"旧美国"。据统计，1980 年美国白人占全国总人口的比重为 80%，2015 年降至 63%，预计 2060 年将减少至 44%；拉丁裔在 1980 年占美国总人口的 6%，2015 年升至 17%，预计 2060 年将增加至 29%。美国人口结构的变迁，将制造出一个内乱频发、极度不宽容的"新美国"。

第五，债台高筑的美国安全吗？美国政府债务占 GDP 的比例，远超过安全警戒线。凭借美元霸权地位，美国能够稀释债务成本，将成本和风险转嫁至他国。然而，美元霸权不可能永远持续下去，美国政府债务的坍塌也就指日可待了。

第六，失道寡助的美国能在世界上一呼百应吗？美国的盟国都心怀各自的"小算盘"，有利则聚，无利则散。他们心底里并不是真正喜欢美国，反而痛恨美国的自私自利，可谓"苦美久矣"。美国的发号施令，必定难以如愿。

（三）美国在重走英国的衰落之路

特朗普政府的"美国优先"和逆全球化并不新鲜，与英国 20 世纪 30 年代的做法如出一辙，今天的美国正在重走英国当年的衰落之路。

20 世纪最初的 20 年，英国的进口超过出口，有形货物贸易出现逆差，但无形贸易出现顺差，且足以抵消有形贸易逆差。现在，美国与中国的贸易赤字主要是货物贸易；服务贸易方面，美国是顺差国，和当年的英国一模一样。

1929 年，英国的海外净投资已经清零。1931 年，英国的黄金储备已经枯竭。1932 年，英国颁布《非常规进口法》，迈出走向贸易保护的第一步。同年 2 月 4 日通过的《进口税法案》，是抛弃自由贸易的关键一步。该法案规定，除小麦、肉类和其他一些关系国计民生的进口商品外，所有进口货物一律征收 10% 的关税。同年 7 月，英国在加拿大渥太华举行帝国经济会议，英国几个自治领地签订一系列双边贸易互惠协定，建立帝国商品特惠制，彻底抛弃了自由贸易政策。现在美国政府加征关税 10% 或 25% 以及退回双边贸易关系的做法，在这里找到了历史渊源。

在随后的十几年，英国仍视自己为世界老大，维持着强大的军事实力，到处挑起争端或战火，甚至不惜对德国和日本采取绥靖主义，将祸水引入他国，最后的结果是引火烧身，从世界霸主的地位上跌落下来。对照英国的历史进程，今天的美国刚好走到英国的 1932 年，未来十几年会发生什么？我们不好预测。但历史经验表明，美国极有可能重走英国在全世界挑起战火的这条老路，最后的结局也将是引火烧身。

英国为什么衰落了？根源在于英国的资本家集团不愿意放弃传统工业领域的利益，新型工业没有跟上第二次工业革命的步伐，被德国和美国超越。今天的美国跨国公司愿意放弃过去 40 年在全世界获得的超额利润吗？虽然美国的资本家集团也在不停地追赶第四次工业革命的步伐，但相比而言，美国进步的速度已经变得缓慢了。

（四）中国的机遇

与美国相比，中国现在遇到了百年难逢的第四次工业革命的机遇。马云一个人的互联网企业规模，比整个美国互联网企业的总和都大。马云诞生在中国，没有诞生在美国，是有原因的。第四次工业革命所需要的智能化基础设施，中国是全世界最好的国家。2016 年美国总统候选人伯尼·桑德斯哀叹道："美国研发了互联网，但如今我们在接入端和速度方面却落后于许多国家，在宽带接入方面仅排世界第 16 位，宽带平均速度也只是略占优势，都比不过罗马尼亚的布加勒斯特。"

为什么会出现这种现象？比如 Wi-Fi，中国网速快、收费低、服务好。原因很简单，中国人口总量大，密度高，城市规模大，城市集群多。澳大利亚国土面积 769.2 万平方公里，2486 万人口，仅相当于北京市的人口总量；美国国土面积 937.3 万平方公里，3.2 亿多人口，仅相当于中国三个大省的人口总量。投资建造智能化基础设施，中国的人均单位成本全世界最低，而收益却很高。这是为什么中国互联网、大数据及智能化产业能够崛起的真正原因，也是中国等了近 200 年才遇到的重大历史机遇。第一次工业革命诞生了千万级人口的英国，第二、第三次工业革命诞生了亿级人口的美国，第四次工业革命将诞生 10 亿级人口的巨型国家——现代化的中国。近百年来，美国挑战全世界从来不曾失败，但这一次针对中国一定成功不了。

六、中国怎么办

美国赢不了中国，对中国怎么办，其利害是紧密联系在一起的。读一读美国当年赶超英国的历史，对中国做好当下的工作是大有裨益的。

（一）新时代的中美对比

2017 年 10 月 18 日，党的十九大召开，习近平总书记宣告中国特色社会主义进入新时代。那一天，笔者读美国史，正好读到 20 世纪 20 年代。1920 年美国总统大选，沃伦·甘梅利尔·哈定胜出，他的竞选口号翻译成中文的意思是：人民群众对美好生活的向往就是我奋斗的目标。哈定的竞选对手的口号是：美国要做世界性大国，不能只做地区性大国。然而，老百姓对世界性大国不感兴趣，对美好生活最感兴趣。1921年 3 月 4 日，哈定宣誓就任美国第 29 任总统。上任之后，哈定开启了美国的新时代，一个"沸腾的年代"。哈定总统被美国史评定为"一个更了解民众需求的人"。

美国的新时代新在哪里？史书里有详细的记录，"美国的工厂开始用电动机替代老式的蒸汽机""美国制造出口全世界，全球 60% 的钢在美国生产""美国的商船行驶在世界各大洋""60% 的美国人从农村搬进城市""各州和联邦政府开始兴建高速公路系统""女士们的裙子越来越短""工作之余看电影成为很普通的娱乐项目，五美分可以看一场电影，1926 年美国各地建起了 20000 家电影院""美国企业推出分期付款方案，即便是没有钱，也可以把汽车开回家，边用边慢慢还贷款"。美国的新时代渐渐浮现出来一个美国梦，这些记录帮我们再现出 90 多年前美国的样子。

回望美国的新时代，有助于读懂中国的新时代。在今天，中国的工厂开始用智能机器人替代工业流水线；中国制造出口全世界，全球 50% 以上的钢、45% 以上的铝、80% 以上的空调在中国生产；中国的商船行驶在世界各大洋；58% 的中国人从农村搬进城市；中央政府和地方政府大力新建高速铁路系统；中国女士们的裙子也越来越短；工作之余，看电影成为非常普通的娱乐项目，中国各地建起了远超过 20000 家的电影院；中国企业也推出了分期付款方案，什么都可以先带回家，边用边慢慢还贷款……

只要把美国史书里面的原话，只是换了一下时间和地点，没有人能反驳这就是今天的中国。任何一个国家发展到这种水平之上，都会进入新时代。

美国史还告诉我们，新时代不是 3 年或 5 年，而是 30 年。哈定开启美国新时代的9 年后，1929 年 10 月的一个星期四，华尔街的股市崩盘，爆发了席卷全世界的经济大萧条；又过了 10 年，1939 年 9 月 1 日，第二次世界大战全面爆发；1945 年，英国的霸权地位全面丧失，美国新时代的所有目标全部实现。为了实现新时代的美国梦，美国走过了一条不平坦、不平凡、不平静的发展道路。

中国的新时代也不是 3 年或 5 年，一定也是 30 年。2017 年，习近平总书记宣告中国进入新时代，九年后中国会发生什么？再过 10 年，世界会发生什么？虽然未来不好预测，但一定要有忧患意识，经济危机就在身边。可以肯定，到 2049 年，中国新时代的所有目标都会实现。中国的前途极为光明，但道路异常艰辛，挑战极其严峻。为了实现新时代的中国梦，中国也将走过一条不平坦、不平凡、不平静的发展道路。

（二）美国经验的历史启示

总结美国的历史经验，对实现新时代的中国梦具有诸多启发和借鉴意义。

第一，不对抗，增量蚕食。美国采取增量蚕食的战略，把英国的势力范围控制弱的地方，逐个变成美国的地盘。但在英国最强大的核心控制区域，美国始终不去冲击，减少来自英国的直接打击。

第二，坚持生产第一，做全世界的工厂。在两次世界大战期间，美国的军火，既卖给英国，也卖给德国，直到美国参战后，才不卖给德国。美国大发战争财，极大地刺激和推动了工业生产能力的提高。

第三，推行自由贸易，建设全球市场。在英国抛弃自由贸易的同时，美国利用全球的资源，欢迎来自世界各国的移民，把美国制造的商品销售到全世界，逐步建立起以美元和美国为中心的国际经济贸易新体系。

第四，全力解决国内问题，建设新交通、新消费和新社会。美国的面貌焕然一新，美国人的生活方式、生活水平成为很多国家向往和追求的目标。做好自己的事，始终是一个国家治国理政的首要且根本任务。

党的十九大之后，我国遇到的国际国内问题，与20世纪30年代的美国具有高度的相似性。然而，中美关系毕竟与英美关系不同，因为英国和美国有着共同的语言、意识形态和社会制度，这就注定了中美关系要比英美关系复杂得多。在这一背景下，中国不能急躁，要坚守底线，不自乱阵脚，因为时间在中国这一边。中国的未来，在于做好自己的事，全力解决好国内问题，建立现代化经济体系，提高中国制造质量，构建更加公正合理的国际经贸新秩序。可以预见，在不久的将来，世界一定会因中国而变得更加美好。

（马洪范，中国财政科学研究院外国财政研究中心主任、研究员）

美国经济政策展望

——宽财政+趋宽货币+弱美元+强贸易

宋　玮

2019 年 1 月 20 日是特朗普入主白宫执政两周年纪念日。医改、减税、基建、强硬贸易政策引导制造业回流、能源政策、放松金融监管等是特朗普竞选时最核心的经济政策承诺。回顾过去两年的上半任期，我们认为特朗普政府在减税、贸易政策、加大外交军事布局、放松金融监管方面通过立法、签署行政令、人事任命等多种方式取得较大进展，其中税改是其前期政绩的最大亮点，为了争取赢得 2020 年总统大选，特朗普将会聚焦竞选时最核心的经济政策承诺，在 2019 年继续推进基建计划在内的扩张性财政政策，在与中、欧、日贸易谈判中延续其强硬贸易政策，并积极通过货币政策、汇率政策、金融监管政策来推动美国经济的可持续增长，以期在 2020 年总体大选中保持更好的民意基础（见图 1）。

一、财政政策：继续加杠杆，重点由减税转向基建

自 2017 年特朗普上任以来，财政政策一直是特朗普政府国内经济政策的重点。2018 年美国财政政策执行主要通过减税+增加军事开支实现，基建计划仍未正式落实。一是执行减税法案。税制改革则是特朗普财政政策的核心。2017 年 12 月 2 日，美国参议院通过了共和党税改法案。2018 年 1 月，美国政府削减了 1.5 万亿美元的企业和个人所得税，美国国会在 2018 年 3 月通过了 1.3 万亿美元的支出法案，提振了消费者支出、企业以及政府支出，推助美国经济增速在第二和第三季度走高至 4.1% 和 3.5%。二是特朗普不断加大军事开支。美国 2017~2019 财年国防开支分别为 6030 亿、7000 亿和 7170 亿美元，连年走高。在减税+军费增加的推动下，财政收入减少，财政支出增加，政府预算赤字和债务规模陡增。2018 财年美国联邦政府财政收入比 2017 财年增加 0.4% 至约 3.329 万亿美元，财政支出增长 3.2% 至约 4.108 万亿美元，财政赤字增长 17% 至约 7790 亿美元，创 2012 年以来新高，财政赤字占 GDP 的比重从 2017 财年的 3.5% 升至 3.9%。截至 2018 年末，美国债务规模已达 21.974 万亿美元，比特朗普刚上任时多出了 2 万亿美元。2019 年，特朗普面临继续减税、稳定财政支出、控制政府赤字与债务的"财政不可能三角"困局，其在竞选时就已许下的减税和基建承诺难以动摇，2019 年美国赤字和债务继续攀升将不可避免。据美国国会预算办公室预测，2019 财年和 2020 财年美国财政赤字或将分别增至 9810 亿美元和 1 万亿美元（见图 2）。

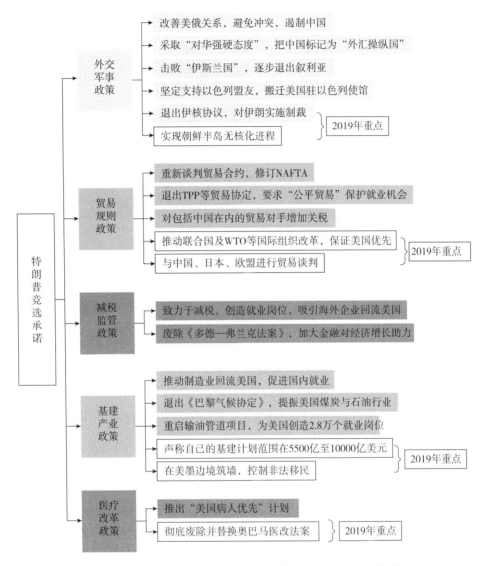

图 1 特朗普 2016 年竞选承诺完成情况及 2019 年重点领域

注：着色代表完成大部分或全部完成，白色代表刚刚开始或任重道远。

资料来源：作者自行整理。

展望 2019 年，由于民主党控制了众议院多数席位，特朗普的减税 2.0 版本、1.5 万亿美元规模的基建计划、美墨边境墙修建等扩张性财政刺激政策及极端的移民政策已经受到了较大掣肘，已经导致美国政府停摆超过 34 天，将加剧美国经济增速下行趋势。修建"美墨边境墙"是特朗普 2016 年总统竞选期间最主要的竞选承诺之一，将是 2019 年特朗普着重推进的重点工程。2018 年 12 月 19 日，由于不满法案未能包含对"美墨边境墙"的 57 亿美元拨款，特朗普拒绝签署该临时开支法案，使美国联邦政府于东部时间 2018 年 12 月 22 日凌晨零时起部分停摆。2019 年 1 月 25 日，美国联邦政府

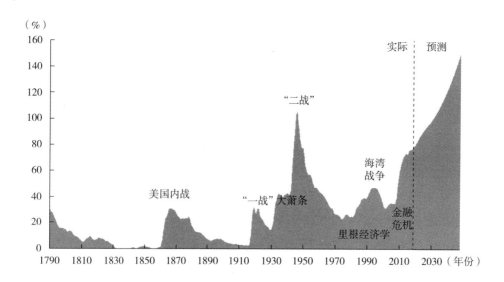

图2　1790~2030 年美国联邦债务占 GDP 比重趋势

资料来源：CBO。

部分机构停摆将进入第 34 天，创下美国联邦政府停摆时间最长的纪录。就在这一天，美国参众两院一致同意临时恢复联邦政府运作的措施，特朗普签署这项短期开支法案，将暂开美国政府三周，并将就"美墨边境墙"经费问题继续谈判，不排除 2019 年 2 月 15 日美国政府再次关门的可能性。此次美国政府关门危机期间，80 万名公务员停工，40000 多起移民庭审没有着落，缺勤机场人员升至 10%，9 个联邦政府机构大受影响，对美国经济增速、就业数据以及零售、航空等行业产生较大负面冲击。特朗普政府对此进行测算，认为政府每关门一周，美国经济增速将放缓 0.1 个百分点；据标普测算，政府关门期间每周实际 GDP 损失约为 12 亿美元，在 2019 年 1 月 12 日已令美国经济损失达 36 亿美元，这一数字将在 1 月 25 日攀升至 60 亿美元，超过建墙的 57 亿美元预算。

基建计划将是 2019 年特朗普国内财政政策的重点之一，基建计划存在共和党和民主党两党合作的基础。但基建计划有两方面压力：其一，由于总规模从 5000 亿美元扩大 3 倍至 1.5 万亿美元，特朗普或将面临民主党控制的众议院在基建投资方面的分歧。共和党领袖麦康道尔和民主党领袖佩洛西均表示中期选举之后基建计划及其带来的就业是 2019 年工作的重点，目前两党在基建上的主要分歧是"钱从哪里来"，共和党反对政府支出，倾向于引入私人资本，民主党则倾向联邦政府出资。其二，由于特朗普基建计划强调效率优先，两党对基建引发的环保问题将引发更多争论。基建计划要求项目审批到落地的时间缩短至两年以内，建议简化或废除原有环评法案，探索以事后环保表现来替代事前环评机制，或将引发民主党环保人事的反对。如果 2019 年国会顺利通过基建计划，根据计划要求，项目行政审批缩短至 1~2 年，最快 2020 年基建计划将在融资支持下陆续开工，不仅可以提供大量的中产工作岗位，而且缓冲经济下行压力，推动资金进入实体经济，对特朗普 2020 年大选奠定更加坚实的经济基础（见图3）。

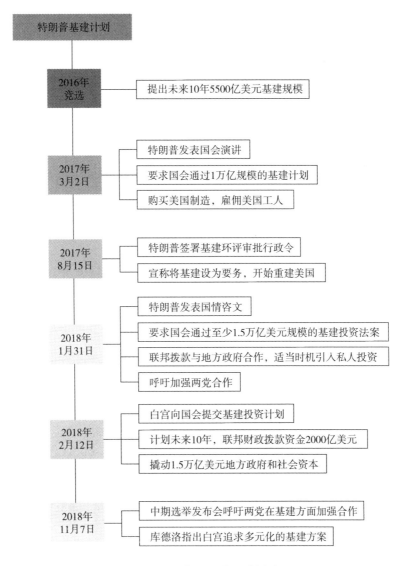

图 3　特朗普推进其基建计划时间

二、货币政策：经济见顶放缓，加息减缓缩表维持

2018 年 12 月 19 日，美联储如期加息 25 个基点至 2.25%~2.50%，完成自 2015 年 12 月以来的第 9 次加息和 2018 年的第 4 次加息。美国在全球率先实现从紧缩性货币政策向扩张性财政政策的政策轮转，推助美国经济增速在 2018 年第三季度处于本轮经济周期的高点，我们认为 2019 年美国货币政策风格将由"强硬"转为"温和"，年内加息次数预期下降至 1 次，其中 9 月加息概率相对较高，上半年缩表步伐大概率维持，下半年缩表需相机抉择，依美国经济放缓程度而定。原因有五方面：

第一，2019 年美国经济增长由 2018 年的超预期转向均衡趋缓，但下滑程度存在不确定性，加息次数减少有助于缓解经济下行压力。一是包括减税在内的扩张性财政政策已经产生积极效应，但两党分治参众议院格局将掣肘特朗普继续加码财政政策的效果，2019 年对 GDP 的边际拉动效应会逐步减弱。二是 2018 年 11 月美国失业率已处于 3.7% 的历史低点，就业改善空间较为有限，非农新增就业降至 15 万人，家庭收入增长对私人消费的托底作用也在减弱，美国零售和食品服务销售额同比增速在 2018 年 9～11 月大幅下滑，再加上第四季度美股暴跌加剧家庭财富缩水，预计 2019 年美国消费对经济增长的支撑效应有所下降。三是中美贸易摩擦前景尚不明朗，及其所引致的全球经济放缓或将增大美国出口下行压力。虽然 G20 峰会中美领导人为贸易摩擦按下暂停键，但双方能否在 2019 年 3 月前就强迫技术转让、知识产权保护、非关税壁垒、网络入侵和网络盗窃、服务业和农业等方面的结构变革等问题进行磋商并达成协议仍是未知。一旦谈判未达成协议，中美贸易摩擦或将继续升级，致使保护主义继续在全球蔓延。2018 年 10 月，IMF 将全球经济 2018 年和 2019 年增速预期均由 3.9% 下调至 3.7%，美国经济 2019 年增速预期由 2.7% 下调至 2.5%。美联储 2018 年 12 月议息会议下调 2019 年美国经济增速 0.2 个百分点至 2.3%（见图 4）。

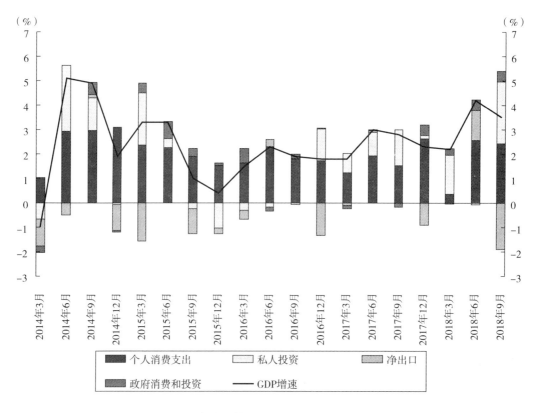

图 4　美国季度 GDP 增速趋势（2014 年第一季度至 2018 年第三季度)

资料来源：Wind 数据库。

第二，2018 年美联储加速加息对美国产生较大冲击，2019 年从"强硬"回归"温和"有助于缓解资产市场下行压力。一方面，利率走高致使房地产市场拐点已现。住宅投资是美国经济重要的先行性指标，2018 年前三季度美国住宅投资分别同比萎缩 3.4%、1.3% 和 4.0%，非住宅投资同比增速分别为 11.5%、8.7% 和 0.8%，放缓趋势十分明显。加息也助推美国住房抵押贷款利率加速走高，30 年期房贷利率从 2016 年底的 3.4% 上行至 2018 年第三季度末的 5% 左右，住房贷款余额增速从 2018 年开始放缓，再加上房价持续维持高位，对购房需求造成了挤压，致使美国新屋和成屋套数从 2018 年 4 月开始逐步下滑，房价见顶迹象显现，未来房地产市场可能的低迷将对美国经济产生较大负面影响。另一方面，加息推动美债收益率走高成为触发美股第四季度暴跌的导火索，而美债收益率倒挂更值得担忧。美国 10 年期国债收益率自 2018 年 9 月初的 2.86% 走高至 10 月 9 日的 3.261%，创下 7 年来新高，触发美股多次暴跌。随后，美国十年期国债收益率在 2018 年 11 月 7 日至 2018 年底持续下滑，在 12 月 20 日美国十年期国债收益率收窄至 11 个基点，为 10 年最低，加大市场对美国经济大幅放缓和美股进入熊市的担忧。

第三，2019 年美国通胀水平或将维持在 2% 以下，为加息减缓提供了基础。进入 2018 年第四季度以来，国际油价在不到 2 个月的时间暴跌超过 30%，创下了近 40 年最长的连续下挫纪录，大幅缓解了美国通胀压力，美国 2018 年 CPI 同比增速从 1 月的 2.1% 冲高至 6~7 月的 2.9% 后持续回落至 12 月的 1.9%，为 2019 年美联储减缓加息奠定了基础。美联储 2018 年 12 月议息会议全面下调 2018~2021 年核心 PCE 各 0.1 个百分点，分别至 1.9%、2.0%、2.0% 和 2.0%。

第四，2019 年美联储货币政策将面临国际政治经济形势的三大不确定性。一是英国脱欧面临较大不确定性，一旦出现"硬脱欧"局面，全球经济或将受到较大冲击，或将进一步放慢美联储加息的节奏；二是全球贸易摩擦和贸易谈判进展面临较大不确定性，一旦贸易谈判进展受阻或贸易摩擦继续恶化，美联储货币政策节奏亦将随之调整；三是全球地缘政治存在较大不确定性，一旦美国在军事和地缘政治方面出现"黑天鹅事件"，经济增长和货币政策步伐或将受到一定冲击。

第五，2019 年 1 月美联储官员表态及市场预期均反映出 2019 年加息预期继续减弱。一方面，美联储官员对 2019 年加息预期进一步减弱。2018 年 12 月议息会议点阵图暗示 2019 年美联储将加息 2 次，比 9 月点阵图暗示的加息 3 次有所下降，并称 2019 年维持缩表规模在每月 500 亿美元。2019 年 1 月中旬美联储官员发声更为温和，美联储主席鲍威尔称，美联储在再次调整利率之前可以保持耐心，以等待评估全球风险对美国经济的影响，这预示着年内加息次数或将进一步减少。另一方面，市场对 2019 年加息次数大幅下降，甚至出现小概率的降息。2019 年 1 月中旬，联邦基金利率期货显示美联储第一季度加息概率几乎为零，9 月加息一次的概率仅为全年最高的 18.2%；2019 年末不加息的概率为 76.1%，12 月降息一次的概率则升至 6%。

三、汇率政策：或将整体小幅贬值，呈前高后低 M 形

2018 年，美元指数经历了先抑后扬的 V 形反弹。2018 年初至 4 月中旬，在欧洲经济超预期增长推动欧元强劲、美联储主席换届等因素的综合影响下，美元指数从 2018 年 1 月 1 日的 92.26 下挫至 2 月 15 日的 88.57，并在 4 月 17 日前持续震荡。受全球贸易摩擦急剧升级、避险情绪走高等因素影响，美元指数出现快速震荡上扬趋势。截至 2018 年 12 月 30 日，美元指数收于 96.07，较 2017 年末升至 4.13%。展望 2019 年，美元指数走高和下挫的因素相互交织。

一方面，推动美元贬值的短中长因素主要包括：其一，从短期来看，美国政府关门时间屡创历史新高，使本已日趋减弱的美国经济增长动力雪上加霜，经济放缓更趋严重，再加上美元贬值更能提升美国商品的出口竞争力，特朗普更倾向于美元指数走低；其二，从中期来看，经济周期见顶且增速加速放缓将推动美联储降低 2019 年加息次数甚至停止加息，预期的快速扭转将加速美元的回落；其三，从美元汇率长周期来看，依据美元"10 年升+6 年贬"的长周期视角看，美元自 2017 年 1 月 103.82 的周期峰值后已经处于贬值通道，震荡下行趋势明显。另一方面，支撑美元升值的短中长期因素亦存：其一，从短期来看，美元受美国与欧、日等新兴货币的经济周期对比的影响更大，受外需萎缩冲击，日本和新兴市场经济放缓程度更大，美元升值得到一定程度上的支撑，削弱了美元下跌幅度；其二，从中期来看，全球经济金融不确定性大幅提升之际，美元避险属性将日趋凸显，2019 年初美国与中国、欧洲、日本的双边贸易谈判仍呈现"拉锯战"格局，趋势尚不明朗，英国硬脱欧风险急剧加大，法国黄马甲运动和德国政局动荡仍未停息，欧盟与意大利政府关于 2019 年预算案的博弈还在进行，印度发生超过两亿人的全国大罢工，全球地缘政治风险亦大幅走高，或将吸引全球更多的避险资金从非美货币回流美元；其三，从长期美国国内资金流动格局来看，作为全球货币，美元只有 30%~40% 的流动性在美国市场，股票、美债和美元资产存在一定的"跷跷板"效应，2019 年美股进入熊市或将推动资金更多地流入美元和美债市场，美元或将吸引国内更多避险资金而受到一定支撑。整体来看，2019 年美元指数将在以上短中长因素的间隔性角力中，呈现出大幅震荡的格局，大概率会出现前高后低的 M 形小幅贬值（见图 5）。

四、贸易政策：与中日欧谈判难度大，尚存不确定性

2019 年，贸易争端与谈判仍将是贯穿全年的重要主题。2019 年 1 月 7~9 日，中美副部长级贸易磋商在北京举行。美国副贸易代表格里什率领代表团与中国进行 90 天期限内首场面对面谈判。从本次磋商公告来看，中美仍延续着双方元首 2018 年 12 月 1 日在阿根廷 G20 峰会达成的协议稳步向前推进，顺利磋商也将为中美高级别会谈"解决

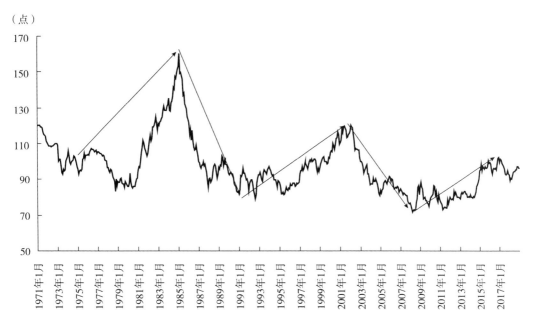

图5 美元指数周期趋势（1971年1月至2019年1月）

资料来源：Wind 数据库。

彼此关切问题奠定了基础"。鉴于贸易摩擦对两国经济金融已产生了诸多冲击，而美国经济增速持续放缓不利于特朗普的2020年连任，中美无法达成协议或继续升级恶化的概率也相对较小，中美达成阶段性共识或拉长磋商战线的"拉锯战"或将成为新常态。应美国财政部长姆努钦、贸易代表莱特希泽邀请，刘鹤副总理将于2019年1月30~31日访美，与美方就两国经贸问题进行新一轮的磋商，本次磋商中美双方有望继续达成阶段性共识。

在加征汽车税的威胁之下，日本与欧盟在2018年相继同意同美方展开双边贸易谈判，并于2019年初开始磋商。但美欧、美日贸易官员在汽车关税、农产品市场准入等关键议题上仍存在较大分歧，预计2019年美欧和美日贸易谈判难度较大，短时间内可达成的成果非常有限，原因有二：其一，美国希望将农产品市场准入纳入美欧和美日的贸易谈判，但法国等欧盟农业大国为保护本地区农业利益和维护较高的农产品监管标准，反对将农业纳入任何美欧贸易谈判，虽然日本农业产值不到GDP的1%，但日本农民却是自民党的重要支持者，降低乃至废除农副产品关税会打击日本农民进而会影响到自民党选情和执政稳定性。其二，欧盟希望欧美将汽车进口关税降至零，但美方并未接受这一提议，再加上欧盟成员国国情不同、诉求各异，短时间内可达成的成果非常有限。如果美欧、美日贸易谈判未能取得更大进展，特朗普政府可能在2019年将重新启用惩罚性关税打击欧盟和日本汽车行业的计划，美欧贸易紧张局势可能再度升级。

（宋玮，中国工商银行城市金融研究所国际市场与问题研究处副处长）

人民币汇率将周期性上涨

王有鑫

人民币汇率周期变动有其内在逻辑。"8·11汇改"以来人民币汇率走势分为四个阶段：2015年和2016年是贬值阶段；2017年是升值阶段；2018年第二季度至年底是第二轮贬值阶段；2019年预计会再次进入升值阶段。第一和第二阶段升贬值周期变换主要是由国内因素从消极到积极变化所致，比如经济由进入新常态到阶段性企稳回升；跨境资本由大幅外流转为基本平衡；金融去杠杆下，境内外利差由收窄到走阔。第三和第四阶段升贬值周期变换主要是外部因素由消极到积极变化所致，包括美国经济下行压力增加，中美经济周期逐渐趋同；中美贸易摩擦正朝积极方向转化；美联储加息节奏放缓，中美货币政策分化情况缓和；中美利差再次走阔，美元指数回调。从具体时点上看，预计2019年上半年人民币汇率将呈区间波动态势，下半年将稳步回升。

一、"8·11汇改"以来人民币汇率周期变动的特点和原因

（一）汇率分析的逻辑和变化

随着中国经济更深刻地融入全球，更大程度开放国内市场，与全球经济金融交往更加密切，国内金融市场受外部市场、环境和政策的外溢冲击加大，汇率预测的难度进一步增大。

不论是在2017年初还是2018年初，大部分市场主体都错判了汇率走势。这一方面与市场主体信息获取不完全不充分有关，另一方面也与外部形势变化过大，超出个体掌控有关。以2018年为例，第一季度人民币小幅升值，市场对全年人民币走势相对乐观，但遗憾的是低估了外部冲击，没有考虑到中美贸易摩擦会演化到如此严重的程度，所以对于人民币全年的判断，稍显乐观。汇率预测充满挑战，不仅是普通投资者，甚至连央行前行长周小川也曾经说过，外汇市场是非常敏感的市场，谁也不能准确预期。

虽然在全球化和金融市场开放背景下汇率预测难度增加，但汇率作为经济系统的有机部分，不是随机游走的，而是有迹可循，但不是简单的线性走势，而是动态的非线性变化。因此，应该建立动态的汇率分析框架。购买力平价、利率平价等传统理论，在短期是无效的，其核心指标如物价和利率是市场滞后指标，无法有效衡量市场同步指标——汇率的变化，不过在中长期，传统理论是分析汇率很好的工具。我们可以利用传统理论寻找汇率中枢，利用国内外经济走势和国际收支形势预测长期均衡汇率水

平，然后根据国内外主要央行议息会议结果、主要货币汇率走势和新闻事件的变化预测短期汇率波动情况，最后观察真实汇率与预测值之间的偏差，通过市场试错，不断修正汇率预测值。该框架运用需要对国内外经济金融市场进行持续的市场跟踪和指标观察，决非简单的"拍脑袋"。

（二）"8·11汇改"以来人民币汇率周期变动的逻辑

从人民币对美元汇率指数看，"8·11汇改"以来人民币经历了两轮升、贬值周期变换，合计为四个阶段：第一阶段是贬值阶段，从2015年8月10日至2017年1月3日，人民币汇率从6.2097贬至6.9557，贬值幅度高达10.7%；第二阶段是升值阶段，从2017年1月4日至2018年4月17日，人民币汇率从6.9485升至6.2764，升值幅度达10.7%；第三阶段再次进入贬值阶段，从2018年4月18日的6.2854贬至2018年11月底的6.9436，贬值幅度高达9.5%。近期人民币汇率逐渐波动反弹，开始向第四阶段升值阶段演化（见图1）。

图1　"8·11汇改"以来人民币汇率的变动趋势

资料来源：Wind数据库。

人民币汇率周期变动有其内在逻辑，纵观"8·11汇改"以来的两轮升贬值周期，如潮起潮落，第一阶段人民币贬值主要由国内因素"退潮"诱发，包括经济进入新常态，GDP增速下行；跨境资本大规模外流；央行连续降息，中美货币政策分化。第二阶段人民币升值源于国内环境好转，比如经济由进入新常态到阶段性企稳回升；跨境资本由大幅外流转为基本平衡；金融去杠杆下，境内外利差由收窄到走阔。与前两阶段主要受国内因素影响不同，2018年的贬值阶段主要由国外因素，尤其是美国因素诱发，包括美国经济增长提速，中美经济增长周期背离；美联储加息进程加快，美元指数强势反弹；美国挑起贸易战，市场预期相对悲观；美国对俄罗斯、土耳其等新兴经济体实施经济金融制裁，相关风险蔓延至中国（见图2）。

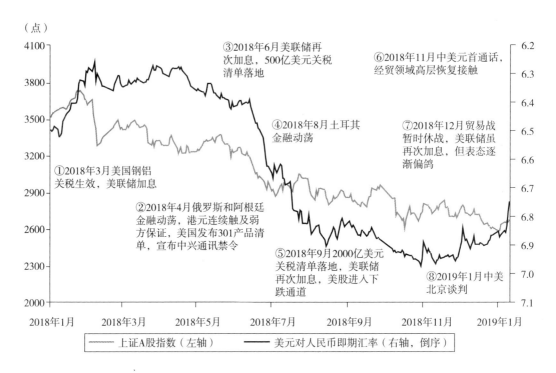

图2　2018年以来主要外部事件对国内金融市场的影响

资料来源：Wind 数据库。

二、外部冲击减弱，2019 年人民币将"先稳后升"

"致知在格物，物格而后知至"。既然 2018 年人民币汇率下跌主要由外部因素触发，因此，判断 2019 年走势首先要分析外部因素会如何演变。2019 年，影响人民币汇率走势的因素将是综合而复杂的；既有不利因素，也有积极因素；既包含国内因素，也包含国际因素。

如果单从国内经济基本面角度看，不论贸易战如何演变，我国贸易顺差收窄和经济下行已是大概率事件，货币政策也趋于宽松。因此，不论是基于国际收支调整理论还是利率平价理论，可能都会得出人民币汇率将继续走弱的结论。这也是 2018 年底和 2019 年初大部分机构预测人民币汇率 2019 年将继续贬值的主要依据。

不过，正如在前面的分析框架中所说，影响汇率的因素将是综合而全面的，影响权重也不是一成不变的，在不同阶段由于国际国内形势变化，主要矛盾和核心因素也会相应变化。国内宏观经济下行是近几年的大背景，在这个背景下人民币在 2017 年也曾实现过连续上涨，因此不是判断 2019 年汇率走势的核心因素。知其何所来，才能预测何所去。上一轮贬值由外部因素触发，照此逻辑推演，判断未来走势首先要判断外部因素演变趋势。从 2019 年的情况看，2018 年的主要影响因素将发生动态变化，国外因素的负面影响将逐渐消退（见图 3）。

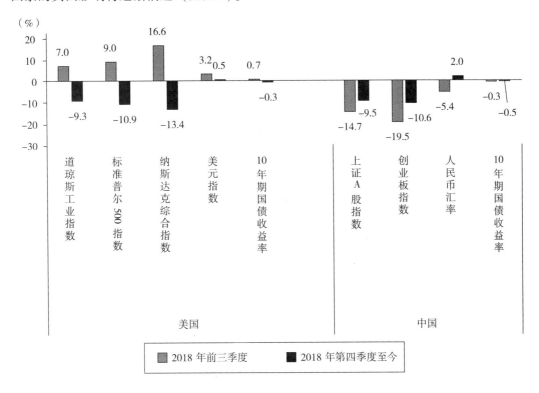

图 3　2018 年以来中美股汇债市场变化情况

注：股市和汇率变动幅度的计算公式为（期末值/期初值−1）×100%，10 年期国债收益率变动幅度的计算公式为期末值−期初值；数据截止到 2019 年 1 月 11 日。

资料来源：Wind 数据库。

一是美国经济下行压力增加，中美经济周期逐渐趋同。近期美国强刺激措施的负面效应逐渐显现。特朗普的减税和增加支出政策对提升经济增速虽有短期效果，但会加剧贫富分化、增加美国财政负担。美国联邦政府目前已因美墨边界墙预算问题陷入停摆，2019 年 3 月又将面临政府债务上限问题，可谓雪上加霜。强势美元和贸易保护主义使美国出口下降，贸易逆差扩大。2018 年前 10 个月，美国贸易逆差同比增长11.4%。紧缩的货币政策和逐渐趋平的收益率曲线损害了美国企业投资热情，也使美国股市泡沫逐渐破裂。2018 年第四季度以来，美国道琼斯工业指数、标准普尔 500 指数、纳斯达克综合指数分别下跌 9.3%、10.9% 和 13.4%，最高时跌幅均达 20% 左右，进入技术性熊市，金融风险快速攀升（见图 3）。减税后海外回流的跨国企业利润主要被用于股份回购和红利发放，据测算，用于扩大生产规模和设备投资的资金占比仅为 30%

左右，对实体经济支持力度有限。预计 2019 年美国经济增速将回落至 2.4% 左右，较 2018 年回落 0.5 个百分点。中美经济周期由分化转为趋同（见图 4），将减弱对人民币汇率的不利影响。

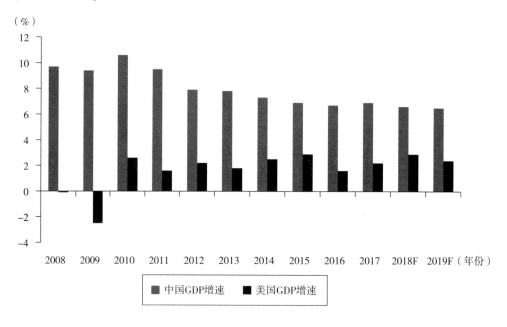

图 4 2008~2019 年中美 GDP 增速对比

注：F 为预计。

资料来源：Wind 数据库。

二是中美贸易摩擦有所缓和，正朝积极方向转化。贸易摩擦进展将冲击市场情绪和经济增长预期，在每次贸易摩擦出现最新进展或最新动态时，人民币汇率都会做出反应。最近中美经贸代表团在北京会谈的结果超出市场预期，在谈判结束后人民币汇率应声而涨，再次升至 6.8 以内。而且据外媒报道，2019 年 1 月底刘鹤副总理有可能率代表团赴美国进行第二轮谈判。从目前情况看，中美达成协议的愿景可期。贸易领域摩擦缓和，将平复市场情绪，出口贸易和经济增长压力缓解，有利于人民币汇率稳定。

三是美联储加息节奏放缓，中美货币政策分化情况有所缓和。虽然美联储依旧处于加息周期，但受美国经济增速放缓、美股暴跌等因素影响，美联储表态逐渐偏鸽，预计 2019 年仅会加息两次，低于 2018 年 9 月的预期。如果美股陷入深度调整，不排除美联储就此结束加息周期。因此，虽然我国央行货币政策逐渐放松，但中美货币政策分歧减弱，将淡化对我国跨境资本流动和人民币汇率的冲击。

四是中美利差再次走阔，美元指数回调。2018 年美元指数从 4 月进入上涨周期，源于美国十年期国债收益率上涨。然而，2018 年 11 月底以来，受美国经济增长预期下行、国际油价大幅下跌和贸易摩擦缓和等因素影响，美国十年期国债收益率快速下降，从 3.1% 降至目前的 2.7% 左右。受此影响,中美十年期国债收益率利差再次走阔,从最低时的 0.3% 再次回升至 0.4% 左右,相应地美元指数也再次回调,从 97 以上回调至 95.5 上下(见图 5)。随着美国经济增长压力和风险逐渐显现,美股回调风险加大,制约美元指数走势的因素将逐渐凸显,并占据上风,美元指数可能回调至 90 上下。在这种情况下,避险资金将大幅增持人民币资产,人民币汇率将企稳回升。

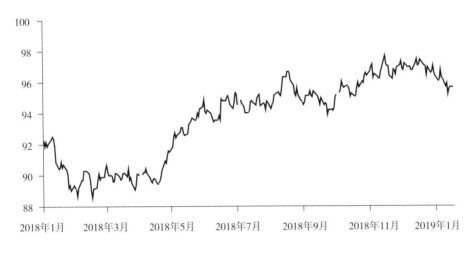

图 5　2018 年以来美元指数变化趋势

资料来源:Wind 数据库。

除此之外,来自国内的积极因素也将持续发挥作用。本轮人民币贬值与上一轮最大的不同,是跨境资本并未出现大规模外流,这也是央行相对从容的原因所在。观察非储备性质的金融账户,2018 年前三季度顺差为 1428.3 亿美元,同比增长 27.4%。衡量资本流动灰色渠道的净误差与遗漏项逆差也大幅缩窄,2018 年前三季度平均季度逆差为 299.5 亿美元,而之前六个季度逆差均值为 614.2 亿美元。与此同时,2018 年外汇储备余额稳定在 3 万亿美元以上,前 11 个月银行代客涉外收付款和结售汇逆差同比收窄 30.7% 和 91.1%(见图 6)。当前我国金融市场开放程度逐渐增加,沪伦通即将启动,QFII 额度翻倍,外资正积极配置境内股权资产,人民币对外投资渐趋理性,预计 2019 年跨境资本大概率将延续净流入态势,对人民币将起到支撑作用。在这种情况下,预计金融账户利好将在一定程度上对冲经常账户产生不利影响,稳定的跨境资本流动和宏观审慎管理将确保人民币汇率最终实现稳定。

综上,上一轮贬值阶段的主要压力好转,将带动人民币汇率走强。但需要注意的是,本轮人民币汇率走强不是绝对走强,而是相对走强,不是因为国内经济基本面回暖,而是由于外部环境恶化得更快。汇率是两种货币价格的比率,不能仅从国内经济基本面角度出发判断走势,还要具备国际和全球视野。虽然目前国内经济增长依然有压力,贸易顺差大概率还要收窄,但美国形势将恶化得更快,此消彼长,预计人民币

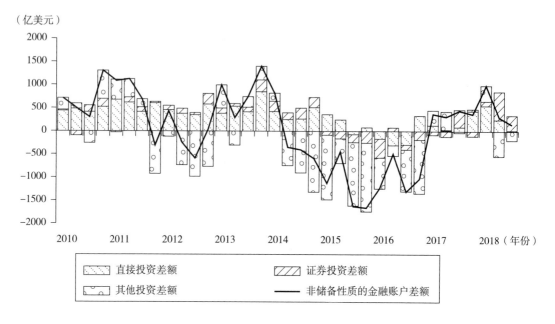

（亿美元）

2010　2011　2012　2013　2014　2015　2016　2017　2018（年份）

　　　直接投资差额　　　　　　　　证券投资差额
　　　其他投资差额　　　　　　　　非储备性质的金融账户差额

图6　2010年以来我国非储备性质的金融账户分项变动情况

资料来源：Wind数据库。

汇率将企稳回升。

从具体时点上看，预计2019年上半年人民币汇率将呈区间波动态势，下半年将稳步回升。2019年上半年贸易谈判可能会在部分时点出现反复甚至陷入僵持，我国货币政策也将持续发力。因此，2019年上半年人民币汇率将呈区间波动态势，但汇率中枢将显著高于2018年。2019年下半年随着积极财政和货币政策效果逐渐显现，我国经济走势将逐渐企稳，甚至会实现小幅回升，而美国经济下行压力将进一步显现，美元指数将逐渐回落，将带动人民币汇率逐渐走强。综合来看，全年有望收于6.6～6.7。

三、启示和建议

目前既有支撑人民币汇率稳定的因素，也有对汇率不利的因素，汇率波动将显著高于之前。鉴于目前央行已采取稳定和宏观审慎措施，因此后续汇率走势将改变之前的单边走势，呈现双向波动态势。一方面，美联储加息节奏放缓、特朗普不希望强势美元伤害美国制造业将为美元"盖帽"；另一方面，中美贸易战暂时休战和央行的稳定措施将为人民币"托底"，两者的方向都是一致的。随着跨境资本流动形势好转，外部输入型风险缓解，人民币汇率将逐渐企稳回升。不过即使未来再次出现汇率短期的快速下滑，或出现跨境资本流动的异常波动，央行也有丰富的经验和充足的工具应对极端情况。因此，企业应坚定对中国经济长期稳定增长的信心，正确理性对待汇率波动，采取合理手段规避汇率风险。

具体来看，企业应对策略主要有五点：一是可以采用金融套期保值工具规避汇率波动风险，如远期、期权、期货、交叉货币互换等工具。按通常惯例，外汇风险敞口的80%～90%可以做套保，主要基于实际交易需求，剩余风险敞口视市场情况变化，自主安排。二是在合同中约定汇率补偿机制。比如在汇率波动5%或以上时要求额外补偿或重新定价。三是采取人民币计价、结算。增加本币在跨境结算中的使用，既符合央行最新政策规定，又可以减少汇兑损益对企业利润的影响。四是采取自然对冲方式。通过直接购买东道国货物或商品，将货币转化为货物运回国内。五是采取"收硬付软"方式规避风险，在进口贸易中支付汇率波动大的货币，在出口贸易中主张收取强势货币。

（王有鑫，中国银行国际金融研究所研究员）

中国利用外资仍将实现正增长

宗芳宇

一、2018 年我国利用外资的情况

2018 年，我国首次出台全国性的外商投资负面清单，进一步放宽外资准入，继续推进自贸试验区建设，开展自由贸易港建设探索，营商环境在全球排名提升了 32 位，创造了利用外资的良好条件。利用外资规模继续保持稳中有长，新设立外商投资企业数同比增长 70%。在全球跨境投资显著下降和中美贸易摩擦不断升级的背景下，利用外资实现正增长非常不易。

（一）规模稳中有长，仍居全球第二位

据商务部统计，我国 2018 年全年非金融类实际利用外商直接投资 1349.7 亿美元，同比增长 3%。利用外资增速与发展中国家平均水平持平，高于全球和发达经济体平均水平。据联合国贸易和发展会议（United Nations Conference on Tradle and Development，UNCTAD）统计，2018 年全球跨境投资流入下降了 19%，发达国家利用外资下降了 40%，其中美国下降了 18%，欧洲下降了 73%；发展中国家增长了 3%，主要流向东亚和东南亚地区。我国利用外资规模仅低于美国，仍居全球第二位、发展中国家第一位。

（二）主要发达经济体对华实际投资增长幅度较大，为五年来较高水平

发达国家跨国公司抓住我国对外开放新机遇，加快对华投资布局。据商务部统计，2018 年，新加坡、韩国、日本、英国、德国、美国等主要发达经济体对华实际投资金额按美元计分别比 2017 年增长了 10.6%、26.6%、16.5%、159.3%、139.0% 和 10.2%，欧盟增长了 35.0%，均高于中国利用外资的总体增速。其中，英国和德国投资金额均为近五年来最高水平，韩国、日本、美国投资金额为近五年第二高水平。

（三）大型新建或增资项目快速增长

我国汽车、化工等领域加大开放力度，放宽外资准入限制，对外资吸引力进一步提升，大型跨国公司加大对华投资力度。2018 年全国合同外资 5000 万美元以上的大项目有近 1700 个，同比增长 23.3%。有的企业通过直接投资方式进入中国市场，如特斯拉宣布在上海建立独资工厂；有的企业提高在华投资股比，如宝马收购合资公司中方

股份并提高股比至 75%；还有一些行业出现了外资企业加大对华投资的态势，例如在巴斯夫宣布了其独资精细化工一体化基地项目后，陶氏化学、埃克森美孚、阿科玛、宣伟等化工行业巨头也宣布了新的对华投资项目。

（四）制造业再现显著正增长

2018 年，制造业实际使用外资 411.7 亿美元，出现了多年未见的显著正增长，同比增长了 22.9%，占全行业利用外资的 30.5%，比 2017 年提高了 5 个百分点。高技术制造业表现尤为突出，同比增长 35.1%，显示出强劲增长势头。2018 年前 11 个月，电子及通信设备制造业、医疗仪器设备及仪器仪表制造业、计算机及办公设备制造业同比分别增长 36.4%、132.5% 和 112.7%。

二、我国利用外资面临的挑战

尽管 2018 年我国利用外资增长较好，但近几年国际国内环境出现深刻变化，我国仍然不可掉以轻心。

（一）全球大范围内引资留资政策竞争正在加剧

许多发展中国家积极实施税收优惠，放宽外资准入，优化营商环境，多措并举吸引外资。例如，越南在 2018 年制定了 2030 年和 2045 年的现代工业发展目标，吸引外商投资现代工业；印度推行税制改革，用商品和服务税替代复杂的税收网络，2018 年在全球营商环境的排名提升了 23 位；印度尼西亚近期放宽了 54 个行业的外资准入限制。发达国家也积极改革宏观政策，鼓励外资流入。2017 年 12 月底，美国通过了新的减税法案，一方面降低企业在美国投资的税收，吸引外商投资，另一方面将美国企业跨境投资的税收由属地税制改为全球税制，吸引海外收益回流美国投资。在美国带动下，全球引资、留资政策竞争将更加激烈。

（二）全球经济治理体系正处于重构期

全球经济治理体系正在加速变革，发达国家和发展中国家仍存在较大分歧。在目前热议的 WTO 改革方案中，尤其是公平竞争、产业政策、知识产权保护、市场准入、数据流动和网络安全等主要议题仍看不到达成长期稳定协议的希望。美国不承认中国的市场经济地位，在"美国—墨西哥—加拿大协定"（USMCA）中设置了"非市场经济国家条款"（毒丸条款），对其盟友施加影响，经济区域化和经济全球化出现裂隙。全球经济治理体系变革的不确定性对跨国公司投资预期形成较大影响。

（三）企业经营仍面临较多、较大的困难

我国通过扩大开放，推进放管服改革，营商环境显著改善，但对企业面临的经营困难仍不可低估和大意。受我国传统竞争优势下降、中美贸易摩擦以及周边国家加大引资优惠等因素的叠加影响，劳动密集型、出口导向型企业面临经营困难，有不少企业包括大型跨国公司考虑向外转移在华业务。这些影响因素既有长期的也有短期的，既有内部的也有外部的，解决相关问题仍需付出较大努力。

三、2019 年我国利用外资的积极因素

改革开放 40 年来，我国在利用外资领域积累了不少成功经验，形成一些重要抓手，未来有望把握更多新机遇，形成全面开放新格局。2019 年，在全球跨境投资回升势头较弱的形势下，我国利用外资面临一些内外部积极因素，仍有较大可能实现正增长。

（一）对外开放重要平台的作用加快拓展

我国正在加快推进自贸试验区建设和自由贸易港政策探索，努力形成更多制度创新的经验，推动全国高水平的对外开放。我国新建立了进口博览会这一重要平台，向外界释放高水平开放的积极信号，为促进和发展高质量外商投资创造了新机遇。积极拓展和充分发挥对外开放重要平台作用，有助于加快拓展我国对外开放的范围、领域和层次，为外资企业提供新的投资机遇。

（二）全国形成加快营商环境改革的良好氛围

我国营商环境在近几年改善较为明显，但仍处于全球第 46 位，与我国的经济规模和地位相比，还可以建设成更有吸引力的环境。特别是在加强产权保护、优化服务、降低企业成本等方面与国际先进水平仍有较大差距，如办理施工许可证、纳税在全球排名分别为 121 位和 114 位，获得信贷、跨境贸易、保护少数投资者等四项指标还处在全球第六七十位。当前，我国聚焦企业关切，推动营商环境政策落实，鼓励地方形成和推广典型做法，各地逐渐形成竞相加快营商环境改革的良好氛围，营商环境建设有望取得更大成效。

（三）新技术革命给中国利用高质量外资带来重要机遇

新技术革命引发的投资要素需求变化与中国竞争优势的变化高度契合。随着数字化、智能化等技术创新的加速变革，生产要素、商品和服务的交换方式从有形网络转向无形的价值链，传统的人工成本等要素重要度下降，市场规模、人力资源质量、制造体系、创新体系、物流基础设施等新动能要素的重要度越来越高。中国的新动能优势逐渐凸显，发展新技术、新业态、新模式具备良好条件，吸收高质量外资面临更大机遇。

（四）中美贸易摩擦的紧张态势有可能得到缓解

尽管中美贸易摩擦中长期仍有较大不确定性，但近期双方谈判取得积极进展，中美贸易摩擦的紧张态势在 2019 年有可能得到缓解。这对于缓解出口导向型外资企业面临的经营压力、稳定外资企业投资预期有重要意义。中美贸易摩擦紧张局面的缓解给两国双边投资都会带来利好，有助于经贸关系的稳定和深化。

四、政策建议

中国利用外资进入高质量发展阶段。应将外部压力转化为改革动力，保持战略定力做好自己的事，抓住机遇、统筹改革、加快开放，进一步提高利用外资的质量和水平，推动形成全面对外开放新格局。

（一）加快推进自贸区和自贸港建设，加快构建全面开放新格局

支持海南自贸港结合自身特点，对标国际先进水平，有序推进自贸港政策体系建设，在促进贸易投资便利化、吸引高端人才、财税和金融创新等方面探索形成更灵活的政策体系、监管模式和管理体制，建设对外开放新高地。加快推进自贸试验区建设，进一步加大改革和先行先试创新力度，加大开放压力测试力度，提高开放的质量和水平。进一步放宽外资准入，压缩自贸区和全国版外资负面清单，加快推进医疗、教育等重点领域有序开放，推动形成全面开放新格局。

（二）加强改革与开放的统筹推进，继续提高开放水平

对开放政策涉及的改革内容，应加强系统研究规划，厘清部门职责分工，及时出台改革要求措施并加强落实，促进改革与开放统筹推进，打破"玻璃门"，"大门""小门"协调开。进一步加强政策解读，加强对地方执行政策和法律法规的指导、监督和评估，完善外资企业投诉工作机制，提高地方执法能力、改善执法方式。加强与外资企业和协会的交流沟通，及时了解和回应企业的政策诉求，提高企业对我国对外开放的获得感。加强对开放政策效果和开放水平的系统性阶段性评估，以评估促落实。

（三）加快推进税收制度改革，提高外资政策竞争力

聚焦企业关切，深入推进税收制度改革，加快落实降低企业成本的系列政策措施，提高我国税收制度的国际竞争力。支持各地因地施策，根据地方发展特点和产业转型需要实施积极的引资和留资优惠政策。给予中西部地区吸引外资更大的政策空间，在税收优惠、土地供应、办公设施、人员签证、人才供给等方面实施更有竞争力的举措。加大财税和金融支持力度，充分发挥信息服务平台和中介组织作用，支持出口企业积极开拓内外部市场。

（四）持续优化营商环境，提高对外资企业的吸引力

尽快出台《外商投资法》及配套实施细则，为外资企业提供稳定、透明和可预期的法治环境。加强诚信体系建设和知识产权保护，完善知识产权法律体系和管理机制，加大侵权惩处力度。进一步优化行政审批流程，改善贸易通关自由化便利化条件。建立和完善适应数字化、智能化等新兴业态健康发展的监管体系，形成促进新产业、新业态规范有序发展的宽松环境。

（宗芳宇，国务院发展研究中心对外经济研究部副研究员）

国际大宗商品市场下行压力加大

张小瑜

一、2018：先扬后抑

2018 年，世界经济整体增速与上年持平，但与 2017 年各经济体同步强劲回升不同，各经济体明显分化。除美国等少数经济体的增速继续上升之外，其他大部分经济体的经济增速出现了回落。

国际贸易同样开始出现下滑迹象。据 WTO 数据，2018 年前三季度，世界货物出口额同比增长率分别为 14.3%、12.7% 和 8.4%，增速呈逐步下降趋势。剔除价格因素后的实际世界货物出口量，同比增长率分别为 3.7%、3.1% 和 2.7%，比上年同期分别下降 1.1 个、0.8 个和 2.3 个百分点。

在此背景下，国际商品市场走势动荡不安。整体价格水平在 2018 年上半年延续了过去两年的上涨趋势，但进入下半年以后，表现为承压下行的态势。2018 年全年，世界银行大宗商品价格指数能源类和非能源类指数分别下跌 6.6% 和 4%（见图 1）。

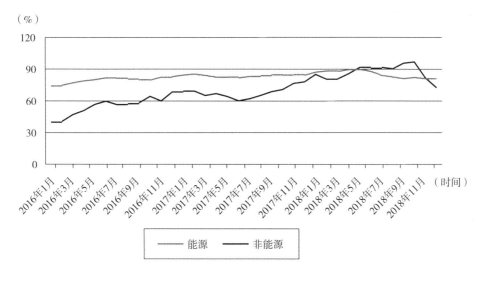

图1 大宗商品市场价格承压回落

资料来源：世界银行初级产品价格指数，美元计价，2010 年 = 100。

从 2018 年全年价格变化看，能源、金属类商品基本上演绎了与 2017 年截然相反的行情。油价经历了过山车一般的"先涨后跌"，在第四季度行情发生反转。2018 年 10 月 3 日，WTI 原油攀升至 76.90 美元/吨，创四年新高。随后一路下挫，2018 年 11 月和 12 月，原油月平均价格环比分别下挫 18.8% 和 13.3%。有色金属价格普遍深度回调。伦敦有色金属交易所（LME）的六种有色金属除锡外，价格跌幅在 14%~24%（见图 2）。

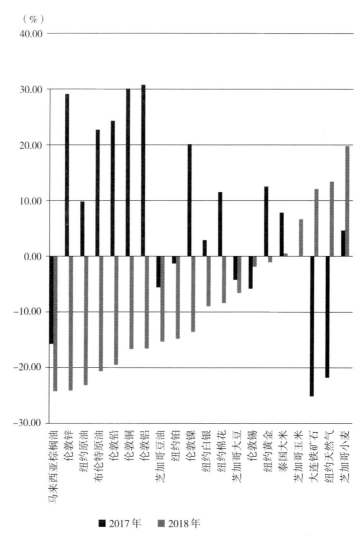

图 2　主要大宗商品价格剧烈变化

二、持续复苏中的风险因素

今后两年，世界经济依然有望持续复苏，但力度减弱，不确定性增强，增速下行可能性较大。在这种宏观环境下，大宗商品市场需重点关注以下几方面风险因素：

（一）制造业活动放缓迹象愈加明显

需求增长放缓，贸易保护主义扰乱供应链，对全球经济活动造成损害。监测经济运行的先行指标制造业采购经理人指数（PMI）显示出，制造业活动已普遍呈现疲软迹象。

2019 年 1 月初，多个主要经济体发布 2018 年 12 月制造业采购经理人指数（PMI），整体表现不容乐观。除日本和英国之外，其他主要地区 PMI 均有所放缓，有些甚至降至荣枯线以下。美国 2018 年 12 月 ISM 制造业指数创 2008 年 12 月以来最大降幅及 2017 年 9 月来新低。欧元区制造业 PMI 连续 5 个月下降；德国制造业增速再次放缓并创 33 个月新低；法国制造业活动两年多首次萎缩。中国、韩国、墨西哥等全球重要生产制造基地的制造业 PMI 均降至荣枯线以下（见图 3）。

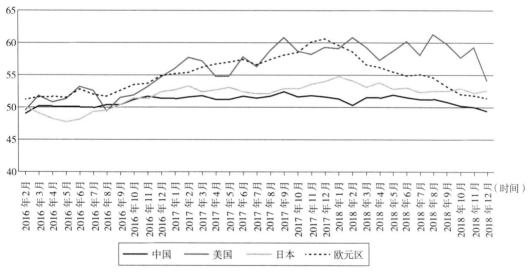

图 3 主要经济体 PMI 反映制造业活动放缓

（二）需求快速增长难以再现

21 世纪以来，新兴市场和发展中国家经济快速增长，为大宗商品需求贡献了主要增量。据世界银行报告，过去 20 年，几乎全部金属消费增量和 2/3 的能源消费增量来自最大的 7 个新兴市场（巴西、中国、印度、印度尼西亚、墨西哥、俄罗斯和土耳其）。但是 2018 年，新兴市场与发展中经济体没有再现 2017 年的普遍回升。除印度、越南外，其他主要亚洲新兴经济体经济增速均有一定程度的回落。欧洲的新兴与发展中经济体增速在 2018 年出现大幅度下降。拉美和加勒比地区的国家出现经济动荡，其中阿根廷和委内瑞拉经济出现负增长。

随着经济发展阶段提升和结构化改革推进，新兴经济体也逐渐向新经济、服务型经济等低资源消耗强度的发展模式转型，特别是中国经济进入追求高质量发展阶段，对能源原材料的需求增长将减速。大宗商品需求增长由此渐趋平缓。能源消费还将保持稳定增长，但金属和农业原材料的消费增速将在未来十年逐步减少。

（三）贸易形势紧张扰乱供应链

商品市场更大的不确定性来自贸易保护主义升温，主要由美国挑起的经贸摩擦，打破了多边贸易体制下的稳定和可预期的贸易环境，严重影响全球市场信心，扰乱供应链，减弱全球贸易动力。反映大宗商品贸易景气度的波罗的海干散货指数（BDI）在2018 年上半年延续了之前的上涨趋势，但 8 月达到年内高点后开始波动下行，特别是10~11 月出现一轮骤降，降幅达 30% 以上。反映出大宗商品市场的悲观气氛。

中美两大经济体的供应链颇具深度和长度，因此，如果中美贸易紧张关系不能得到妥善解决，将带来极大的破坏性影响，阻碍原材料和中间产品贸易发展。目前中美经贸磋商正在积极推进，但也必须认识到中方经贸摩擦的长期性和复杂性，一些内在结构性问题并非短期能得到解决。

（四）市场资金压力加大

全球金融状况趋紧，资金成本抬升、资本流动放缓及金融市场的不确定性，将会给商品价格带来向下压力。2018 年，美联储加息四次，联邦基金利率达到 2.5%。自2015 年 12 月启动本轮加息周期以来，美联储已加息 9 次，并开启缩表计划，以逐步退出金融危机后出台的超宽松货币政策。美联储加息引起的资本回流和美元升值，已经引发了多个新兴市场和发展中国家的货币危机。2018 年，全球主要货币对美元升值的寥寥无几，且涨幅有限。阿根廷比索跌幅超过一半（-51.7%），土耳其里拉、俄罗斯卢布、巴西雷亚尔、南非兰特等跌幅深重。

2019 年，各国货币政策继续分化。如果美国经济数据没有表现出放缓，美联储将依然保持稳健的加息步伐，预计 2019 年还将加息 1~2 次。但欧洲央行、日本央行则不太可能加息，中国甚至在 2019 年 1 月初降准 1 个百分点，以支持实体经济发展。美元指数将较大概率维持高位震荡的走势。强美元对大宗商品价格形成压制，同时也继续对资源型发展中国家的收入状况造成打击。

三、2019：弱势震荡

在持续复苏乏力、经济下行风险加大的背景下，2019 年的国际大宗商品市场总体将是偏弱格局，同时因面临更大不确定性，将会经历更多动荡。

（一）油价：供给势力此消彼长，短期继续震荡

在全球经济增长放缓形势下，能源消费增长也在减缓。国际能源署预计，2018 年

全球石油需求增长 130 万桶/日，低于年初日增量 150 万桶的预期。2019 年预计与 2018 年持平。在经历了供应过剩—减产—需求回暖后，原油供需逐渐达成了新的基本平衡，目前供应端是决定原油市场的关键。2018 年，美国原油产量逐月提高，月产量同比增速也逐月攀升，2018 年 9 月已超越俄罗斯，成为世界最大产油国。依托高弹性的页岩油生产，美国影响市场价格的能力不断增强。但同时，美国页岩油持续增产能力也在减弱，伊朗制裁、OPEC+的减产履约存在不确定性。2019 年国际油价将维持震荡偏弱格局，下半年随着局势明朗有望趋稳回升（见图 4）。

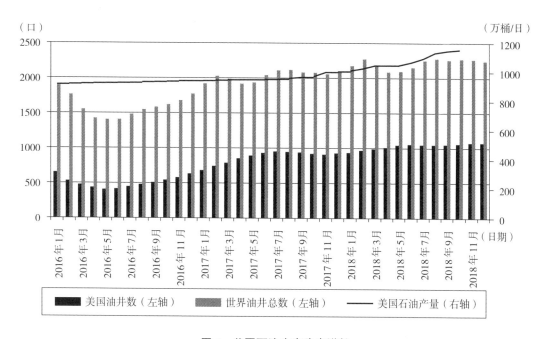

图 4 美国石油生产稳步增长

特别值得关注的是近年国际石油市场格局的力量对比发生深刻变化。2016 年欧佩克（Organization of Petroleum Erporting Cantries，OPEC）与俄罗斯等非成员国开始合作，减产协议的履约率之高前所未有。2018 年 12 月，"OPEC+"会议决定将减产协议延长至 2019 年，合计减产 120 万桶/日，对稳定国际油价起到了积极作用。但此前，卡塔尔宣布退出 OPEC，虽然卡塔尔产量在 OPEC 占比不高，但作为一个 57 年的老会员，卡塔尔退群对 OPEC 的内部稳定性和外在影响有极大的破坏作用。欧佩克对原油供给和价格的控制力减弱，美国作为大买家和新兴卖方势力，对国际油价的影响日益增长。美国作为能源消费大国，且正在大力通过减税和贸易投资保护等各种手段，吸引制造业回流，未必乐见过高的能源价格。

（二）有色金属：总体持续偏弱，国内强于国际

2019 年，国际市场有色金属价格总体继续维持偏弱震荡格局，而国内市场受严格

的环保督查以及促进实体经济增长的政策影响，对国内有色金属价格的支撑强度将高于国际市场。

2019 年铜市供需矛盾并不突出，价格变化将更多地受到市场预期和资金面因素影响。当前市场风险偏好下降、资金成本提高，铜市活跃度下降。预计年内以弱势波动为主。2019 年下半年，随着中美经贸关系中一些风险因素对市场的扰动逐渐减弱，以及中国国内政策效应逐步释放，基建投资回暖，铜消费需求有望稳定，价格得到支撑。

2018 年由于锌精矿供应增加、消费需求减速，锌价大幅下调，上年涨幅全部回吐。国际铅锌小组（IZLSG）的数据显示，2018 年 1~9 月全球锌市场供应短缺 30.5 万吨，比 2017 年同期的 39.8 万吨大幅收窄。展望后市，全球锌精矿和精炼锌供应将继续增加。需求方面，中国国内汽车市场可能继续趋冷，虽然政策刺激下房地产和基建市场有望扩张，但增幅有限。总体来看，2019 年锌需求或继续疲弱。

2019 年铅精矿供需格局没有明显变化，将延续震荡偏弱的运行态势。特别需要关注的是电池环境标准对市场的影响。铅酸电池占全球电池市场的 75%，欧盟 RoHS 指令对输欧电子电气产品的铅含量要求将于 2019 年 7 月 22 日开始实行，目前全球铅蓄电池上下游企业正在争取在 2019 年 2 月的会议上获得豁免，如若未能列入豁免清单，将对铅市场造成沉重打击。

相比之下，铝下游需求更为广泛，新能源汽车、新材料等新兴行业的发展带来一些铝的新兴消费，但难以替代铝在建筑、汽车、家电、食品包装等传统消费需求中的增速回落。供给方面，电解铝产能过剩严重，去产能形势依然严峻，美国发起的贸易摩擦正是始于铜铝，显示出铝市场竞争的激烈程度。

（三）铁矿石：供需平衡趋紧，价格有望保持较高水平

最大产钢国中国削减低端产能，治理环境污染，促使钢厂提高炼钢效率，客观上提高了对高品位矿的需求。虽然钢材市场波动调整，但高品位铁矿石价格最近三年持续走强（见表 1）。

表 1 不同品位铁矿石价格走势不同

单位：美元/吨

品位	2014 年	2015 年	2016 年	2017 年	2018 年
58%	80.3	46.7	44.8	42.4	40.1
62%	96.7	55.5	58.5	71.3	69.4
65%	105.5	61.4	65.0	87.4	90.4

注：表中的价格为普氏年均价格。

目前铁矿石供给端扩张已近尾声。预计 2019 年四大矿山在澳大利亚和巴西的高品位矿供给增量在 1500 万吨左右，全球新增供给 2500 万吨左右，延续增量放缓的趋势。

需求方面值得关注的是印度，印度进入粗钢消费高速增长阶段，有望成为拉动世界钢铁需求的重要力量。2018 年，印度一方面对铁矿石出口实行限制，另一方面进口需求快速增长，国内需求增长，2018 年 6 月开始，印度铁矿石进口超过了出口。铁矿石供需平衡趋紧，但受经济增长放慢和美元走强影响，铁矿石价格也不具备大幅上涨的基础，将在目前较高水平上波动。

（四）粮农产品：供应过剩有望缓解

农产品与能源矿产品相比，走势相对独立。近年来，主要受供需影响，主要大宗农产品一直延续弱势行情。

目前粮食市场供应过剩局面略有缓解，但库存消费比依然保持高水平，抑制价格上行。联合国粮农组织最近下调了对 2018～2019 年谷物产量的预估。最新估计小麦、粗粮、大米合计总产量为 25.95 亿吨，为三年来低点。其中，小麦减产最为明显，预估产量 7.25 亿吨。粗粮产量预估数字也被调低至 13.57 亿吨。大米产量达到创纪录的 5.13 亿吨，但难以弥补其他谷物产量的下降。产量减少的同时，由于饲料和工业需求增长带动玉米等粗粮消费，谷物消费继续保持增长，预计为 26.49 亿吨，5 年来首次超过产量，期末库存因此将降至 7.62 亿吨，并将库存消费比从上年度的 21 世纪以来最高纪录的 30.8% 拉低至 28.1%，为 2013～2014 年以来的低点。谷物价格得到支撑，并将向饲料和其他种植养殖业传导，肉、奶、油等食品价格有上涨空间，对通货膨胀构成压力。

大豆的生产、价格和贸易格局深受中美贸易关系影响。据美国农业部报告，2018～2019 年，美国大豆产量将由上年的 12004 万吨增长至 12518 万吨，而出口量由 5795 万吨降至 5171 万吨，库存水平将大幅提高 1400 万吨。在当前价格水平下，美国农业部预计今年大豆种植面积同比将下降 6%～7%。目前中美贸易磋商正在进行，距大豆播种时间尚早。如果中美经贸关系能得到有效推进，则有望消化美国偏高的库存，但同时美国也可能调整播种计划，另外，受贸易流向调整的鼓舞，预计巴西 2018～2019 年大豆种植面积将达到创纪录新高的 3620 万公顷。若中美贸易形势一直不明朗，叠加期末结转库存庞大、全球经济复苏放缓等不利因素，美豆价格将持续偏弱。因此，无论如何，全球大豆供需平衡偏向宽松，价格难有趋势性上涨。

据美国农业部报告，2018～2019 年全球棉花产量较上年度减少 107.9 万吨，至 2585 万吨。棉花第一出口大国美国受单产下降影响，棉花总产量大幅调减 11.2%。2018～2019 年全球棉花消费预计增加 53.7 万吨至 2735 万吨，供需缺口 150 万吨，全球库存消费比连续 5 年下降，由 65.32% 下降到 58.26%。预计 2019 年国际棉花价格有望上行。此外，棉花生产和消费大国印度的动向对国际市场影响越来越大。印度政府提高了本年度籽棉最低收购价，涨幅在 26%～28%。这也将对国际棉价起到重要的支撑作用。

（张小瑜，商务部研究院国际市场研究所所长、研究员）

准确判断房地产风险更加重视因城施策

邓郁松

一、对 2019 年房地产市场形势的几个基本判断

2018 年房地产开发投资增速保持稳定增长，销售增速稳步回落，全国新建商品住宅销售均价涨幅高于同期居民收入涨幅。展望 2019 年，预计房地产开发投资增速将呈回落趋势，销售面积将有所下降。

（一）2019 年房地产投资增速将总体呈回落趋势

2018 年房地产开发投资同比增长 9.5%，较 2017 年同期提高 2.5 个百分点，较 2018 年上半年回落 0.2 个百分点。但也要看到，2018 年房地产开发投资增速相对较高的主要原因是房地产开发投资完成额中其他费用（主要是土地购置费）增速较快，2018 年其他费用同比增长 44.1%，而房地产开发投资完成额中的建筑工程、安装工程和设备工器具购置费同比分别下降 2.3%、10.5% 和 1.7%。2018 年土地成交价款增长 18%，较 2017 年回落 31.4 个百分点，受此影响，2019 年土地购置费的增速将明显回落，这意味着带动 2018 年房地产投资增速较快增长的主要动力将明显减速。从房地产开发企业资金来源情况看，2018 年以来资金来源增速持续低于房地产开发投资增速，这也意味着后续房地产开发投资缺乏资金面的支持。从中长期趋势观察，典型经济体在户均住房超过 1.0 套后，都出现了新开工数量的下降和房地产投资增速的回落。我国城镇户均住房 2013 年达到 1.0 套左右，参照发达经济体房地产市场演变历程，我国总体上也已到了房屋新开工面积和房地产投资增速的正常回落阶段。综合判断，预计 2019 年房地产开发投资增速将正常回落。

（二）2019 年新建房屋销售面积将会下降

2018 年，商品房销售面积达 171654 万平方米，比上年增长 1.3%。其中，住宅销售面积增长 2.2%，办公楼销售面积下降 8.3%，商业营业用房销售面积下降 6.8%。商品房销售额达 149973 亿元，增长 12.2%，其中，住宅销售额增长 14.7%，办公楼销售额下降 2.6%，商业营业用房销售额增长 0.7%。2018 年商品房销售面积和销售额均创历史新高。虽然近几年的商品房销售持续创新高，但也可以看到，近几年销售不断增长是在低利率、低首付、去库存政策、限价等政策催生的投资性需求等诸多因素综合

作用的结果，不具有可持续性。房地产是不可贸易品，在户均住房达到 1.1 套的情况下，在劳动年龄人口总数已开始持续减少的大背景下，在经济增速已开始放缓的新阶段下，在家庭杠杆率快速提高的新形势下，销售量难以在现有的规模上持续。预计 2019 年新建商品房销售面积将开始下降。

（三）关注库存变化的新形势

2018 年末，商品房待售面积 52414 万平方米，比 2017 年末减少 6510 万平方米，较 2016 年 2 月的峰值下降 21517 万平方米。其中，2018 年 12 月底商品住宅库存为 25091 万平方米，是 2013 年以来的最低值。但商业、办公等非住宅类库存下降较为有限，2018 年 12 月底非住宅类待售房面积为 27323 万平方米，较 2017 年底只减少了 1437 万平方米，目前非住宅类待售房面积仍高于 2015 年的水平，去库存的压力仍然较大（见图 1）。尤其值得关注的是，2018 年 3 月以来房屋新开工面积增速始终高于销售面积增速，特别是下半年以来，在销售面积增速持续回落的情况下，新开工面积增速不降反升，2018 年 1~12 月新开工面积增速比销售面积增速快 15.9 个百分点，这意味着后续的供应压力将会加大（见图 2）。新开工面积增速再次持续高于销售面积增速意味着后续可能会再次面临库存增加的压力。

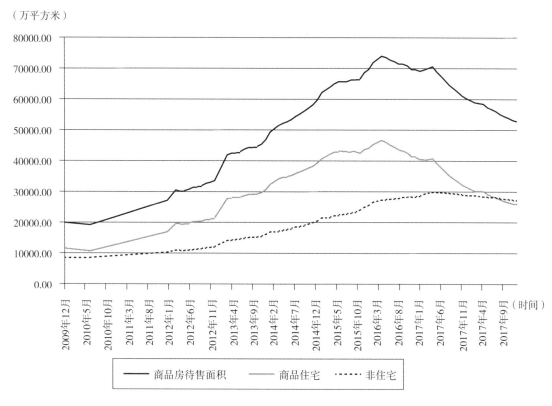

图 1　商品房待售面积

图 2　房屋新开工面积增速与商品房销售面积增速

（四）影响 2019 年房价变化的几个因素

2018 年，全国新建商品住宅销售均价为 8544.17 元/平方米，同比上涨 12.2%，涨幅高于同期居民收入名义涨幅。但 2018 年房价涨幅较大的主要是非热点城市，一线城市房价涨幅明显低于三四线城市。影响房价波动的主要因素主要来自收入变化、住房金融政策调整和短期供应量的变化。2019 年，由于经济增速将可能低于 2018 年，这将在一定程度上影响居民收入增长预期，但个人所得税起征点的提高和个税扣除政策的实施将会带来居民收入水平的提升，总体来看，居民实际收入增长情况将可能好于2018 年。随着 2018 年下半年以来新开工增速的加快，2019 年新房预售量将会加大，商品房市场将从 2018 年上半年的短期供不应求转向供求平衡甚至是供过于求，市场供求形势的变化将可能对上半年部分城市的价格带来一定压力。短期金融政策的调整对房地产市场供给和需求的影响较大，2019 年仍需密切关注房地产金融政策的取向。在经济形势不出现明显下滑和房地产金融政策保持相对稳定的情况下，预计 2019 年全国新建商品房销售均价涨幅将低于 2018 年。虽然部分房地产企业受流动性影响可能出现个别项目降价促销的情况，个别城市也会因短期供求形势的变化房价面临一定的压力，但全国新建商品房销售均价基本不存在大幅回落的可能性。

二、对房地产市场风险情况的判断

房地产市场风险情况是各界较为关注的问题。对房地产市场风险进行准确判断的前提是对风险进行合理分类并提出相应的判断标准。基于对国内外房地产市场风险类型的研究，可以将房地产市场的风险分为房价泡沫风险、供给过剩风险和流动性风险三类。

房价泡沫风险是指房价涨幅显著超过收入涨幅且房价收入比明显高于历史均值。系统性的房价泡沫风险往往由低利率政策引发，并在低利率政策转向且持续快速加息后引爆泡沫。部分城市的房价泡沫风险则主要与供应不足有关。判断房价泡沫风险最好的办法是看其房价收入比是否明显超过多年均值水平。2018 年以来全国房价涨幅虽然达到 12.2%，全国城镇的房价收入比（此处所提到的房价收入比的数据含义为购买建筑面积为 100 平方米的新建商品住宅总价与当年全国城镇户均可支配收入之比，即房价收入比 = 当年全国商品住宅销售均价×100/当年全国城镇户均可支配收入）也由 2017 年的 7.5 提高到 7.8，但 2018 年全国城镇的房价收入比仍低于 1998 年以来的均值 8.6。虽然目前全国的房价收入比仍低于 1998 年以来的均值水平，但北京等一线城市房价收入比则明显高于其历史均值水平，房价过高的风险仍值得高度关注（见图 3）。

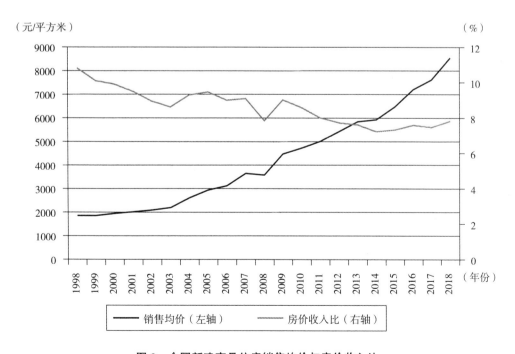

图 3　全国新建商品住房销售均价与房价收入比

高度关注供给过剩风险。供给过剩风险是指一定时期的供应量显著超过当地正常需求量带来的风险。判断供给过剩风险一般用当地的户均住房套数结合当地人口总量和结构进行判断。目前我国城镇户均住房已达到 1.1 套左右，如果新开工面积继续保持较快增长，新一轮的供给过剩风险将再次显现，而且处置的难度将显著加大。

做好流动性风险的监测。由于融资渠道收紧，目前一些房地产企业存在流动性风险问题，2018 年 9 月以来个别项目出现的降价促销也主要是解决自身面临的流动性问题。但从房地产开发企业整体资金来源和房地产开发投资金额等主要监测指标观察，短期内房地产领域尚不存在系统性流动性风险问题。房地产是典型的高杠杆行业，如果房地产销售明显放缓或房地产金融条件进一步收紧，系统性流动性风险问题将很快显现。目前要特别关注过去三年需求集中释放对后续房地产销售的不利影响。特别是如果销售情况不理想，房地产开发企业的流动性风险将会显现。

三、政策建议

（一）准确判断房地产形势，更加重视因城施策

目前我国城镇户均住房已达到 1.1 套左右，总体解决住房短缺问题，但区域差异较大，部分人口流入多的热点城市仍面临供应不足的矛盾，但大部分城市住房总量已总体平衡，也有一些城市存在住房供给过剩的风险。在总体解决住房短缺问题、区域分化加大的新形势下，中央经济工作会议强调因城施策、分类指导和地方政府负主导责任，这是根据我国房地产发展形势的变化对房地产政策作出的相应调整。因城施策的关键是要把握好当地人口总量、房屋总量以及经济增长和人口增长趋势的关系，把握好土地供应的规模和节奏，努力实现房地产市场供求动态平衡，既要防止因供不应求带来的房价过快上涨压力，也要防范供应量过大带来的供给过剩风险。分类指导需要以准确把握市场发展趋势为前提，解决好房地产市场发展的"正常标准"问题。从国际比较的角度观察，在房地产市场发展的不同阶段，发展规律、发展趋势和发展特征存在显著差异，因此，要根据发展阶段的变化适时引导地方政府调整相关发展目标。同时，分类指导要考虑到区域差异较大，根据不同区域房地产发展的实际情况合理确定相关指标。

（二）厘清相关政策的作用机理，把握规律，进一步完善相关政策

房地产市场是受政策影响较大的市场。从各国房地产发展的实践看，政策因素对房地产市场影响较大，特别是金融政策和土地、规划政策的调整对房地产市场的影响尤为突出。从我国房地产市场发展的历程看，这两方面的政策影响也非常突出，表现在低利率、低首付的时期，房地产销售量大、房价涨幅高，高利率、高首付的阶段，房地产市场的销售会受到抑制、房价涨幅低。从不同城市看，土地供应过多的城市，去库存压力较大；而土地供应明显偏少的部分热点城市，房地产市场长期处于紧平衡

甚至是供不应求的状况，房价涨幅高且上涨压力大。面对房地产发展阶段变化和区域分化的新形势，实现房地产市场持续稳定健康发展，需要更加重视把握房地产市场发展规律，厘清相关政策的作用机理，在此基础上进一步完善相关政策。

一是高度重视房地产金融宏观审慎管理。住房金融政策，特别是首付和利率政策在短期内的大幅调整是各经济体房地产市场出现问题的首要原因。建议高度重视强化房地产金融宏观审慎管理，防止过多流动性资金进入房地产领域。探索建立首付比例和贷款利率反向调节机制，稳定住房支付能力。着手研究推出住房抵押贷款固定利率制度。需要指出的是，限制投资投机性购房的主要政策工具应是住房金融政策和必要的限购政策，而不是税收政策。

二是处理好土地供应、土地规划和房地产需求的关系。适应人口中长期变动趋势，合理制定和适时调整土地、城市及住房等中长期规划。加快建立"人地挂钩"和"房地联动"机制，提高供求矛盾突出的超大、特大和热点城市的商品住房用地供应规模和占比，政府储备用地、未开发闲置用地要采取有效措施加快入市，支持将闲置工商业用地调整为居住用地，防范化解因土地供应过少带来的房地产供不应求、房价持续较快上涨的问题。对住房总量过大的城市，要适当减少土地供应，防止形成新一轮的供给过剩。引导商业库存过大的城市，调整城市规划，减少未来新增供应。

三是降低交易环节税费，鼓励住房的正常流通，这不仅会适应人民群众通过换购住房不断改善住房条件的需求，而且居民通过换购住房改善居住条件会带动装修、家电、中介服务、金融等相关行业的需求，对稳增长也是有利的。

四是适时推进保障方式的转型。目前，全国城镇户均住房已达到1.1套左右，已总体解决住房短缺问题。建议根据住房发展阶段的变化，适时推进保障方式的转型，从以"补砖头"为主转向以"补人头"为主，多种方式并存转变，实现从保障房向住房保障的回归。

(三) 做好政策调整的预评估，重视预期管理

房地产市场是各界广为关注的热点问题，观点多、想法多、诉求多。各界对房地产市场虽然非常"熟悉"，但对基本理论、基本规律的研究却相对较少，特别是很少用基本理论、基本规律去分析房地产市场。在房地产领域，很多时候将主观愿望、诉求等同于规律和政策建议，这也是目前房地产调控所面临的特殊性。建议在更加重视对基本理论、基本规律研究的基础上，审慎看待各项政策建议，做好各项拟出台政策的预评估。特别需要指出的是，房地产市场参与者多，市场平稳运行的关键是预期要稳，预期稳定的前期是政策预期要稳定，这就要求政策调整要有前瞻性和可预期性。建议未来调整和完善房地产政策宜更加重视通过市场化的方式、用经济的手段解决房地产市场的问题，注重综合施策，形成稳定、可预期的相机调节机制。只有明确各项政策的具体目标和调整规则，实现因时而动，才能真正稳定市场预期。

（邓郁松，国务院发展研究中心市场经济研究所副所长、研究员）

规范债务融资机制 稳妥处理地方政府债务风险

闫　坤　刘陈杰

地方政府债务问题主要表现在：成因复杂、规模庞大、收益较低和监测困难等方面。如何应对地方政府债务风险，规范地方政府债务融资机制，已经成为影响我国经济中长期发展和国家治理体系建设的重要问题。

一、地方政府债务存量与流量监测体系

本文中的政府债务，包括预算内财政赤字和预算外财政赤字历年累计，即中央和地方政府部门负有直接、间接或隐含负有支出偿付职责的赤字累计。依据相关法律法规，中央政府和地方政府对于非认定的地方融资平台债务、政策性金融机构和国有部门的债务并没有偿付的责任，也就不需要对这些部门的赤字（收不抵支）负责。整体而言，中央政府债务控制较为严格，从中央政府预算内财政赤字来看，已经连续多年低于3%的政策红线。相比之下，地方政府债务规模较大和近年来的增长速度较快。地方政府债务融资主要用于经济建设，因此，我国的地方政府债务主要是对应投资项目的生产型负债，这一点与发达经济体对应医疗、教育、社会服务等消费型负债的债务目标体系有所不同。

本文用于测算地方政府债务规模和监测地方政府债务流量的体系主要参考国际货币基金组织（IMF）的"总量扣除法"。由于分项地方政府债务数据的缺失和审计的实际困难，近年来几次审计署对于地方政府债务问题的调查都有统计和调查不够充分的领域。国际货币基金组织对我国地方政府规模尝试过进行估算。具体而言，国际货币基金组织的工作论文假设所有预算外活动均为基建投资，由地方政府融资平台实施。其将地方政府融资平台的所有预算外资金来源（例如银行贷款、企业债和信托贷款等）加入预算内财政数据，从而得到地方政府债务数据。我们认为，财政活动在实际情况中，同一时期内的融资和支出未必匹配，因此国际货币基金组织的方法在高频数据处理方面很可能不准确，而且其依赖历年国家地方政府债务审计书中的债务增速及构成数据来估算地方平台的银行贷款，很可能造成对地方政府债务流量监测的不及时。

我们改进了国际货币基金组织的估算方法，财政预算外活动集中于地方基建支出，基于固定资产投资数据计算出基建投资规模。同时，在考虑地方基建支出之时，我们还需要考虑基建的收入部分。我们将交通、仓储邮政和水利、环保以及公用事业管理等部门的年度盈利数据加总，近似于基建部分的收入数据。

按照地方政府债务测算模型的数据，我们发现，将 2009~2016 年测算的地方广义财政赤字净加总，目前地方政府累计债务总规模已经达到了 39 万亿元，约占我国 2017 年名义 GDP 的 50%，且在部分省份呈现出与当地经济发展不匹配的特征。江苏、湖南、贵州、辽宁、广东、山东、浙江等中东部省份的地方政府债务存量规模较大，西部省份的地方债务规模绝对量较小。一方面，地方政府债务在当地经济增长中发挥了重要作用，大部分地区的债务存量规模与当地 GDP 水平呈现正相关性。另一方面，有些省份的经济发展水平与债务存量规模并不匹配，当地项目的投资收益率难以匹配债务融资成本，项目的期限也与债务平均期限并不契合，地方政府债务风险可能传导至金融领域。

二、地方政府债务风险的微观和宏观传导

从微观上来说，中国地方政府债务融资主要来源于金融市场，是地方政府债务与金融市场之间直接的联系，存在地方政府财政投资项目收益率低于融资成本、项目期限与债务期限不匹配、项目现金流和借新还旧的问题，可能通过这些途径影响金融稳定。从宏观上来说，地方政府债务通过影响中国实体经济投资回报率和融资成本，造成资金"脱实向虚"和资产价格泡沫，从而影响金融稳定。

地方政府债务，我们可能通过展期、置换等方式缓解其金融风险。有一种观点认为：地方政府债务与国有金融机构，国有金融机构与地方政府之间可以对债务偿还方式、期限和成本进行密切的协调，是中国债务问题的有力保障。

更为重要的是，地方政府融资进行经济建设的项目直接收益低下，占用大量金融资源，使得配置出现扭曲，影响了中国实体经济投资回报率，也使得经济容易走向泡沫化，对于降低全社会杠杆率水平造成压力。

地方政府债务融资规模扩大，财政投资性项目的回报率过低，已经开始拖累中国实体经济投资回报率。在流动性持续宽松的条件下，资金不愿意进入实体经济，开始呈现出资产泡沫化的过程。我们研究发现两个重要问题：第一，从 2014 年开始，我国实体经济投资回报率开始低于融资成本，即投资获得的回报不如无风险收益率，资金不愿意进入实体经济。中国资本市场开始与实体经济脱钩，资产泡沫化加剧，金融稳定受损。第二，地方政府债务融资规模的扩大在影响实体经济投资回报率的基础上，影响中国金融体系的稳定性，从而使得货币政策逐渐失效，实体经济困难重重。按照我们的模型分解，政府规模和投资率是影响 2008 年之后中国实体经济投资回报率下降的主要因素。政府规模越大，政府财政投资的规模越大，对全社会实体经济投资回报率的拖累也就越大。第二产业占比下降，使得资本投资的需求下降，也在一定程度上降低了资本的投资回报率水平。

我国地方政府债务融资的规模扩大，政府财政性投资的急剧增加，使中国实体经济投资回报率下降。地方政府债务风险确实可以通过地方政府与国有金融机构的协商

来解决，但是长此以往，大量的金融资源投入到低效的投资项目中，拉低了全社会的实体经济投资回报率，经济往往向泡沫化的方向发展，影响我国中长期经济稳定增长。

三、完善地方政府债务融资体系，健全地方税体系

我国地方政府债务无论从总量规模和流量增长，微观传导和宏观传导来看，已经成为制约我国经济和金融稳定的重要因素。如何在短期缓解、中长期逐渐化解地方政府债务风险呢？2018 年底召开的中央经济工作会议明确指出：第一，较大幅度增加地方政府专项债券规模；第二，稳妥处理地方政府债务风险，做到坚定、可控、有序、适度；第三，健全地方税体系，规范地方政府举债融资机制。

一是开前门，紧侧门，加大地方政府专项债券发行，支持基建投资。按照我们的测算，要实现 2019 年保持经济运行在合理区间，进一步稳就业、稳金融、稳外贸、稳外资、稳投资、稳预期，提振市场信心的目标，需要增加 9000 亿 ~ 1 万亿元的基建投资规模。目前中国出口部分、消费、房地产投资和制造业投资的增速下滑，将在未来一段时间总体拉低 GDP 增速大约 0.5 个百分点。从动态的测算来看，未来基建增速需要拉高 GDP 增速 0.3 个百分点，才能使未来一段时间中国 GDP 增速保持在 6.0% ~ 6.5% 的目标增速。我们初步测算未来一段时间基建增速需要增加 3 ~ 4 个百分点，才能保障中国 GDP 的目标增速。换算成名义金额来看，需要增加或加快 9000 亿 ~ 1.2 万亿元的基建投资，才能起到托底经济的作用。地方政府专项债券是指省、自治区、直辖市政府为有一定收益的公益性项目发行的、约定一定期限内以公益性项目对应的政府性基金或专项收入还本付息的政府债券。我们建议在 2018 年的基础上，开前门，紧侧门，加大地方政府专项债券发行，支持基建投资，2019 年适度增加地方政府专项债发行规模 8000 亿 ~ 9000 亿元，并视经济增长情况进行适度的预调、微调。

二是稳妥处理地方政府债务风险，主要在于控制短期金融风险，避免出现地方政府债务一定范围内的违约。如果未来出现地方政府债务的局部地区实质性违约，金融市场信用出现明显紧缩，国家金融主管部门应该应急地为市场提供合理的短期流动性，缓解市场对信用风险的担忧，有时间来识别合理的风险，避免恐慌性的金融交易踩踏。只有财政部门和金融部门互相配合，才能在去杠杆的过程中，在地方政府预算外约束硬化的条件下，避免出现短期金融风险。利用我们国家国有金融体制的优势，如果出现了地方政府财政投资项目期限与债务期限的不匹配问题，并且规模足够大，应该实施合理范围内的债务置换或信用展期，以避免出现大面积的债务偿还压力。

三是健全地方税体系，规范地方政府举债融资机制。目前中央财政的主要固定税种为消费税、车辆购置税、关税、进口环节增值税等。地方政府的固定税种为土地使用税、耕地占用税、土地增值税、房产税、城市房地产税、车船税、契税等。"营改增"之后，中央和地方增值税分享比例将大致调整为各 50%。"营改增"在全国推行后，由于以往地方政府财政税收主要是依靠营业税为主，营业税改增值税后，财政收

入可能减少。应该适度增加中央财政对地方的转移支付力度，增加部分地方税种，以及适度调整中央和地方的事权分配来平衡中央和地方的财力分配变化。

地方政府预算内财政收入并不足以支撑其负担的事权，因此每年中央财政需要进行大量的转移支付。这些转移支付也只能是维持地方政府基本功能的运转，并不能支持其经济建设等额外的活动。因此，有学者把预算内财政称为"吃饭财政"，而将预算外财政称为"建设财政"。完善地方税收体系，主要是增强地方政府财政实力，更好地依靠本级财政的税收收入支撑地方经济发展，减少对地方政府债务融资的依赖，降低金融风险。尽快出台房产税改革方案，增强地方财力，抑制房地产市场泡沫。房产税对于高房价具有负向的抑制作用。从经济合作发展组织国家的经验来看，房产税的出台对于房价抑制作用明显。我们建议，房产税改革应该坚持从易到难、从少到广、从无到有的过程。从易到难，主要是建议房产税的征收从核心大城市开始，建立信息采集，征收辅助等一系列的完善制度；从少到广，主要是建议从第三套住房开始征收，从少量的住房征收，培养居民的直接税缴纳习惯；从无到有，主要是针对广大三四线城市的房地产，从没有房地产税到逐渐有房产税的一个适应过程。完善中央和地方财权和事权的协调统一，增加地方政府的财力。部分中央分成比例过高的税种，建议适度降低中央分成比例，鼓励地方政府重视当地居民的福利水平，重视经济发展而不是经济增长。同时，中央政府在全局性和大型经济建设项目上，更多承担起财政支出的责任，适度扩大预算内赤字率，降低地方政府隐性赤字水平，稳定地方政府债务规模。

（闫坤，中国社会科学院财经战略研究院党委书记、副院长；刘陈杰，中国人民大学国际货币研究所研究员）

中国可承担更高的居民部门杠杆率

刘 磊

债务是人类社会非常古老的经济活动。根据格雷伯在其经济史文献《债：第一个5000年》中的描述，债务的产生甚至要早于货币，而且最初的货币形式就是那些可以流通的债务凭据。现代经济环境下，债务既充斥于经济活动中的各个领域，也对宏观经济、金融周期、金融稳定等关键问题产生着极大的影响。由于各国经济体量不同，为了分析比较不同经济体或一个经济体不同发展时期债务的影响，一般以宏观杠杆率（债务占 GDP 比重）来描述债务的规模。

一、现状

居民部门杠杆率是居民部门的债务与 GDP 比例。在过去几年房地产市场繁荣的背景下，居民部门杠杆率也在悄然上升，从 2008 年末的 17.9% 已然上升到 2018 年第三季度末的 52.2%，10 年内共上涨了 35 个百分点，而在 2008 年之前，居民的杠杆率还是较为平稳的，仅从 1993 年末的 8.3% 涨至 2008 年末的 17.9%。这也并非中国独有的现象，金融危机以来除了英、美等国有较为明显的去杠杆以外，许多国家的居民杠杆率仍出现了显著上升。在 G20 国家里，中国居民杠杆率在 10 年内增幅最大，但其他国家也多有上升，增幅超过 10 个百分点的国家有 6 个，而居民杠杆率下降的国家也仅有 6 个（不包括欧盟），其中美国是居民去杠杆的最典型代表（见表 1）。

表 1　金融危机后 G20 国家居民部门杠杆率现状及变化

单位：%

杠杆率上升国家			杠杆率下降国家		
国家	当前杠杆率	增幅	国家	当前杠杆率	增幅
中国	51	32	沙特阿拉伯	12	0
韩国	96	25	日本	57	−1
加拿大	100	24	欧元区	58	−1
澳大利亚	121	14	英国	86	−5
法国	59	14	德国	53	−10

杠杆率上升国家			杠杆率下降国家		
国家	当前杠杆率	增幅	国家	当前杠杆率	增幅
巴西	27	11	南非	33	-11
俄罗斯	17	7	美国	77	-21
土耳其	16	7	—	—	—
印度尼西亚	17	6	—	—	—
墨西哥	16	4	—	—	—
意大利	41	4	—	—	—
阿根廷	7	3	—	—	—
印度	11	1	—	—	—

注：当前杠杆率为 2018 年第三季度末居民部门杠杆率，增幅为 2017 年第二季度末至 2018 年第三季度末居民杠杆率增长的百分比。

在传统宏观经济学模型中，居民债务并非重要变量，仅通过对居民消费支出的影响而影响到宏观经济。由于加杠杆行为体现的是全社会资金的重新分配，较高的杠杆率也是金融市场更为健全的体现，杠杆率甚至也是全社会福利上升的体现。但 2007 年出现的金融危机打破了这一传统观念，居民部门加杠杆直接成为了美国次贷危机的导火索。大量文献已经发现了较高的债务水平与金融危机和经济衰退之间的联系，典型的有债务负担正相关于银行体系压力，也包括居民杠杆率的上升对滞后期消费产生拖累。短期内的债务增加确实促进了消费从而拉动经济增长，但对一年后的经济则产生反向作用——1% 的杠杆率上升，拖累 GDP 增速的 0.1%，当居民部门杠杆率超过 60% 后，其对经济增长的拖累作用更大。

"二战"以后，随着居民生活水平的提高、金融市场的创新以及房地产发展，主要发达国家的居民部门不断有加杠杆的冲动。美国居民部门的杠杆率在 20 世纪 50 年代仅有 20%，到 2008 年金融危机前的最高点已接近 100%。英国、加拿大、德国、日本等国的居民部门在战后也经历过类似于美国这样杠杆率大幅上升的过程。截至 2018 年第二季度末，美国、英国、加拿大、德国和日本居民部门的杠杆率分别为 76.6%、86.3%、100.2%、52.5% 和 57.4%，均比"二战"后有了大幅提升。在这些国家中，目前加拿大的居民杠杆率最高。虽然在次贷危机后其居民杠杆率企稳，并经历了一段时间的短暂下跌，但在 2015 年后又恢复上涨，目前已经超过 100%。德国居民杠杆率的高点出现在 2000 年，达到 70%，但在 2001 年后开始了缓慢去杠杆的进程，目前仅为 53%。日本居民的杠杆率最高点出现在 1990～2000 年（在 70% 左右），趋于稳定了将近 10 年，随后开始缓慢下降，当前已降至 57%（见图 1）。

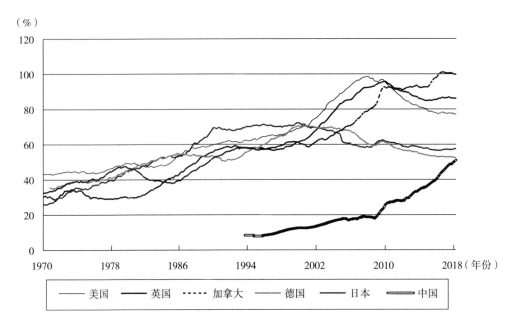

（%）

图 1　各国居民部门杠杆率

二、房地产市场繁荣的结果

居民杠杆率是与房地产市场的发展密不可分的。以美国为例，其居民债务中的住房抵押贷款占比始终稳定地维持在 60%~80%。消费性贷款占比较低，大部分时间都在 30% 以下。正是住房市场的快速发展拉动了居民的住房抵押贷款，才带来了居民杠杆率的不断上升。

从理论上讲，当房价涨幅高于居民金融财富的涨幅时，居民部门只能依靠更多的按揭贷款来购买房屋。同时房产兼具消费品与投资品属性，当房价涨幅过快时，其投资品属性更为明显，居民在适应性预期下也倾向于购买更多房产，而银行也更愿意满足这部分房贷需求，从而加剧房价泡沫。居民部门杠杆率的上升，带来了房地产市场的空前繁荣，这种繁荣反过来促进居民购买更多房产，进一步推升杠杆率。美国 OFHEO 房屋价格指数从 1975 年的 60 一路飙升到 2018 年的 400，房地产价格在 40 年间翻了近 7 倍。居民部门所拥有的房地产价值也从 1975 年的 1.7 万亿美元上涨到 2016 年末的 28 万亿美元。房地产价值的上升以及居民部门资产价值的上升，无不受到了居民部门杠杆率上升的推动。

然而从另一方面来看，居民杠杆率上升也相应增大了金融风险，2007 年美国的次贷危机即由此引发。美国的房地产价格自 2000 年起进入高速增长时期，直至 2006 年，每年的同比增速都基本维持在 6% 以上，价格指数从 230 升至 380。房地产的繁荣推升了居民加杠杆购房的热情，居民杠杆率越加越高。到 2007 年最为疯狂的时候，居民住房贷款已占到其可支配收入的近 100%，也就是说居民部门已经在房子上借入了相当于其全部一年收入的按揭贷款。一旦美联储加息，或房地产价格有所波动，这部分债务就会产生风险。随着美联储在 2004 年开始进入加息周期，以及 2007 年房地产价格出现拐点，这部分居民贷款的偿付出现困难，随后便引发了次贷危机。同样，中国居民部门杠杆率的上涨也是与房地产市场的繁荣直接相关的。

从中国的居民部门来看，杠杆率由 2011 年末的 28% 上升到 2018 年的 52%，7 年间上涨了 24 个百分点，增长速度相当高。但如果横向比较，目前中国居民部门的杠杆率仅高于新兴市场经济体的平均水平，较全球平均和发达经济体平均尚有一定距离。目前最需要担心的是居民部门杠杆率的过快增速，如果按照过去十年 30 个百分点的速度增长，用不了十年就会达到超越发达国家的平均水平，超过 70%。这会对与我国的金融环境和金融稳定性造成影响。

美国居民部门杠杆率的顶点出现在 2008 年第一季度末，达到 98%。而在十年前，也就是 1998 年的第一季度末，居民部门杠杆率只有 60%。居民部门杠杆率在十年间上涨了 40 个百分点，平均每年升 4 个百分点，持续十年，金融危机由此爆发，而我国过去十年居民部门杠杆率涨了 30 个百分点，近五年涨了 20 个百分点。这与美国次贷危机前的加速上涨是非常接近的。

长期消费性贷款是居民贷款的主要组成部分，这是住房按揭贷款的主体。根据 2018 年第三季度末的数据，居民部门中长期消费贷款余额为 28.0 万亿元，住房贷款为 25.0 万亿元，住房贷款占中长期消费贷款的 89%。居民全部债务中，除了约 20% 的经营性贷款外，绝大多数都是住房贷款。

但这一稳定的关系在 2017 年开始有所改变。首先，居民住房贷款占中长期贷款的比例从 2016 年末的 96% 骤然下降到 2018 年的 89%，也就是说长期消费贷款中出现了更多比例的非住房贷款。其次，短期消费贷款的同比增速剧增，始终保持 30% 左右的同比增速。

这两点变化都与房地产市场的监管有关。2017 年地方出台了各类房地产限购限贷政策，限制了居民获得房地产贷款的部分途径。这部分贷款需求只能转道其他类型的贷款，大量其他类型的贷款实质依然是流入了住房，成为住房按揭贷款的马甲。后续的监管措施及时阻止了这种借道短期贷款的行为，2018 年短期消费贷款增速也较 2017 年有所回落。

三、风险几何

（一）可支配收入与杠杆率

居民债务偿还的主要来源是可支配收入，只要收入本身可以承担每年还本付息压力，则居民债务便不会对金融稳定性产生影响。根据测算，居民债务目前每年还本付息压力不到 40000 亿元，而可支配收入约为 54 万亿元，债务还本付息的负担占可支配收入的 7%，占居民消费支出的 11%，并不能构成较大的风险。

（二）金融资产与杠杆率

对居民部门债务风险的另一个考察维度是其资产存量余额，尤其是高流动性的金融资产与债务余额之间的关系。根据最新发布的《国家资产负债表 2018》，中国居民部门资产存量较高，尤其是金融资产比例较高。2016 年，居民债务余额 39 万亿元，但存款有 88 万亿元，全部金融资产共计 181 万亿元。仅是流动性最高的存款就已远超贷款余额，全部金融资产对债务的覆盖比例更高。

比较居民部门的负债与金融资产之比，2016 年末中国为 22%，稍高于日本和美国，但小于英国和德国。如果仅考虑现金和存款这类流动性最高的金融资产，则中国更是远小于其他国家。中国的较高安全性和流动性的金融资产相对于贷款余额来说，具有更高的比例，足以应对暂时的流动性风险。在次贷危机期间，美国贷款与存款加现金的比例高达 223%，加拿大和英国也均高于 100%，这与中国当前的处境是完全不同的（见图 2）。

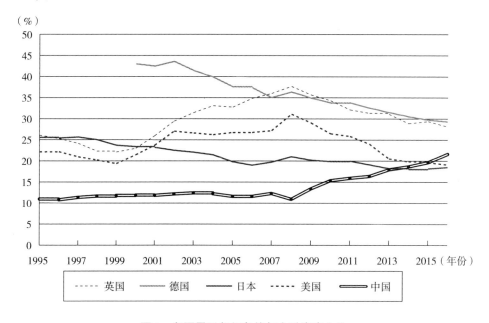

图 2　各国居民部门负债与金融资产之比

其他国家贷款对存款比例过高的主要原因在于其居民部门的金融资产结构中存款所占比例偏小。以美国为例，2016 年末其居民部门的金融总资产为 75.2 万亿美元，其中现金与存款余额仅为 10.2 万亿美元，占比 13.5%，而居民持有的股票和股权投资基金份额达到 35.1 万亿美元，占比 46.8%。权益类资产具有强烈的顺周期性，发生金融危机时其价值缩水较快，也就为整个金融体系带来更大的风险。中国在 2016 年四项流动性和安全性较高的金融资产加总为 94.6 万亿元，而股票的总市值仅为 50 万亿元，其中居民部门持有的比例更低。可见中国居民部门持有金融资产的比例更偏重于债权，就居民部门自身而言，具有更强的抗风险能力。

(三) 财富分配与杠杆率

诚然，居民杠杆率的绝对水平是金融稳定的关键影响因素，资产与负债在居民部门内部的分配比例则更为重要。从理论上来说，居民部门的财富分配越均匀，债务的风险度越低。在一个极端的情况下，假设全部居民部门的财富分配比例完全相同，那么中国每个家庭都完全可以靠存款来覆盖全部贷款余额。在另一个极端情况下，假设全部居民部门的金融资产归前 50% 的家庭所有，全部居民部门的债务归后 50% 的家庭所有，那么拥有负债的家庭没有任何金融资产作为覆盖，一旦其收入流出现问题，就会出现违约风险。现实情况存在于两种极端假设之间。

从另一角度来看，不同杠杆率的家庭具有完全不同的消费行为模式。在遭遇房价负向波动冲击时，高杠杆率家庭更容易削减消费支出，而这部分家庭本身也具有更高的边际消费倾向，从而造成宏观经济的更大波动。除了面对负向冲击时财富效应的影响，高杠杆率家庭更偏向于主动去杠杆，使得波动率进一步放大。

根据全球财富与收入数据库 (World Wealth and Income Database) 所提供的数据，2012 年中国、英国和美国的前 1% 家庭所拥有的财富占全部财富的比例分别为 27.25%、19.88% 和 40.10%。可见美国的财富分配最不平等，其居民债务所带来风险的可能性更高。对于这三国前 10% 的人群，在 2012 年所拥有的财富比例分别为 66.52%、51.92% 和 77.46%。从这个方面来看，中国相对于美国可以承受更高的居民杠杆率。

(四) 储蓄率与杠杆率

我国居民部门由于具有较高的储蓄率，在过去积累了大量的财富。虽然居民部门的债务在不断上升，但居民资产以更快的速度增长。居民部门大量的资产来源于居民部门较高的储蓄率。在全部收入中未消费掉的部分成为了财富积累，主要是居民部门和政府部门的资产。我国居民消费仅占 GDP 的 39%，远低于全球平均水平，美国的居民消费占到了 GDP 的 69% (见图 3)。较高的储蓄率降低了居民部门杠杆率风险。

我国居民部门杠杆率自 2009 年以来经历了史上最为快速的增长过程，也引发了全社会和监管部门的普遍关注。我国当前尚处于可接受范围内，不足以影响到金融稳定性，更不会引发系统性金融风险。但并非可完全掉以轻心，当前所面临的最大问题在于杠杆率上升速度过快。这既受房地产市场繁荣的推动，同时也反过来促进了房地产市场的进一步繁荣，这类似于金融加速器的作用。如果放任这一过程继续扩大，则会在未来损害到金融稳定性。

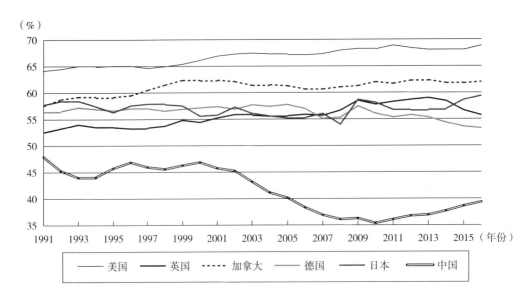

图 3　居民消费占 GDP 的比例

　　杠杆产生于各经济主体之间的借贷行为，其本身并无好坏之分。居民部门加杠杆行为在短期里可通过促进消费而拉动宏观经济增长，但从长期角度来看这一过程会出现反转，较高杠杆率的家庭更容易受到外部冲击的影响，其消费支出具有更大的波动性，从而在去杠杆过程中容易导致更深的衰退。同时，金融稳定除了受杠杆率本身影响，还会受到居民所持有的金融资产总量，尤其是流动性较高金融资产的影响，居民部门内部的财富分配状况也很重要。从这些因素来看，中国与美国相比都更具优势，可承担更高的居民部门杠杆率。

　　（刘磊，国家金融与发展实验室研究员）